U0927639

丛书主编／乔 力 丁少伦

WENHUAZHONGGUO YONGHENGDEHUATI

文 济南出版社 化 永恒的话题 中 （第五辑） 国

鼎足威扬

《三国志》纵览新说

屈小强 李殿元／著

《文化中国:永恒的话题》(第五辑)
编辑委员会

主　编　乔　力　丁少伦

副主编　明　晓

编　委　车振华　王欣荣　冯建国　李少群

张云龙　张亚新　武　宁　武卫华

洪本健　赵伯陶　贾炳棣　潘　峰

总　序

乔力　丁少伦

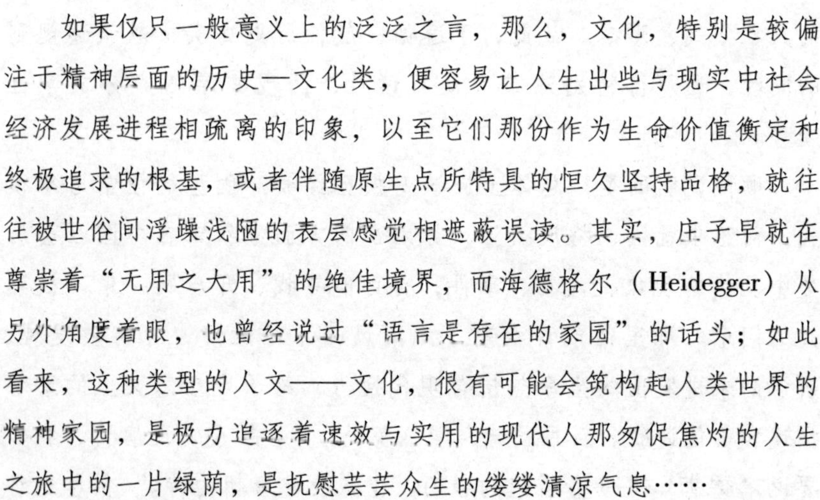

如果仅只一般意义上的泛泛之言，那么，文化，特别是较偏注于精神层面的历史—文化类，便容易让人生出些与现实中社会经济发展进程相疏离的印象，以至它们那份作为生命价值衡定和终极追求的根基，或者伴随原生点所特具的恒久坚持品格，就往往被世俗间浮躁浅陋的表层感觉相遮蔽误读。其实，庄子早就在尊崇着“无用之大用”的绝佳境界，而海德格尔（Heidegger）从另外角度着眼，也曾经说过“语言是存在的家园”的话头；如此看来，这种类型的人文——文化，很有可能会筑构起人类世界的精神家园，是极力追逐着速效与实用的现代人那匆促焦灼的人生之旅中的一片绿荫，是抚慰芸芸众生的缕缕清凉气息……

也许，简单推引东西方先贤高哲的理论来作譬喻依归，是强赋予它们过度严肃严重的功能，将使之疲于担当了；而新文学家朱自清《经典常谈》里的观点倒是颇有意思的参照了：“在中等以上的教育里，经典训练应该是一个必要的项目。经典训练的价值不在实用，而在文化。有一位外国教授说过，阅读经典的用处，就在教人见识经典一番。这是很明达的议论。”此言诚不虚也！佐之以别样异类的眼光，则使我们更多元更宽阔地领略体会到“这一番”：那种智慧的激荡、视野的开张，所带给人心灵的愉悦舒畅。

所以，长时间来，读书界似乎总在期望着能够以广阔大文化视野去引领统摄，凭借知识门类的交叉综融而打通人为壁垒的割裂，借助畅达明朗消解枯涩僻奥，既有机随缘地化合学术于趣味之中，又仍然坚守高品味格调的那一种境界——也正是基于上述考量，从我们擘划构想大型丛书系列《文化中国》初始，便明晰了相关选题取向定位和通体思路走向，即“兼纳文史，综融古今”的开放性观照角度与充溢着现代发现目光的“话题”式结构形态；而二端皆出之以寓深以浅、将熟作新的“文化解读型”的活泼清新的叙述风格，是谓异质同构，若申言之，则兼纳综融者成就其框架，设定了特具的内容实体，解读者则属它那有机的贯通连接的具象方式、形态。故此，于遵循一般性历史史实文献叙述规则的同时，还须得特别注重大众可读性，凸现文字的充分文学性趋势。

顺便说明的是，总体上应该变换已经凝滞固型的惯常思维模式，而移果就因、将反换正，另由逆向方面重新审查中国社会历史中既然的现象、人物、事件，有可能寻找、开启别一扇不被熟知的门扉。那里面或许藏蕴了无限风光不尽胜境，等待被发现、辨识尚未迸发出的生命热情与现代活力，给予现在意义上的形态描述和价值评断。新月派诗人闻一多说：“一般人爱说唐诗，我却要说‘诗唐’——懂得诗的唐朝，才能欣赏唐朝的诗。”借鉴这种自我作古的论辩意味，我们引申出关于“文化”的终极关怀，充分确认了自己的独立研究发端和把握范畴，明晓这并非单纯的中国文学史、哲学史、政治史，或者相关历史、宗教、审美、教化等等所拼接装合的读本。

至于《文化中国》丛书之第一系列《永恒的话题》，我们则不

曾有过任何张皇幽渺、搜剔梳罗早已被岁月尘埃堙没的碎琐资料、荒僻遗存以自诩自足的计划；我们之所多为注目留心者，只是那类于漫长的社会历史—文化演进行程中，曾经产生过推动、催变或滞碍、损毁等诸般巨大作用，拥具广泛深刻的影响力，又为民众乐感兴趣，每每引作谈资以伴晨夕诵读茶饭的“话题”。无论对其揄扬臧否，这里面都应当含蕴包纳了可供人们纵横反覆的探讨评骘、上下考量的丰繁内容，能够重新激荡起心灵波纹的感应——这些即是我们选择的参照系，对于“永恒”的理解和定义。

依前所述，虽然关注重点在于社会历史运动进程中，那起到支配主导作用的部分，阐释多种文化现象里的主流内容，力求明晰描绘出那些个关键环节与最璀璨绚丽的亮色；但不应忽略的是，造成它演变的原因、结果往往是多义性的，其运程经过更可能呈现出多元化的、一种异常纷杂繁复的构成形态，而极少见到的是那严格意义上的唯一性。故而，与其强调它的关系属于决定论，倒不如主张为概率式的，才更切合实际，也更需要一种远距离、长时间的“大历史”理念和宽视界、全方位的“大文化”框架去作重新检讨。两者其实是互补而相辅相成。如果将这个方法提升成范式，则很可能显示出同以往传统惯常的观点、结论并不总在趋同的独到之处。这也是我们所希望得到的东西。

以上已明了《文化中国·永恒的话题》丛书系列的缘起和总体立意命思，随后就它们的具体撰写旨趣与大致结构特点略予说明。

首先是关于丛书的：要求必以全面、凿实的史料文献作为立言根基，却主张采取清畅流丽而富于文采意趣的散文体笔调去表述，以实现对诸“话题”的多元考量与文化透视。也就是说，意味着从文化的特定视角来重新解读，并非简单直接地面对某些重大社会历史文化的主题，而给出的现代反思和阐释，折射了一定的时代文化精神。从这里出发，我们尽管极力求取更多的知识信息含量，但却不是一般化的知识读物；虽然倡扬以深厚谨严的学术品格作前提，但非同那种纯粹的学院派学术论著。我们力推有趣味的可读性，却绝对排斥、摒弃那种纯为娱乐而违背史实随意杜撰编排的“戏说”故事；强调现代发现和个人创见，又拒绝只求新异别调的无根游言及华而不实的浮夸笔墨。总归一句话，丛书所要的只是浓郁的文化观照、历史反思和新见卓识，即新的观点、视角和表述方式方法。

后者是关于本系列的。本次的5种为其第5辑。如果依然采用以类相从而归纳于同一范畴的方式的话，则这五种也是本系列已经出版面世的数十种书里，所未曾展现过的别样类型。换句话说，它亦不再像《永恒的话题》系列以前那样，择用某些历史文化事件、人物、现象或横断面作为关注题材，自拟书目以叙写我们的重新发现与特定的认知理解；却是依凭“筑构经典文化殿堂之路：‘文学—史学’的兼纳交融”的总体构想作为题目，来进行解说阐发。

因为中国向有重史传统，代代持续不绝，产生出数量浩繁的历史著作。如果以宏通发展的目光来看，则萌芽于商周时期的

《尚书》记言、《春秋》记事，只是其文学意味还相对幼稚浅薄。至战国时代遂臻达第一次高潮，取得空前繁荣，言事相兼的《左传》和分国记史格局的《国语》《战国策》具载了标志性意义，有实质突破。它们基础在历史的内涵，借助文学表现，实虚互会，兼容文史两端于一身。这种跨界的边缘性著作，同时拥具着历史与文学（散文、小说）的双重因素特征，开创了史传文学类型。其从先秦而至魏晋时代的生长、嬗变到终结，尽管生命轨迹既古老又相对短促，但影响却是非常深远巨大的，那种艺术精神也汇融、活跃在后世多个文学样式里，另外的一部分则分流到史学中。

要之，极具类型特殊化和重要文化标志意义的史传文学，在中国文学史、史学史上，都凸显出由混沌不自觉而渐进至自觉意识的苏醒、成熟、张扬的转化过程。这里固然坚守执着于历史真实，但也并不乏丰富绚丽的艺术想象力。是以，在真实历史事件的叙述中，关注到故事编排、情节渲染与细节描摹；在刻画固有

历史人物时，突出再现他的音容举止等鲜明个性特色。换句话说，史传文学强调录实求真的原则和现实主义的史学品格，但同时又引入了想象、联想、细微间虚构夸饰等一系列文学手法，力求生动形象，饶有趣味，使理性认知和感性激发兼具并存。所以，史传文学作为构建文化经典殿堂的一方重镇，也为后世所继承借鉴，遂得成为永恒。

汉代是史传文学的最后一个发达辉煌期，首先是缘由高耸极顶、横空出世的绝唱《史记》。它于结构形式锐意创新，颠覆先秦史书以事件叙述为中心的编年体模式，而另行以人物为核心去展开历史事件，就成熟的纪传体通史开辟新纪元，让高度典型的文学性和严谨的历史科学形成为完美有机的统一体。其次当推“包举一代”的纪传体断代史《汉书》，但它业已开始显露出了弱化、消解文学成分而朝着史学认同靠拢的倾向。此后，列朝正史无不沿循《汉书》的体制，几成惯例。魏晋二代或可视为史传文学的消歇衰退期，虽然也有《后汉书》《三国志》这样的佳作杰构面世，略可踪迹前贤之风韵文采，但文学与史学分割剥离的趋势愈强愈炽，已不可回转，乃至终成定局共识。结果便是文学自觉走向独立，史学也返原回归，两端歧途异道而各行其是，只不过之后千余年间，史传文学的余波不绝如缕，如杂传、散传文学随之继兴，皆沾溉浸润了其艺术传统和美学理想；尤其是在戏曲文学、小说等叙事文体的成长演化进程中，更始终隐显流贯着它的形影精神。

通过以上的纵览俯瞰，我们极简约地勾画出中国经典文化殿堂里，史传文学粗略的轮廓图卷，力图把握支撑其辉煌的根基柱梁——即下面所拟订的五种书目。借助其所开启的窗口，以我们现代人的新眼界，或得以再重新触摸了解那些壮观景况、美好风光，引发起深入体察的兴味。

下面即依次各略缀数语，聊以为具体而简要的提示发明：

《春秋绝唱：〈左传〉纵览新说》：关于史传文学第一次高潮中涌现的这种类型著作，不妨称之为情节与人物解绎的文史经典，而《左传》便标志了其灿烂开端。它是以故事耸立起来的一座丰碑，叙事详赡，情节曲折完整，人物形象描摹细腻生动。于春秋时期二百四十多年间激烈动荡的特定背景上，揭示出时代特征和历史面貌，尤注重战争、政治与军事的关系，反映了民本、崇礼、崇霸等思想倾向。要之，《左传》作为中国第一部成熟的编年史著作，“左氏之传，史之极也，文采若云月，高深若山海”，臻达了先秦史学的最高成就，向与后来的《史记》并称，被推尊为历史散文之祖，“文有左、马，犹书之羲、献”。

《纵横捭阖：〈战国策〉纵览新说》：颇有异于《左传》雍容徐迂的贵族气度，“敷张扬厉”的《战国策》则以人带事，放笔描写了战国纵横捭阖之世的时代风貌和人文精神。它倡导人的自觉主体意识，表现出强烈的反传统礼教思想，将历史视野转移到新兴知识阶层身上，以重士贵士为主流，鄙弃旧的价值观念和行为准则，凭借竞争奋发、高调昂扬又谲诈机变、工筹善画的举止面貌，伴和着挟霜裹电、智敏雄辩的说辞活跃在各国政治舞台上。虽然并非严谨的史学著作，有着不合史实之处，但《战国策》标志了先秦史传文学的新高峰。也正是缘由于它这种拥具文学与历史二重性质的亦真亦幻特色，故之对后代的历史叙事学和古代小说的发展都产生了长足的重大影响。

《星汉灿烂：〈史记〉纵览新说》：《史记》首创为纪传体，奇峰突起，肇起先端，由之奠定了中国两千年延绵接续的国家修史传统，即官修正史体制。它是自上古而及西汉当代宏伟广阔的百科全书，核心以人为主体的历史画卷，关注人物命运。从帝王将相、王公贵族直到出身地位微贱的社会下层人士，全景式地覆盖了各个阶层断面，于性格形象、情节设置、语言艺术等诸端皆卓越非凡。“究天人之际，通古今之变，成一家之言”。难能可贵的是，司马迁的笔端贯注着强烈的感情，“意有所郁结”，怨愤歌哭，发愤著书，终成此无韵之离骚，可谓空前绝后，遂得以成就中国传记文学的奠基之作，历史散文的巅峰之制。

《盛世遗响：〈汉书〉纵览新说》：《汉书》虽直承《史记》而来，但各自独立撰作成书，前后并无必然的继续关系。这是中国第一部官修断代史，记叙高祖起兵反秦到王莽新朝败亡，共二百三十年间事。它创新纪传，规范体例，蔚成大宗，后世官修正史率皆依此为典范。尤其武帝以后史系新撰，故详后而略前，于事件叙述、人物刻画等各方面自具特色，多有引人入胜处，每常为后世啧啧称道，并列“史汉”。但语言风格已开始走向艰涩古奥，整体上显示文学向史学的回归趋势。客观地看，两美分流，双峰对峙，并不宜强为甲乙。并且因为几百年岁月先后之差，出现《汉书》有而《史记》无的内容（包括传记与表志），故而实际上后者对前者还有所发展。

《鼎足威扬：〈三国志〉纵览新说》：《三国志》是古代二十四史中的“前四史”之殿军，记载了汉晋之交群雄逐鹿、诸侯争霸而战乱频仍，却最终是天下归心，达到江山一统彼岸的历史大趋势。它集聚儒家、兵家、道家、法家、墨家等传统学问于一体，讲求用势之道、用人之道、用兵之道、用笔之道，强调谋略与忠诚，充满着侠义英雄情结与奋发有为、建功立业的主动进取精神，这些都与那高扬的国家意识和坚定的大一统观念相为汇融，直接影响到后代戏曲及“四大奇书”之首《三国志演义》的诞生与叙事，被广泛运用于政治斗争、军事教育、人生智慧等社会各方面。

总括言之，《文化中国·永恒的话题》强调“可操作性与持续发展的张力”，即足够的灵活性和巨大的包容性。作为一个长期的品牌选题，或将视具体情况，分为若干辑陆续推出，以期完成对“文化中国”的重大历史——社会文化主题的另样解读，自然希望能得到更多读者朋友的关注。倘蒙你们慨然指出不足谬误之处，相互切磋商酌，那便是传递出一份浓浓的友情，而我们的欢迎和感念之情，当是不言自明的。

2015年季秋之月于济南

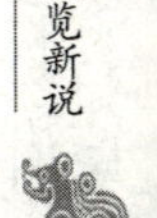

开篇的话

晋武帝咸宁六年（公元280年）阳春三月，江南水涨，柳絮含烟，群莺乱飞。龙骧将军兼益州（治今成都）刺史王濬统率的巴蜀八万劲卒兵临石头城（在今南京）下。一时方舟塞江，帆樯如林，旌旗蔽天，杀声似雷，逼得吴主孙皓面缚舆榇，出降军门……纷扰百年而又威武雄壮的三国争斗至此偃旗息鼓。四月间，捷报传到晋都洛阳。武帝司马炎额手称庆，遂大赦天下，大酺五日，改元太康，期冀天下从此太平安康。作为蜀人的陈寿（公元233—297，生丁巴西安汉，即今四川南充）在为家乡子弟兵的卓越功勋由衷高兴之余，即正式开始撰写他酝酿多年的《三国志》。其时《魏书》《蜀书》早已完成初稿，所以这部后来与《史记》《汉书》《后汉书》并称为“前四史”的史学名著只用了三四年的工夫便成书了。当时见到此书的人无不钦佩有加，“称其善叙事，有良史之才”（《晋书》卷八十二《陈寿列传》）。司空张华“深善之，谓寿曰：‘当以《晋书》相付耳’”（同上）。另一学者夏侯湛“时著《魏书》，见寿所作，便坏己书而罢”（同上）。惠帝元康七年（公元297年），陈寿因劳累过度，病卒于洛水河畔，时年六十五。有识者在深深怀念他的同时，也在为《三国志》未来的命运积极奔走。梁州大中正、尚书郎范頵等上表曰：“昔汉武帝诏曰：‘司马相如病甚，可遣悉取其书。’使者得其遗书，言封禅事，天子异焉。臣等案：故治书侍御史陈寿作《三国志》，辞多劝诫，明乎得失，有益风化，虽文艳不若相如，而质直过之，愿垂采录。”（《晋书》卷八十二《陈寿列传》）朝廷于是排除非议者的干扰，下诏给河南尹、洛阳令，要他们派人到陈寿家抄书；抄毕，即藏于秘府，传诸后世，为历代修史治学者参考。

比陈寿晚半个世纪的蜀郡江原（今四川崇州）人常璩，也是一位史学大家。他在《华阳国志》卷十一的《后贤志》里以十分崇敬的笔调为陈寿写了576字的传记（并言及侄符、莅与梓潼李骧），借荀勖、张华之口夸赞他的这位前辈史笔之厉害：“中书监荀勖、令张华深爱之，以班固、史迁不足方也。”南朝齐梁之际的文艺批评家刘勰颇认同陈寿之言。他在《文心雕龙·史传第十六》里分析道：“及魏代三雄，记传互出。《阳秋》《魏略》之属，《江表》《吴录》之类，或激抗难征，或疏阔寡要。唯陈寿《三志》，文质辨洽，荀、张比之于迁、固，非妄誉也。”到了唐太宗时宰相房玄龄等奉诏撰《晋书》，在其含有《陈寿列传》的卷八十二末的“赞曰”中写道：“陈寿含章，岩岩孤峙。”这是对陈寿的文章人品的最高礼赞。其先的“史臣曰”已有鲜明褒论：“丘明既没，班、马迭兴，奋鸿笔于西京，骋直言于东观。自斯已降，分明竞爽，可以继明先典者，陈寿得之乎！江汉英灵，信有之矣。”从晋到唐三百多年间的文人学者都将陈寿与史迁、班固并称，可见《三国志》的确具有打动人心的力量！

《三国志》之所以能与《史记》《汉书》比肩，除了大家都认可的秉笔公正、取材严谨、行文简洁等长处（自然也有明显缺陷，如只有纪、传而无志，对曹氏、司马氏多有回护，对重要人物有所遗漏——未给张仲景、马钧、枣祗、桓范、何晏等立传）外，还有一点十分重要——自始至终贯穿了大一统的历史观，从篇首至篇尾的思想政治倾向都在强调国家的统一，指出统一要比分裂好，统一是从上到下各阶层的一致要求，统一是历史发展的必然趋势。应该说，这个大一统的历史观虽从战国末邹衍的“五德终始”说、“大九州”说就已开始萌芽，但明确以大一统历史观为旗

帜者则是司马迁的《史记》。司马迁的大一统历史观的内涵是华夏民族皆黄帝子孙。司马迁认为，从黄帝的统一到秦皇、汉武的大一统，象征着历史的发展方向，象征着帝王德业的日益兴盛。夏、商、周三代之君，秦汉帝王，春秋以来列国诸侯，四方民族，都是黄帝子孙。这个国家一统、民族融合观念，是司马迁架构《史记》的一个基本大纲。司马迁所处的时代，是中国封建社会中央集权制确立和巩固的时代。中央集权制度加强了国家的统一，结束了长期的分裂战乱，是当时最先进的制度。大一统历史观，就是对这一先进制度的赞颂，并为西汉一统理论提供历史见证。大一统历史观也是历代用以进行爱国主义传统教育的一个基本思想。数千年间，它激励着无数的仁人志士为中华民族的生存、繁荣和统一而前仆后继，英勇斗争。与此相应，大一统历史观也贯穿于《史记》以后的中国封建社会的古史典籍中，成为中国史学的一条光彩夺目的生命长链。在这方面，《史记》之后的《汉书》《三国志》《后汉书》的工作做得最好。特别是《三国志》，它所面对的虽是两汉以后“合久必分”的军阀混战、三国鼎立的天下大势，但谋篇布局的却是“分久必合”的大一统的正能量。后人批评陈寿不为蜀汉和孙吴皇帝立纪，而专为曹魏皇帝立纪；只是批评者并未顾及曹魏代汉、司马氏代魏这个历史事实。陈寿秉笔直书的正是这个真实的历史。为魏帝立纪，乃陈寿抓住了作为三国史的这个纲，表明当时虽是“三国鼎立”，但祖国的历史仍然统一。而一部《三国志》留给读者的感受，也是一部完整统一的中国断代史；虽分三国别立三书，只是叙事编排的方式而已。

我们读《三国志》，深切地感到天下一统的历史趋势不可阻挡。《三国志》批评荀彧既为曹操第一谋臣，却又死抱住东汉皇朝的僵尸不放，徒有“机鉴先识”；赞扬王朗等人积极佐曹代汉，“诚皆一时之俊伟也”（《魏书·钟繇华歆王朗传·评曰》）。作者将东汉年号下二三十年间的历史写入《三国志》中，表明并不留恋徒具空名的东汉王朝。这无疑沿袭了史迁的大一统历史观。此外，陈寿还继承了史迁不趋时俗、独立思考和尊重历史的史德。他为曹操立纪，而用汉朝末帝献帝的年号编年纪事，说明重史实而轻名分。此外，《三国志》虽为魏帝立纪，但并不以孙吴、蜀汉为僭伪。当汉、吴既灭，晋朝人士目为伪朝之时，陈寿却将它们与魏并称“三国”，各写一书；又在其“主”传中编年纪事，与帝纪无异。至于《三国志》的卷数安排：《魏书》三十卷、《吴书》二十卷、《蜀书》十五卷，则是依据三国各自拥有的历史地位（或历史分量）以及作者手中实际掌握的材料（蜀汉材料最少）而做出的，不应当看作是厚此薄彼的意思。

总之，《三国志》拥有高瞻远瞩的坚定的大一统观和强烈的国家意识，而又处理得体，浑然天成，让读者在不自觉中始终触摸到一条爱国主义的激烈脉搏，仰望到理想主义的高大风帆，畅饮到盛满英雄情结与时代风采的浓郁美酒。它所讲述的那些忠烈英武、豪气干云的悲壮故事，不知感动、激励了多少人去以身许国，建功立业；它显示出的那些纵横捭阖、出神入化的哲学思辨，至今还被人津津乐道，成为开启成功之门的金钥匙；它所表现的那些追风赶月式的风流倜傥，引领着历代年轻人去欢欣鼓舞地大声歌唱，去追梦、筑梦，放飞梦想；它将忠诚、侠义、智慧与青春、浪漫、友情写满历史的天空，令人荡气回肠，血脉偾张；它漫溢的那些诗卷馨香、人文韵味，一千七八百年来都一直熏陶、浸润着国人的精神世界，让中国文学史的画廊曼妙多姿，使中国传统文化的历程活色生香。这正是：

千古英雄事，尽在青史中。
流年遮不断，桃李醉春风。

目　录

第四章　文采风流

——诗意三国

第一章　日月可鉴
——忠烈三国

第一节　汉宫晚秋的噪鸦暮鼓

中国的封建时代虽然是君权至上，皇帝号称“天子”，主宰一切，但是君权一旦旁落，那就是“落地凤凰不如鸡”了。东汉末期的皇帝就是如此。著名历史学家翦伯赞在《秦汉史》中对当时的政治情况说得很清楚：

> 东汉自冲帝以至桓帝的中叶都是外戚的天下。到桓帝中叶以后，宦官诛灭了外戚，大汉的天下，又落到自己家奴的手中。这种狗咬狗的把戏，看起来，似无关重要，但它却指明了一个事实，即东汉统治者内部已经透底地腐烂了……灵帝死后，东汉政府内部发生了政变。大将军何进诛宦官，反为宦官所杀。袁绍又勒兵闭北宫门，逮捕所有的宦官，无少长皆诛戮之，凡二千余人。宦官绝了种，权臣又登台。董卓废少帝，另立陈留王为帝，是为献帝。董卓放弃了洛阳，把献帝送到长安，而以大军屯驻潼关之外，欲挟天子以令诸侯。于是，中原豪族以讨董卓为名，乘时蜂起。天下大局，遂由农民暴动转入豪族混战的局面。所以献帝在位虽然有三十一

年，实际上，东汉王朝已经等于灭亡了。①

按翦伯赞先生的观点，东汉灵帝以后，虽然还经历了少帝、献帝两个皇帝和31年的历史，但因其衰微，“东汉王朝已经等于灭亡了”。正是因为皇室衰微，所以割据和混战中的军阀就纷纷“挟天子”以自重。中国古代是把统治天下的帝王称为“天子”的。《礼记·曲礼下》说：“君天下曰天子。”《汉书》说：“王者父事天，故爵称天子。”《春秋繁露》说：“尊者取尊号，卑者取卑号。故德侔天地者，皇天佑而子之，号称天子。”为什么呢？因为古以君权为神所授，故称帝王为天子。虽然天子好像权势很大，但有时当“权臣”的势力强大时，也可以挟制“天子”而号令天下。《战国策·秦策一》就有“据九鼎，按图籍，挟天子以令天下，天下莫敢不听”的记载，表明强权之臣是可以“挟天子”去达到自己的目的。“挟天子”应该是一种成功的政治策略，而将这种策略发挥到极致处，乃在东汉末年及三国时期。

董卓（选自清光绪刻《图像三国志》）

东汉末年首先在事实上“挟天子”的是凉州军阀董卓和他的部将李傕。

中平六年（公元189年）汉灵帝死，少帝刘辩继位，外戚何进辅政。何进与贵族官僚袁绍合谋诛杀宦官，不顾朝臣反对，私召凉州军阀董卓入京。后因谋泄，何进被宦官张让等所杀。袁绍带兵入宫，杀尽宦官，控制朝廷。随后董卓率军进入洛阳，

① 翦伯赞：《秦汉史》，北京大学出版社1983年版，第458页，484页。

势力大盛，得以据兵擅政。据《三国志·魏书·董卓传》记载，董卓把少帝奉迎至皇宫后，挟天子以令诸侯，开始控制整个东汉中央政权。不久，他废黜少帝，立陈留王刘协为献帝，并自任太尉领前将军事，更封为郿侯，进位相国；又逼走袁绍等人，独揽军政大权。

董卓放纵士兵在洛阳城中大肆剽虏资物，淫掠妇女，以致人心恐慌，内外官僚朝不保夕。初平元年（公元190年），袁绍联合关东各州郡兴兵声讨董卓。董卓见关东联军势盛，乃挟持献帝退往长安，临行把洛阳的金珠宝器、文物图书强行劫走，焚烧宫庙、官府和居家，并胁迫洛阳几十万居民一起西行，致使洛阳周围“二百里内无复孑遗”，室屋荡尽。次年，董卓又授意朝廷封他为太师，地位在诸侯王之上，车服仪饰拟于天子。他还拔擢亲信，广树党羽，宗族内外，并居列位；子孙年虽幼小，男皆封侯，女为邑君。他又筑坞于郿（今陕西眉县东渭水北），号“万岁坞”，积谷可供三十年。初平三年四月，司徒王允与董卓部将吕布合谋，终于刺杀董卓。百姓歌舞于道，“市酒肉相庆”。

李傕本是董卓的部将，在董卓被杀后，与郭汜、张济等人结盟，成为凉州军的首领。当时董卓被诛，李傕等人逃往陕地，得不到赦免，已经准备“解散”了；而谋士贾诩献策说：“诸君弃众单行，即一亭长能束君矣。不如率众而西，所在收兵，以攻长安，为董公报仇，幸而事济，奉国家以征天下，若不济，走未后也。”（《三国志·魏书·贾诩传》）李傕等人以为然，于是攻入长安，在击败吕布杀了王允之后，控制司隶地区和凉州东部，挟持汉献帝，辅政四年，短暂地掌握了汉王朝。“奉国家以征天下”显然是与“挟天子以令诸侯”一致的。随后李傕劫持献帝，郭汜扣留公卿大臣。建安二年（公元197年），曹操派遣使者仆射裴茂率关西诸将诛杀李傕，夷其三族。郭汜也为其部将五习所杀。经过这场动乱，关中地区二三年“无复人迹”，社会生活的基本条件遭到了极大的破坏。

袁绍（选自清光绪刻《图像三国志》）

在袁绍势力的发展过程中，他的谋士沮授、田丰以及许攸均有过“挟天子”的建议；而沮授甚至可以说是三国创建时期关于“挟天子”这一策略的最早提出者。初平二年（公元191年）七月，袁绍得冀州，辟沮授为从事。《三国志·魏书·袁绍传》载，沮授先是建议袁绍“举军东向，则青州可定；还讨黑山，则张燕可灭；回首北众，则公孙必丧；震胁戎狄，则匈奴必从。横大河之北，合四州之地，收英雄之才，拥百万之众，迎大驾于西京，复宗庙于洛邑，号令天下，以讨未复，以此争锋，谁能敌之！”袁绍听从了其中的军事建议夺得四州，却对“迎大驾于西京”的政治建议未予采纳。沮授于是又再次建议：“将军累叶辅弼，世济忠义。今朝廷播越，宗庙毁坏，观诸州郡外托义兵，内图相灭，未有存主恤民者。且今州城粗定，宜迎大驾，安宫邺都，挟天子而令诸侯，畜士马以讨不庭，谁能御之！”（《三国志·魏书·袁绍传》注引《献帝传》）类似的“挟天子”建议，田丰、许攸也提出过。《献帝传》及《汉晋春秋》说，田丰、许攸先后劝袁绍“迎天子”，但袁绍“不纳”或“不从”。

其实袁绍并非不愿意采纳“挟天子”的策略，只是因为这个汉献帝“之立非绍意”，是董卓所立，而且董卓在废少帝、立献帝的时候袁绍是反对的。现在又去尊奉这个曾经反对过的汉献帝，那不是自己打自己耳光吗！其实，袁绍先前曾有过“挟天子”的打算。早在讨伐董卓的初平二年，他就与冀州牧韩馥图谋立“幽州牧刘虞为帝”，以期能借此号令诸侯，只是因为刘虞“不敢受”而作罢。

《三国志·魏书·袁绍传》注引《献帝传》记载了郭图、淳于琼对袁绍说的一段话：“若迎天子以自近，动辄表闻，从之则权轻，违之则拒命，非计之善者也。”即是说，东汉皇室虽然衰微了，但是汉献帝毕竟还代表着汉室，那么奉迎天子就是有弊处的：这个皇帝现在是个废物啊，这么一个废物你把他接到我们这儿来干什么呢？你是朝拜他呢还是不朝拜他呢？你是请示他呢还是不请示他呢？那你肯定要朝拜、要请示。把他弄来以后大事小事就都要向皇帝请示，皇帝万一意见和我们不一样怎么办呢？是听他的呢还是不听他的呢？听他的显得我们没分量，不听他的不又是违法吗？所以，“从之则权轻，违之则拒命”并不是一个轻描淡写的问题，而是很现实的问题——梁冀、窦武、何进、董卓等人都是栽到这上面的。

那么奉迎了天子后是否真的就如郭图、淳于琼说的那样从则权轻，违则拒命呢？未必然。譬如董卓，《三国志·魏书·董卓传》载其挟天子时，“迁相国，封郿侯，赞拜不名，剑履上殿，又封卓母为池阳君，置家令、丞”，“卓至西京，为太师，号曰尚父。乘青盖金华车，爪画两轓，时人号曰竿摩车。卓弟旻为左将军，封鄠侯；兄子璜为侍中中军校尉典兵；宗族内外并列朝廷。公卿见卓，谒拜车下，卓不为礼。召呼三台尚书以下自诣卓府启事”。又如《董卓传》载李傕、郭汜等，“傕为车骑将军、池阳侯，领司隶校尉、假节。汜为后将军、美阳侯。（樊）稠为右将军、万年侯。傕、汜、稠擅朝政”，“傕质天子于营，烧宫殿城门，略官寺，尽收乘舆服御物置其家。傕使公卿诣汜请和，汜皆执之”。董卓、李傕、郭汜等是具有称霸天下之志的野心家。在他们那里，挟天子之后可以说是为所欲为，想干什么就干什么，何来“从之则权轻，违之则拒命”？

对于这些割据一方，进而想取代汉室的野心家，“挟天子”不

是自找紧箍来戴，而是获得了呼之则来、挥之则去的如意金箍棒。袁绍对汉室来说，当然谈不上“忠贞”二字。所以，当他看到曹操迎奉献帝迁都许县，得到黄河以南的大片土地，关中地区的人民也纷纷归附；更重要的是，曹操捞到了一大笔政治资本，不但自己成了匡扶汉室的英雄，有了“一人之下”的地位，而且将所有的反对派都置于不仁不义的不利地位（曹操任命官吏、扩大地盘、讨伐异己、打击政敌，都用的是皇帝的名义）时，十分嫉恨和后悔。袁绍于是利用自己实力尚强于曹操的优势，要求曹操“徙天子都鄄城以自密近”，但被曹操拒绝了。这时的曹操还不能与袁绍为敌，于是以天子名义册封袁绍为太尉，希望能缓和一下袁绍的情绪。殊不知曹操这样做却是弄巧成拙。《三国志》袁绍本传引《献帝春秋》载，袁绍“耻班在太祖下，怒曰：‘曹操当死数矣，我辄救存之，今乃背恩，挟天子以令我乎！’”曹操没办法，只好“以大将军让于绍”，自己当了司空，“行车骑将军”。袁绍虽然接受了大将军的职位，但仍然不肯接受邺侯的封号。他在打败公孙瓒后的建安四年（公元 199 年）六七月间挑选“精卒十万，骑万匹，将攻许”，欲消灭曹操，以便自己称孤道寡，取汉而代之。其结果是官渡惨败。

孙策也曾想“挟天子”。据《三国志·吴书·孙策传》记载：建安五年（公元 200 年），“曹公与袁绍相拒于官渡，策阴欲袭许，迎汉帝，密治兵，部属诸将。”所以当曹操闻孙策平定江南，叹息说：“猘儿难与争锋也！”所谓“猘儿”，就是疯狂的狗。曹操对孙策当有所畏惧。为了稳定住孙策，曹操把从弟曹仁的女儿许配给孙策的弟弟孙匡，又让儿子曹彰娶了孙贲的女儿；并以礼征召孙权、孙翊，命扬州刺史严象推举孙权为茂才，以表善意。

曹操在东汉末诸军阀中，最具雄心和战略眼光。他图谋“挟天子”虽然晚于袁绍、董卓等，但却做得最扎实。《三国志·魏书·毛蚧传》记载，初平三年（公元 192 年），曹操的谋士毛蚧给割据兖州的曹操提了一个重要的建议。毛蚧说：“今天下分崩，国主迁移，生民废业，饥馑流亡，公家无经岁之储，百姓无安固之志，难以持久。今袁绍、刘表，虽士民众强，皆无经远之虑，未有树基建本者也。夫兵义者胜，守位以财，宜奉天子以令不臣，修耕植，畜军资，如此则霸业可成也。”毛蚧这里的意思是说，在天下大乱的情况下，需要有一个具雄才大略的人来收拾局面。举眼望去，袁绍、刘表虽然实力强大，却目光短浅，成不了气候。要成就霸业，需要正义和实力，因此，应当奉天子，修耕植，畜军资。所谓“奉天子以令不臣”，就是“挟天子以令诸侯”，只不过是站在曹操的立场，将这个话说得好听些罢了。

曹操（选自清光绪刻《图像三国志》）

曹操立即将毛蚧的建议交付众谋士讨论。当时的汉献帝经董卓、李傕之乱，虽已逃出长安返回洛阳，却连自己与群臣的衣食住房都无法解决。这样的皇帝，没有哪个看得起，说得不好听就是个“烫手的山芋”，所以许多人反对毛蚧迎天子的建议。但是，荀彧却力排众议，站出来支持毛蚧。《三国志·魏书·荀彧传》记录了荀彧的见解：“昔晋文纳周襄王而诸侯景从，高祖东伐为义帝缟素而天下归心。自天子播越，将军首唱义兵，徒以山东扰乱，未能远赴关右，然犹分遣将帅，蒙险通使，虽御难于外，乃心无不在王室，是将军匡天下之素志也。今车驾旋轸，东京榛芜，义士有存本之思，百姓感旧而增哀。诚因此时，奉主上以从民望，大顺也；秉至公以服雄杰，大略也；扶弘义以致英俊，大德也。天下虽有逆节，必不能为累，明矣。”这里大意是说，搞政治斗争，需要有一面正义的旗帜，历史上这方面的事例很多，现实也是如此，曹操就一贯是正义的代表，所以事业能够发展。现在天子在危难中，正是曹操不应错过的时机。应该尊奉天子以顺从民意，大公无私以降服豪强，弘扬正义以招揽英雄。

毛蚧、荀彧的建议，其实正合曹操心意。他于是从容接手了汉献帝这个“烫手的山芋”。兴平三年（公元196年），曹操将被困于洛阳、衣食无着的汉献帝接到许县（今河南许昌），并改兴平三年为建安元年。曹操被封为大将军。于是，“奉天子以令不臣”的局面形成。

曹操写过两首有名的乐府诗《薤露行》及《蒿里行》，里面讲：“惟汉二十世，所任诚不良。沐猴而冠带，知小而谋强。犹豫不敢断，因狩执君王……贼臣持国柄，杀主灭宇京。荡覆帝基业，宗庙以燔丧。”“关东有义士，兴兵讨群凶。初期会孟津，乃心在咸阳。军合力不齐，踌躇而雁行。势利使人争，嗣还自相戕。淮南弟称号，刻玺于北方。铠甲生虮虱，万姓以死亡。”两诗将汉末军阀争斗、翻云覆雨、群鸦鼓噪、生灵罹难的纷扰乱世生动地展现出来，传递出对汉室倾覆的悲伤与感叹。两诗应该是他“挟天子以令诸侯”之后的作品，那里面充盈着一种悲天悯人的情怀和挽汉室于狂澜、拯黎民与水火的英雄主义情绪。

曹操是一位站在高处看世界、具有坚强意志和冷静头脑的智慧型人物。他依靠“挟天子”的优越政治地位、雄厚的物质力量和一群谋士猛将的文武才略，先后大破张绣、刘表联军，击败在淮南称帝的袁术，擒杀了盘据徐州的吕布，占领了黄河以南长江以北的大部分地区。到建安五年（公元200年）官渡之战，曹操大破在北方唯一可以与之相抗衡的主要敌手袁绍，又乘胜继续北进；建安六年（公元201年），再败袁绍于苍亭。次年袁绍病死，袁氏集团发生内讧。建安九年（公元204年），曹操利用袁绍儿子袁尚、袁谭互相攻伐之机，袭取袁氏老巢邺城，占据了袁绍统治的地区。接着，曹操又平定乌桓，消灭了袁氏残余势力，基本统一了北方。

诚然，曹操的“挟天子”策略对他的发展并非是只有利而无弊的：在当时那种混乱的时期，没有任何一个割据势力是希望被朝廷管辖着的，更别说是被另外一个势力以朝廷的名义来管辖了。所以曹操“挟天子”后，自然而然地便成为各处割据势力的“眼中钉”，而“挟天子”的本身又正好为反曹提供了最恰当的口实和证据，于是“汉贼”“奸雄”等污蔑之词接踵而来。对曹操借天子旗号的行为，有实力的军阀根本不认，所以袁术仍然称帝，袁绍发动进攻曹操的官渡之战，孙权、刘备在赤壁之战中大败曹操。曹操势力大盛后，一些仍然忠于东汉的旧臣对曹操加紧篡权的步伐非常不满，如有大功于曹操的荀彧，便反对曹操进爵国公，二人从此貌合神离；建安二十三年（公元 218 年）曹操集团内部更有吉本、耿纪、韦晃等发动叛乱……但是，比较起来，这些“弊”与曹操统一北方之举的“利”来说，则不算得什么了。就当时而言，“挟天子”应是曹操唯一能做的，也是最积极、最富成功意义的选项。

不过，曹操既然将“挟天子”当做孙悟空手中的金箍棒，那么，仍然在名义上是皇帝的汉献帝与伏皇后的命运就可想而知了。

汉献帝与伏皇后是姑表亲。伏皇后名伏寿，西汉大司徒伏湛八世孙，父亲伏完为侍中。初平元年（公元 190 年），董卓挟持汉献帝到长安，伏寿跟随，此时她已入掖庭为贵人。兴平二年（公元 195 年），伏寿被立为皇后，伏完任执金吾。当时汉献帝 14 岁，伏寿 15 岁，两人相差一岁。不久，汉献帝东归，李傕、郭汜等追击、打败汉献帝于曹阳。汉献帝于夜晚偷渡黄河到山西境，六宫妃嫔都步行出营跟随。伏皇后手持细绢数匹，董承叫符节令孙徽持快刀威胁夺下，杀左右侍者，血液飞溅到伏皇后衣上。等到达安邑，汉献帝穿的衣服都烂了，以枣栗为粮。兴平三年即建安元年（公元 196 年），曹操“挟汉献帝”，任伏完为辅国将军，仪制同于三公。伏完认为政权全在曹操手中，嫌自己枉为皇上的外戚，于是把印绶缴上，任中散大夫，不久改任屯骑校尉。

献帝迁都许昌后，徒守虚位，值宿警卫侍兵，没有一个不是

汉献帝（选自清光绪刻《图像三国志》）

曹操的旧党羽和姻亲密戚。议郎赵彦曾经向献帝出谋划策，曹操知道后把他杀了。其余内外不和曹操一条心的，多数遭到诛戮。据说曹操当时志得意满，曾自个儿大摇大摆地入宫觐见献帝。献帝极端愤怒，说：“您假使能够辅助我，那么就希望你优厚相待；否则的话，就希望你恩爱相加把我抛弃。”曹操于是大惊失色，磕头求出。旧有的规矩，即便三公大官领兵朝见皇帝，也得让虎贲兵员执锐利武器左右相挟。曹操不愧是一个善于自省的政治家。他退出宫后，顾盼左右，汗流浃背；自此后，再不敢这么旁若无人地去见献帝了。这情况直到建安十七年（公元212年）他正式取得带剑上朝的特权后，才有所改变。《三国志·魏书·武帝纪》载，这年春正月，“天子命公（指曹操）赞拜不名，入朝不趋，剑履上殿，如萧何故事。”

董承的女儿为贵人，曹操杀了董承，又要求杀董贵人。献帝认为董贵人怀孕在身，连连请予免诛，终不能得。伏皇后心怀恐惧，写信给她父亲，讲曹操残酷逼迫的凶相，要她父亲秘密铲除曹操。伏完不敢动手。

建安十四年（公元209年），伏完去世，其子伏典继嗣。建安十九年（公元214年），伏皇后诛曹的图谋泄露。曹操追查大怒，逼着献帝废去伏皇后，并假为策书说：“皇后伏寿，由卑贱而得入宫，以至登上皇后尊位，自处显位，到现在二十四年。既没有文王母、武王母那样的徽音之美，而又缺乏谨慎修身养怡之福，却阴险地怀抱妒害，包藏祸心，不可以承奉天命，祀奉祖宗。现在派御史大夫郗虑持符节策书诏令，把皇后玺绶缴上来，退去中宫，迁往其他馆舍，唉！可悲伤啊！伏寿咎由自取，未受审讯，幸甚幸甚！”又以尚书令华歆为郗虑副手，统兵入宫逮捕伏后。伏皇后紧闭门户匿藏墙壁中，华歆伸手将伏后牵出。

当时献帝在外殿，郗虑坐在他身旁。伏后披发赤脚徒步而行哭泣着经过献帝面前告别说：“不能再救救我吗？”献帝说：“我也不知我的性命还能延续到何时！”回头望着郗虑说：“郗公！天下难道有这样的事吗？”于是曹操将伏后下于掖庭暴室幽禁。伏后不久去世，所生的两位皇子则以毒酒毒杀，伏氏宗族数百人亦被处死。

早在建安十八年（公元 213 年），曹操就将自己的女儿曹宪、曹节、曹华三姐妹同时送入宫中。废掉伏皇后后，曹操要献帝立曹节为皇后，献帝只得依从。

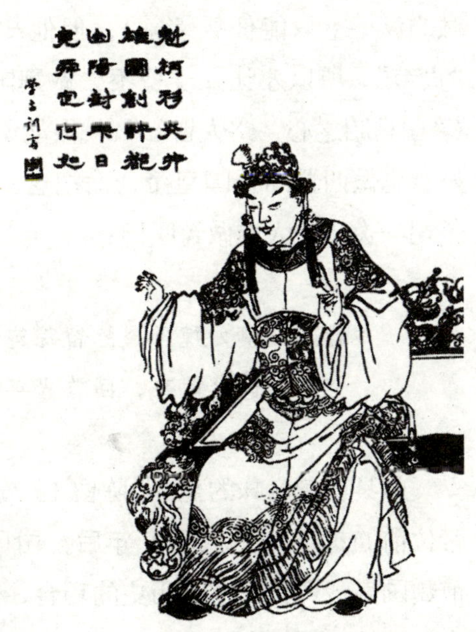

曹丕（选自清光绪刻《图像三国志》）

建安二十五年（公元 220 年），曹操死，曹丕袭魏王位。曹丕授意华歆去逼献帝让位。曹皇后怒斥华歆，华歆只好退出宫去。第二天又逼献帝将帝位禅让给曹丕，并以武力威胁，向曹皇后索要玺印。曹皇后无奈，将玺印掷于栏板之下。面对兄长曹丕篡位，她极为愤怒，高喊：“老天有眼，决不让你长久!”献帝被废为山阳公，曹皇后为山阳公夫人。魏文帝青龙二年（公元234年）三月，汉献帝去世，终年54岁，以汉天子礼仪葬于禅陵。景元元年（公元260年），曹皇后病逝，仍以汉朝的礼仪合葬于献帝的禅陵。

那个时代，皇权是相当神圣的，尤其是经过董仲舒等人的编造和宣传，“君权神授”的正统观念已经深入人心，魏代汉，晋代魏，明明是地地道道的权臣“篡逆”，却偏要说成是“禅让”。因为禅让是一种非常“文明”的政权转移方式，据说古代的圣贤尧舜禹都是这样很“大度”地禅让所谓的“帝位”的，所以曹丕和司马炎就都采用这种方式。

人们习惯说魏晋是一个时代，这实在没有牵强的成分，由两个不同姓氏统治的魏晋时期不仅国体政体保持不变，就连“禅让”的过程也十分相似：曹操篡了汉（“挟天子以令诸侯”的格局使衰微的汉王室只能任凭宰割），但他却始终想保住自己作为汉臣的“贞节”，所以才让儿子曹丕去做魏国的开国皇帝；司马昭篡了魏（“司马昭之心，路人皆知”就很能说明问题），但司马昭自己却不好意思做西晋的开国皇帝，而把这一“光荣任务”留给了他的儿子司马炎。后人遂做诗叹曰：

晋国规模如魏王，陈留踪迹似山阳。
重行受禅台前事，回首当年止自伤。

颇具讽刺意味的是：“陈留王”这个称号，乃是汉献帝刘协即帝位前的封号；过了近80年后，司马炎把这个称号封给了下台的前魏国皇帝曹奂。这是历史的巧合，还是司马炎的恶作剧？总之，十分有趣。

做皇帝这个事情，从秦始皇发明“皇帝”这个称号开始，就是幻想子子孙孙无穷传下去的，哪个开国皇帝都不希望子孙将皇帝的位子“禅让”给别人。可是，政治实在是很残酷的，皇帝倘若无法把握住自己的命运，那便只有听凭他人宰割了。事实上，魏与晋取得天下的方式确有相似之处，都是权臣擅权，先加九锡、行王礼，然后以“禅让”传天下；而权臣必然数让不肯受，于是群臣上表苦请，天子再让，面子功夫都做足了，权臣才不得已而受之。明明十分矫情，也都知道是做戏，可满朝都拿它当真，共同参与历史闹剧的表演。

然而，也正因为是历史闹剧，它们在不同的时间点，于内容上还是有区别的。清代著名史学家赵翼在《廿二史札记》中专门有“魏晋禅代不同”的条目具体论述，其要点是：曹氏是在“献帝已三四十岁，非如冲主之可无顾虑”时因挽救已“大坏”的汉室而建立并壮大自己的势力的，“挟天子以令诸侯”的格局使上下“莫敢有异志”；而司马氏则是“当文帝、明帝国势力隆之日，猝遇幼主嗣位，得窃威权”，所以内外不服者众多。“然（曹）操起兵于汉祚垂绝之后，力征经营，延汉祚者二十余年，然后代之。司马氏当魏室未衰，乘机窃权，废一帝，弑一帝，而夺其位，比之于（曹）操，其功罪不可同日语矣”。赵翼这话虽然说得有些刻薄，却是事实，即是说曹魏的天下是自己打下来的，而司马氏却是篡夺来的。

值得注意的是：赵翼是用的“禅代”这个词而非“禅让”；一个“代”字，表明政权的更替虽然是和平手段，却并非是主动让位而是在外力压迫下被动进行的。赵翼在《廿二史札记》中的“禅代”条中还论述了魏代汉的后果：“去日古远，名义不足以相维，当曹魏假称禅让以移国统，犹仿唐、虞盛事，以文其奸。及此例一开，后人即以此为例，而并忘此例之所由仿，但谓此乃权臣易代之法，益变本而加厉焉。此固世运人心之愈趋愈险者也。”由此看来，曹魏真是朝代嬗替新格局的开创者了。赵翼还说：“自曹魏创此一局，而奉为成式者且十数代，历七八百年，真所谓奸人之雄，能建非常之原者也。”

曹家夺刘家的皇位是所谓“禅让”，而司马家夺曹家的皇位也是“禅让”；但司马炎也许没有想到，他以“禅位”获取的江山后来也是“禅让”出去的，而且竟然像瘟疫一样向下蔓延开来，止也止不住：

公元420年，晋恭帝司马德文“禅让”皇位于宋王刘裕，宣告了晋王朝的完结，后者建立了宋；公元479年，宋顺帝刘准“禅让”皇位于萧道成，后者建立了南齐；公元502年，齐和帝萧宝融“禅让”皇位于萧衍，后者建立了梁；公元557年，梁敬帝萧方智“禅让”皇位于大将军陈霸先，后者建立了陈；公元550年，东魏皇帝元善见“禅让”皇位于高洋，后者建立了北齐；公元557年，西魏恭帝拓跋廓“禅让”皇位于宇文觉，后者建立了北周；公元581年，北周静帝宇文衍“禅让”皇位于隋公杨坚，后者建立了隋朝。公元618年，李渊接受隋恭帝杨侑的“禅让”，建立了唐朝。于是，几乎整个两晋南北朝乃至隋唐，居然就这么一路“禅让”过来。此情此景，倘若曹操在世，也一定会像孔夫子那样对世事沧桑作无奈状，感叹一声：白云苍狗，逝者如斯！

第二节　曹魏多慷慨悲歌之士

史书记载和民间传说都公认：自古燕赵多慷慨悲歌之士。所谓“燕赵之地”，即战国时期的燕国、赵国所在地，指的是中原以北地区。燕赵之地的人性子豪放，粗犷，而且很多人愿意并且真正实践以身殉国。在三国时期，曹操和他的曹魏集团，地处北方，自多“慷慨悲歌之士”。

在《史记·刺客列传》里面，除了为鲁庄公收复旧地而挟持齐桓公的曹沫是鲁国人和为伍员荐于阖闾而刺诸樊的专诸是吴堂邑人外，为报智伯之恩而两刺赵襄子的豫让，为报知已严仲子而刺韩相累侠的聂政，利用樊於期的首级和燕督亢的地图为太子丹刺嬴政的荆轲，还有继荆轲之后，以击筑且歌闻名，再刺嬴政的高渐离，都是出于或死于燕赵之地。那句“风萧萧兮易水寒，壮士一去兮不复还”，不仅是高渐离对荆轲的挽歌，更是催人奋起的华夏风范。所以，《三国演义》描述曹操在官渡获胜后曾感慨道：“河北义士，何其如此之多也！可惜袁氏不能用！若能用，则吾安敢正眼觑此地哉！”

曹操这个感慨是极有道理的。在三国初创时期，本来袁绍是最有实力和希望完成统一大业的。

东汉末年，在镇压黄巾农民起义过程中逐渐形成了各豪族军事集团。他们拥兵割据，是各霸一方的军阀。汉献帝初平三年（公元 192 年），董卓被王允、吕布杀死后，讨伐董卓的关东同盟军也随之解体，接着他们就开始了争夺地盘的大混战。当时军阀割据的形势是：袁绍占据冀州（今河北中部南部），公孙瓒占据幽州（今河北东部北部），公孙度占据辽东（今辽宁），曹操占据兖州（今山东西南部），陶谦、吕布先后占据徐州（今江苏北部），马腾、韩遂占据凉州（今甘肃），袁术占据扬州的一部分（今淮河下游一带），孙策占据江东（今长江下游以南地区），刘表占据荆州（今湖北、湖南），刘焉、刘璋占据益州（今四川及云南、贵州的大部分）；还有尚未占据固定地盘的刘备，率领一支军队先后依附于公孙瓒、曹操、袁绍、刘表等。人民渴望统一和安宁，割据的军阀也想在混战中壮大自己吃掉对方。东汉之后为什么会出现三国鼎立的局面，这是与各个军阀的斗争策略与把握机会的能力有很大关系的。

在东汉末年的军阀争夺中，最有希望胜出的袁绍却一次又一次地错失了机会。袁绍字本初，汝南汝阳（今河南商水西南）人，出身名门大族，自曾祖父起四代有五人位居三公，门生故吏遍天下。袁绍长得漂亮，待人不错，人缘极好，因为反对董卓而名声大振。初平元年，关东州郡牧守联合起兵讨伐董卓，袁绍被推为盟主，自号车骑将军。董卓不久被杀。关东军内部开始互相兼并。袁绍夺取冀州牧韩馥地盘，自领冀州牧，此后又夺得青州、并州，建安四年（公元199年）消灭幽州公孙瓒。至此，袁绍已据黄河下游四州，领兵数十万，成为当时的最大势力。陈寿在《三国志·魏书·武帝纪》中曾评说："袁绍虎视四州，强盛莫敌。"

袁绍的谋士沮授、田丰均有过类似于曹操"奉天子以令不臣"的建议，但是袁绍"不纳"。袁绍不做的事，曹操却抢先做了。袁绍于是看到，曹操迎奉献帝迁都许县后，得到了黄河以南的大片土地，关中地区的人民也纷纷归附；更重要的是，曹操捞到了一大笔政治资本，不但自己成了匡扶汉室的英雄，有了"一人之下"的地位，而且将所有的反对派都置于不仁不义的不利地位。曹操任命官吏、扩大地盘、讨伐异己、打击政敌，都用的是皇帝的名义。袁绍十分嫉恨，便于打败公孙瓒后的建安四年六七月间挑选"精兵十万、骑万匹，欲以攻许"，企图消灭曹操，以便自己称孤道寡，取汉而代之。

面对袁绍的进攻，曹操的谋士荀彧、郭嘉从政治、军事各方面分析了双方的实力对比，认为曹操在用人、计谋、武力、作风上都胜过袁绍，因而完全可以打败他。《三国志·魏书·武帝纪》记载，曹操也满有信心地说：袁绍"志大而智小，色厉而胆薄，忌克而少威，兵多而分划不明，将骄而政令不一，土地虽广，粮食虽丰，适足以为吾奉也。"在战争初期，曹操采取以逸待劳、后发制人的方针，在许县北面的官渡（今河南中牟县东北）设防。官渡是许县的门户，守住官渡，便可以有效地挡住袁绍的进攻。

建安五年（公元200年）七月，袁绍经过艰苦的进攻，到达官渡北面的阳武（今河南原阳县东南），与曹操相持。袁绍的谋士沮授分析了双方的形势，认为袁军虽然人多，却不如曹军英勇善战；但现在曹军的粮食、财力都不及袁军，曹军利于速战、袁军利于持久，因而建议袁绍采用持久战，消耗曹军力量。袁绍不听。八月，袁军主力接近官渡，曹操立营相抗。十月，袁绍派部将淳于琼带兵万人护送军粮屯放在乌巢，沮授建议派重兵把守，防止曹军抄袭。袁绍不听。另一谋士许攸建议袁绍派兵绕道从后面袭击许县，袁绍也不认可。

战官渡本初败绩

（选自清光绪刻《图像三国志》）

许攸看到袁绍无谋而刚愎自用，失败是不可避免的了，就连夜投奔曹操，并建议曹操以轻兵袭击乌巢。曹操当机立断，亲自率兵五千袭击乌巢，杀死守将，烧毁了全部军粮。袁绍部军心大乱。曹操乘势出击，大破袁军。袁绍只带了八百骑兵逃回河北。

打败袁绍后，曹操不得不以最惋惜的心情杀了他最佩服的袁绍的谋士沮授。据《三国志·魏书·袁绍传》注引《献帝传》记载，沮授和曹操早先就认识，还曾有过惺惺相惜的情结，只是各为其主，而不能共事。古人重视气节与风骨，沮授自然怀抱一士不事二主的信念。他被俘后，被押见曹操，坚决不降。曹操是一个重视人才的人，给足了沮授面子，放下架子好言相劝沮授归降，沮授以“叔父、母、弟，县命袁氏”为由而拒绝。曹操见沮授不肯加入他的阵营，深为可惜，但给以厚待，将其留于军中，希望能够感化他。可是，沮授还是密谋逃回袁绍阵营，事败被杀。处死沮授前，曹操感慨道：孤早相得，天下不足虑。看来对沮授不只是惜怜，更有一番相见恨晚的意味。沮授虽然死于曹操刀下，其忠烈之风则令曹操敬仰，下令厚葬之。

在曹魏集团中，曹操最器重的人是荀彧。曹魏建国，他的贡献

荀彧（选自清皇家珍藏手抄善本绘图描金银《三国志演义》）

最大，本身人品也好，和曹操又是儿女亲家。其在魏的声望和地位真可以说是一时无两。

在曹操势力的发展过程中，荀彧屡出奇谋，维持后方，对曹操来说就是萧何、张良再世，也不过如此。曹操深为感激，数封荀彧。据《三国志·魏书·荀彧传》及注引《荀彧传》，建安八年（公元 203 年），曹操上书荀彧的前后大功，表封他为“万岁亭侯”。在《请爵荀彧表》中，曹操称赞荀彧：“彧之功业，臣由以济（成功），用披浮云，显光日月。陛下幸许，彧左右机近，忠恪祗顺，如履薄冰，研精极锐，以抚庶事。天下之定，彧之功也。”荀彧则以无野战之劳固辞，还上表给汉献帝表达同样意思。曹操又给荀彧书信说：“与君共事以来，立朝廷，君之相为匡弼，君之相为举人，君之相为建计，君之相为密谋，亦以多矣。夫功未必皆野战也，愿君勿让。”荀彧这才接受了。

建安十二年（公元 207 年），曹操又上《请增封荀彧表》，称：“彧之二策（指官渡前后两次重要建议），以亡为存，以祸致福，谋殊功异，臣（曹操）所不及。”他欲表荀彧为三公，荀彧叫大他六岁的侄子荀攸出面再三恳让，以至十多次，曹操无可奈何，才停止了上表。

但是，深受曹操如此器重的荀彧，在曹操势力大盛后，却仍然忠心于东汉王朝。他与一些东汉旧臣，对曹操日益篡权非常不满，反对曹操进爵国公，造成二人从此貌合神离。荀彧之所以会和曹操分道扬镳，是因为他有自己较为崇高的理想，并且是真正为之付诸实践的人。

荀彧追随曹操时，是在曹操的“创业”初期，董卓乱政前后。当时，大将军何进与袁绍等谋诛宦官，事泄，何进被杀；而袁绍一直垂涎玉玺，维护的并不是大汉；刘表系守成之人，刘备则尚未壮大。荀彧却是一心要维护大汉国祚。当时，他知道也敬佩曹操为除董卓所做的努力。荀彧虽然属于曹魏集团的重要智囊，但是，他终究是汉臣（曾任侍中、尚书令，是东汉朝廷高级官员），并非曹操的私人幕僚，所以，当曹操要进爵为王的时候，荀彧意识到要变天了。这时候的曹操随着实力的壮大，野心也在不断膨胀。汉高祖刘邦时期定下“异姓不得为王”的规矩，现在曹操要破坏它了。这个时候，作为一个有理想，有节操，有坚持的人，哀莫大于心死；况且曹操也容不下一个掌握大权，德高望重却背离自己路线的人。由此，荀彧选择带着自己的理想，离开这个不属于自己的世界。

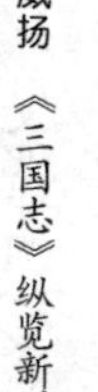

荀彧是一个公正率直、讲求原则的人。这一性格，从《三国志·魏书·荀彧传》中不难看出。这样的性格使得荀彧能施展才华，为曹操所重。每当曹操有疑难之处询求荀彧的意见，或荀彧自己认为有不妥时，荀彧都能直言不讳地向曹操进言。在反对曹操进爵国公之前，荀彧所进之言多未触犯曹操。他也因此排除阻碍，将正确的谋略进达曹操；而曹操也倚重荀彧，屡建奇功，终成霸业。然而，这样的性格用在曹操进爵国公、加九锡之事上，却不得了。《三国志·魏书·荀彧传》载：“（建安）十七年，董昭等谓太祖宜进爵国公，九锡备物，以彰殊勋，密以咨彧。彧以为太祖本兴义兵以匡朝宁国，秉忠贞之诚，守退让之实；君子爱人以德，不宜如此。太祖由是心不能平。”

荀彧的固执和原则性，令曹操大为光火。《三国志·魏书·荀彧传》是这样写的：“太祖军至濡须，彧疾留寿春，以忧薨，时年五十。谥曰敬侯。”这句话写得很模糊，让人如雾里看花。《魏氏春秋》记载：“太祖馈彧食，发之乃空器也，于是饮药而卒。”范晔《后汉书》和司马光撰《资治通鉴》均认为，荀彧是受到曹操暗示而服毒的。

导致荀彧悲怆结局的是荀彧根深蒂固的忠君思想。当然，这里的“君”是指汉朝皇帝。史称荀彧“见汉室崩乱，每怀匡佐之义”。而曹操最初在讨伐董卓之时确实是有匡佑汉室的想法，但随着他对汉廷现状的进一步了解，以及其实力的进一步增强，政治野心也就进一步扩张。当荀彧反对曹操进爵位为国公时，曹操已充分认识到他的这位“子房”与他并不是同道中人。荀彧被曹操逼上绝路，正是由于他对汉室的忠贞，至死不改其志。

在曹魏集团中，与荀彧有类似情况的不是个别人。《三国志·魏书·武帝纪》记载说：“建安二十三年（公元218年）春正月，汉太医令吉本与少府耿纪、司直韦晃等反，攻许，烧丞相长史王必营。”这是怎么一回事呢？

当时曹操将立足点放在北方的邺，而荆州的关羽正势头强劲，汉献帝所在许都离关羽相对较近，于是就留他绝对信任的人——丞相长史王必——执掌军队督管许都的事务。王必德才俱佳，对曹操可称忠心不贰，但不幸的是他却有位极知己的朋友——京兆尹金祎。金祎是被刘备巡占荆南三郡时所攻杀的武陵太守金旋之子，据说还是汉武帝时的金日磾之后。金祎认为自家世代为汉臣，从金日磾锄杀行刺天子的莽何罗以来，累世忠诚彰著，节概凛然，在士大夫中享有令誉。王必的这位知己好友在政治上当然与王必不同，王必是曹操的铁杆拥趸，金祎却是骨子里认定自己是大汉忠臣。对于王必，金祎不过是虚以委蛇，认为王必只是曹操留在许都看管皇帝的一个狱头而已。

金祎目睹汉朝的皇位和国统即将易于曹氏之手，心中感叹，本身也有匡扶汉室的心思，没站出来抗议只是因为时机不到。现在曹操难得到许都来了，恋在邺城铜雀台里训练那些夫人、昭仪、婕好、容华、美人，当然还有大量的贵人、歌舞伎，而南方荆州的关羽势力已隐隐威震许都。机会出现了！金祎遂秘密联络太医令吉本、耿纪、韦晃及吉本的儿子吉邈、吉穆等人，准备由吉邈组织部队从外部突袭王必的长史军营，金祎为内应，一举干掉王必，占领许都，劫持皇帝，再奉天子命配合荆州的关羽共同进军邺城，如此将一举重振大汉皇统！

讨汉贼五臣死节（选自清光绪刻《图像三国志》）

建安二十三年正月，金祎与汉太医令吉本、少府耿纪、司直韦晃等人决然行动了。吉邈没有真正的军队，就带领闲杂人及家僮千余人夜间突然在王必的军营大门放起了大火，进攻丞相长史王必的营地。金祎则派人为内应，发箭射中王必肩部……只是暴动未能成功。天亮以后王必与颍川典农中郎将严匡攻打吉邈等人，很快就将参加暴动者全部抓捕。吉邈等人被斩，涉案的耿纪、韦晃、金祎等人全都被诛灭三族。但王必本人却因箭伤过重，十余日后死去了。

此事在《三国演义》中演变为“第二十三回：祢正平裸衣骂贼，吉太医下毒遭刑”。像沮授、荀彧、金祎、吉本父子等为了坚持自己的立场，追求既定理想，明知不可为而为之，以死蹈义，慷慨赴死，虽死犹荣。不过，现在来看他们的“忠君爱国”，在滚滚向前的历史大潮面前，就显得落伍或迂腐了。“帝王将相宁有种乎?”谁说皇帝只能姓刘而不能姓曹？何况在当时东汉王朝事实上已经灭亡了的情况下，是后来被称为“奸臣”“汉贼”的曹操让它又苟延残喘了二十多年。这不是沮授、荀彧们想要达到的一种结果吗?

到建安末期，群雄割据已逐渐演变为三大军事集团的鼎立。曹操作为三大军事集团中雄踞北方的势力最强大者，已被汉献帝封为魏王，单独设府治事。此时，以魏代汉乃是人们都已看到的一种历史趋势，但是，曹操却不肯迈出这一步。在他心中，其实深藏着时人难以揣摸的汉室情结。建安二十四年（公元 219 年）十二月，作为三大军事集团一方的孙权袭杀了作为另一方的关羽之后，为了引祸于人，主动给曹操写信，对其歌功颂德，劝他登基称帝，自己甘愿称臣。曹操让群僚传观了这封信，然后说：“是儿欲踞吾著炉火上邪!”仍然只愿行皇帝之实，而不挂皇帝之名。

曹操的属下也多认为以魏代汉已是历史必然，没有必要再打汉室这张没有意义的牌。据《三国志·魏书·武帝纪》注引《魏氏春秋》，曹操多年的僚属夏侯惇就劝曹操说：“天下咸知汉祚已尽，异代方起。自古以来，能除民害为百姓所归者，即民主也。今殿下即戎三十余年，功德著于黎庶，为天下所依归，应天顺民，复何疑哉!”尽管夏侯惇说得满有道理，曹操仍不为所动，他的回答是：“‘施于有政，是亦为政’。若天命在吾，吾为周文王矣。”即是说：能为历史做我应尽的责任就够了，我反正是不会当皇帝的。假如这是天命，那也让我的儿子去当好了。曹操明白，他如果代汉称帝，那才是真正的汉贼。他奋斗一生，最后虽然造成魏必代汉的历史大势，却宁愿做周文王，让下一代去当皇帝，自己决不违背当初“匡扶汉室”的承诺。我们说曹操是大英雄、真汉子，也是为他不食其言、不欺其志的义士之风所折服。

第三节　先主托孤与老臣沥血

建安二十四年（公元219年），刘备在汉中之战中斩杀曹操名将夏侯渊，击败曹操，占据了战略要地汉中。在这节节胜利的情况下，刘备部将关羽则在荆州孤军北伐曹魏，虽然水淹七军、擒于禁、斩庞德，威震华夏，又围曹仁于襄阳，达到军事上的最高峰；但是，荆州后方空虚，东吴吕蒙以白衣计乘机夺取荆州的江陵和公安。十二月，关羽被吴军擒获，遭杀害。“失荆州”使得刘备集团元气大伤，蜀汉政权也开始走下坡路。

刘备在得知“失荆州”和关羽被害的消息后，尽起全国之兵去讨伐吴国，欲为关羽报仇，结果猇亭一战（公元222年）被陆逊击败，刘备率残兵退到白帝城。蜀汉章武三年（公元223年）三月，刘备在白帝城一病不起，自感不久于人世；然而，放心不下的事情太多了，最重要者莫过于他亲手打造的蜀汉江山未来的命运，于是有了“先主托孤”的故事。《三国志·蜀书·诸葛亮传》记载：

> 章武三年春，先主于永安病笃，召亮于成都，属以后事，谓亮曰：“君才十倍曹丕，必能安国，终定大事。若嗣子可辅，辅之；如其不才，君可自取。”亮涕泣曰：“臣敢竭股肱之力，效忠贞之节，继之以死！”先主又为诏敕后主曰：“汝与丞相从事，事之如父。”建兴元年，封亮武乡侯，开府治事。顷之，又领益州牧。政事无巨细，咸决于亮。南中诸郡，并皆叛乱，亮以新遭大丧，故未便加兵，且遣使聘吴，因结和亲，遂为与国。三年春，亮率众南征，其秋悉平。军资所出，国以富饶，乃治戎讲武，以俟大举。

“先主托孤”是蜀汉历史上一件具有决定意义的大事。由于古

史记载的简略，对这件事，后人往往有不同的看法。许多人把它看做是刘备的忠厚仁义和对诸葛亮的信任；也有人认为这是刘备的狡诈，是为了防止诸葛亮专权、篡权而为诸葛亮戴上的一副无形枷锁。那么到底怎样认识呢？

刘先主遗诏托孤儿
（选自清光绪刻《图像三国志》）

古人托孤是一件很慎重的事。在三国时期，除“先主托孤”外，重要者还有《三国志·吴书·张昭传》记载的“（孙）策临亡，以弟（孙）权托（张）昭，（张）昭率群僚立而辅之”和《三国志·魏书·明帝纪》记载的“（明帝）执（司马懿）其手谓曰：‘吾疾甚，以后事属君，君其与（曹）爽辅少子’”。二者与“先主托孤”在内容上都比较相似；尤其是孙策托于张昭，也有“若仲谋（孙权）不任事者，君便自取之”等语。后来的历史证明，张昭、诸葛亮都没有辜负“托孤（弟）”的重寄，而司马懿却将曹氏天下变成了司马氏天下。

从历史的纵向看，托孤托得好，帝业自会延续；托得不好，则江山易人。刘备虽名为汉景帝子中山靖王之后，但到他这一代时，家境已败落到“与母贩履织席为业”的地步。刘备历经几十年的生死打拼、惨淡经营，最终得以在军阀林立的混乱局面中立住了脚，三分天下有其一，于花甲之年登上了帝王宝座。只是大业尚未完成，又遭新败，自己却将撒手人间——刘备其时当有壮志未酬、死不瞑目的感受。此时，刘备之子刘禅已有十七岁，论年龄，不算小了，但却是个没有本事的人（后人有称：“扶不起的阿斗”）。对于儿子的德才，刘备自然心中有数，不可指望其独撑局面，必须有人加以辅佐，方可保国祚赓续。然而此时，与刘备情同手足的关羽、张飞相继先他而去，遍观蜀中，唯有诸葛亮是可寄托之人。

刘备与诸葛亮，从“三顾”始到“托孤”止，其君臣关系如鱼得水，被传为千古佳话，成为历朝历代效法的楷模。刘备对诸葛亮，先是降格以求，后是施与重任；诸葛亮对刘备，则不仅仅是殚精竭虑，屡建奇功，更为人感佩的乃是心不存私，忠心耿耿。正是基于对诸葛亮的深刻了解，刘备才把辅佐刘禅的大任交给诸葛亮。

不过，刘备“托孤”时对诸葛亮说的一番话，却引起后人许多猜测。刘备说：“君才十倍曹丕，必能安国，终定大事。若嗣子可辅，辅之，如其不才，君可自取。”有人解读这段话，说这是刘备故意考验诸葛亮，表明刘备临终时，不能对诸葛亮百分之百的放心。有人描述这段历史时，不惜添油加醋，说诸葛亮听了这番话，诚惶诚恐，一边痛哭流涕，一边跪在地上，直到把头都磕破了，才赢得刘备的信任。

时下学术研究有滥兴“原创”“出新”之风，以语不惊人死不休为指归。在社会科学研究尤其是历史研究领域，不仅戏说流行，更有甚者——凡史有定论的人物事件，多免不了被重新解构的命运，以此标新立异，耸人听闻。即如《三国志》中的曹操、刘备、诸葛亮等，无不有此被颠覆正邪、倒置是非的遭遇。不畏权威、敢做翻案文章当然令人鼓舞，但须态度端正，不哗众取宠；即是说翻案须得建立在拥有与之相称的详实、可靠的资料基础上，而不是突发奇想，信马由缰，想说什么就说什么。搞历史研究就必须对历史负责，对古人负责，这也是对自己负责，对后人负责。我们看到的否定诸葛亮的许多论著，如《走下神坛的诸葛亮》《诸葛亮必败——中国伪智慧的宿命》《质疑诸葛亮的“鞠躬尽瘁、死而后已”》《诸葛亮是玩弄权术的老手还是鞠躬尽瘁的忠臣?》《我看诸葛亮之“鞠躬尽瘁，死而后已”》《诸葛亮不过是个野心小人》《权倾朝野的诸葛亮》等等，其立论及论证都经不起推敲；所用资料更是道听途说，或断章取义，甚至胡乱编造。学术研究如果失去了科学态度，没有科学方法，不占有扎实资料，仅凭一股闯劲或好奇心（这里不说名利心），那就是痴人说梦，只供自娱自乐而已。

刘备对诸葛亮有十余年的深刻了解（或可说是考查）与亲密合作。他把辅佐之事托付于诸葛亮，是建立在对诸葛亮充分信任的基础上的。我们研究历史，既要看历史的渊源，又要看历史的发展；既要分析历史的具体事件，又要联系历史背景，切不可在一些细节上钻牛角尖，更不能为出新意而去任性，随意臆测古人，匆忙就出结论。刘备托孤不是谜，而是明白的历史事实。从这个事件中，我们看到刘备作为在艰难困境中磨练出的政治家，确实有其英明之处。在已传承四百多年的封建世袭制时代，他却具有比较民主的头脑，这是难能可贵的。对于前举《三国志》张昭本传中孙策托弟事，我们也可作如是观。只是张昭不像诸葛亮那般位高权重且又事功卓著，而孙权也不像刘禅那么懦弱无能，所以孙策托弟之事，并未引起多少人注意。但其与先主托孤一样，都含有远绍尧舜禅让之风的内容。这在狼奔犬突、争权逐利的封建乱世中有如独出污泥的鲜荷，当令人肃然起敬。

我们再看诸葛亮，他之所以赢得后人的广泛尊敬，乃在于他对国家、对君王的忠心耿耿，对主公兼挚友刘备“托孤”重寄的倾力担当，所谓忠志之气、侠义之风在他身上得以完美展现。《三国志》诸葛亮本传记他在刘备死后，重权在握，“政事巨细，咸决于亮”。而刘备生前又曾诏敕后主：“汝与丞相从事，事之如父。”在这种情况下，他依然一如既往地忠实于以刘禅为皇帝的蜀汉政权，毫不懈怠地勤勉于职守，鞠躬尽瘁地辅佐刘禅。他虽然有足够的取代刘禅而自立的实力和机会，却丝毫不受诱惑，从未产生取代之心，这是一般权臣难以做到的。在中国历史上，无德无才或年幼无知的君王，最终被辅臣取代的不在少数——就在诸葛亮的同时代，便出现了曹氏家族篡夺刘汉皇权和司马氏家族篡夺曹魏皇权的江山易主之事。正是有了这些令人心寒、为世所唾弃的鲜明参照作比较，更显出诸葛亮不辱“托孤”之命，公忠体国，“鞠躬尽瘁，死而后已”的凛凛美德。这不仅令蜀汉上下感戴万分，即连他的敌人都敬服不已。《三国志·魏书·明帝纪》记载，景初三年（公元239年），魏明帝曹叡托孤司马懿之时，将幼儿抱到司马懿身前，其情其辞之恳切哀诚，乃是希望司马懿能够向诸葛亮学习；而司马懿当时也“感动”得“顿首流涕”。可是十年后，即正始十年（公元249年），司马懿便发动宫廷政变，杀了受遗诏共同辅政的曹爽而独擅国中大权。历史上对司马懿评价不高，主要还不是他于个人才能上实逊于诸葛亮，而在于他的品德比后者相距太远，乃至被后人嗤之以鼻。据《汉晋春秋》记载，蜀亡后，晋王司马昭便号召群臣学习诸葛亮的兵法（当然还包括他的为人）；司马昭的儿子、后来做了皇帝的晋武帝司马炎还亲自向蜀汉降臣樊建请教诸葛亮治国之方，并感叹地说：“善哉！使我得此人以自辅，岂有今日之劳乎！”司马懿与诸葛亮一生为敌，且每每处于下风，而司马懿的篡权又与诸葛亮的体公形成鲜

司马懿画像

（选自明弘治十一年刻《历代古人像赞》）

明对比——在这种原本该令司马懿后人难堪而回避不及的情况下，司马昭父子竟还向诸葛亮的在天之灵施以大礼，可见诸葛亮的人格魅力是多么具有光彩，真个是令天地惊，鬼神泣！

在蜀汉的政权中枢，由于有了诸葛亮的光彩照人，以致其他后继者如蒋琬、费祎等都黯然失色，甚至连开国君主刘备也不能与诸葛亮争辉。（成都的武侯祠，本来的面目是汉昭烈庙——有大门横额所书为证，刘备墓也在这里；可是老百姓不管他，径以武侯祠相呼，反到冷落了它真正的主人刘备。这个鹊巢鸠占的有趣现象，说明讲仁讲义，守信守诺的诸葛亮千百年来已深入人心，成为中国文化传统和所谓中国魂、中国精神的形象标志。）

不过刘备作为蜀汉政权的建立者，其艰苦创业，历经挫折仍矢志不渝，以匡扶汉室为己任的坚韧品质也颇受后人尊敬。而他礼贤下士、知人待士、弘毅宽厚、轻利重义的事迹，也传为千古美谈。陈寿说他“盖有高祖之风，英雄之气”，并不过誉。陈寿还特别指出刘备“托孤”之事，称其“举国托孤于诸葛亮，而心神无贰，诚君臣之至公，古今之盛轨也”（《三国志·蜀书·先主传》）。

到了唐代，诗人杜甫在游成都武侯祠后，心念诸葛亮，特作七律《蜀相》以抒怀。其腹联云：“三顾频烦天下计，两朝开济老臣心。”一方面讲刘备知人善任，至死不悔，一方面述诸葛亮鞠躬尽瘁，死而后已；一方面是托孤委政，一方面是竭诚以报。这正是；

先主遗爱，君以有志人相寄；
老臣沥血，士为知己者而死。

诸葛亮在二十七岁前隐居隆中，二十七岁上为刘备“三顾茅庐”之诚所感动，从此成为刘备集团运筹帷幄的头号谋士，襄助刘备建立了蜀汉政权。刘备白帝城托孤以后，诸葛亮又将他生命的最后十一年毫无保留地奉献给刘备的未竟事业。从建兴元年（公元223年）诸葛亮得封武乡侯“开府治事”起，即辅后主刘禅内抚南中，外连孙吴，北伐曹魏，使蜀汉在西南地区得到稳步发展。当政权稳定和物质准备停当后，诸葛亮又数次北伐，终在建兴十二年（公元234年）八月，因操劳过度，病死于五丈原军中。杜甫在《蜀相》尾联叹道：

出师未捷身先死，
长使英雄泪满襟。

的确，诸葛亮一生许身稷契，志在匡国，“何谓识治之良才，管、萧之亚匹矣。”（《三国志·蜀书·诸葛亮传》）他虽然未能实现包举宇内，“复兴汉室”的理想，但是，他以天下苍生为重，为理想顽强拼博，尽忠报国，披心沥血的精神，尤其是他的勤政和廉政的高尚品德，却载之史册，流芳百世。现仅从五点分述之。

诸葛亮执法：公正严明。

常言道：公生明，廉生威。诸葛亮在帮助刘备取得益州，使刘备集团有了立国的大本营后，便按照春秋名臣子产所谓“宽猛相济”的执法原则，领衔和法正、刘巴等制定蜀汉最早的法律条例《蜀科》。他亲自写下《八务》《七戒》《六恐》《五惧》等条文，使法律“皆有条章”，一条一款罗列分明，目的是让蜀汉官吏知所“务”，知所“戒”，知所“恐、惧”，以此“训励”大家忠于职守勤于职守。这即是他所说的“教令为先，诛罚为后”，先教后诛，让大家都明白；谁违犯了，就要绳之以法。

由于时代的特点，诸葛亮的政治活动具有浓烈的军事色彩。他的执法更多地体现在赏罚上，中心思想就是赏罚严明，公平合理。“赏赐不避怨仇，诛罚不避亲戚”——诸葛亮自己制定的，自己做到了，做得被罚人心服口服。建兴六年（公元228年），诸葛

亮第一次北伐，部队训练有素，军容整齐，赏罚严谨，号令严明，迅速平定南安、天水、安定三郡，形势一片大好。不料先锋马谡违背战略计划，踞山扎营，所领先头部队被魏军先锋张郃击破，蜀军丧失战略要地街亭，进退失据，只得撤回汉中。刚愎自用的马谡将蜀汉将士的辛劳化为泡影，违反军令，罪责难赦。虽然马谡与诸葛亮私交深厚，情同父子，谈论军机时常通宵达旦，但诸葛亮却没有因私废公。“挥泪斩马谡”是惊心动魄的一幕，也是震撼人心的一幕，在场将士无不为之落泪。诸葛亮还为自己的用人不当担责，上书请求自贬三级；同时，对王平等一班有功将领奖赏提拔。事后蒋琬到达汉中论及此事，认为国家正在用人之际，杀智谋人才有些可惜，诸葛亮的回答是：“孙武所以能制胜于天下者，用法明也。是以杨干乱法，魏绛戮其仆。四海分裂，兵交方始，若复废法，何用讨贼邪！”（《三国志·蜀书·马谡传》）

李严富有才干，与诸葛亮同为刘备“托孤”大臣。诸葛亮北伐，李严留镇，督运粮草。不料身居高位的李严对连续北伐竟产生厌倦情绪，不仅督粮不力，而且弄虚作假，使第四次北伐半途而废。诸葛亮不念私情，随即上表弹劾李严，将其废为平民，流放梓潼郡。作为当时蜀汉第二号重臣的李严被打倒了，但诸葛亮并不因此而株连其家人，其子李丰仍留丞相府为官。诸葛亮还写信劝勉李丰，晓之以理，动之以情，让他好好工作，不要因为父亲被贬而丧失信心。诸葛亮给李丰的信最后说：“详思斯戒，明吾用心，临书长叹，涕泣而已。”罢免李严是公，劝诫李丰是私。一件棘手的事，处理得坦荡公道情理两全，让人叹服。

建兴七年（公元 229 年），将军陈式攻取魏武都、阴平二郡。部队休整，诸葛亮检查后勤，发现刀斧质量问题，于是发布教令，让大家明白制造武器攸关军事行动的成败，不可等闲视之。事后，诸葛亮还将主管官吏拘捕治罪，并以此告诫全体军政人员，恪守职责，认真办事，无论事情大小，法不能废。

诸葛亮深知执法检查的重要性。他制定了五条标准，作为考核官吏乃至决定其升迁的依据。他在《便宜十六策·考黜第八》中说：

考黜之政，谓迁善黜恶……故考黜之政，务知人之所苦。其苦有五：或有小吏因公为私，乘权作奸，左手执戈，右手治生，内侵于官，外采于民，此所苦一也；或有过重罚轻，法令不均，无罪被辜，以致灭身，或有重罪得宽，扶强抑弱，加以严刑，枉责其情，此所苦二也；或有纵罪恶之吏，害告诉之人，断绝语辞，蔽藏其情，掠劫亡命，其枉不常，此所苦三也；或有长吏数易守宰，兼佐为政，阿私所亲，枉克所恨，逼切为行，偏颇不承法制，更因赋敛，傍课采利，送故待新，夤缘征发，诈伪储备，以成家产，此所苦四也；或有县官慕功，赏罚之际，利人之事，买卖之费，多所裁量，专其价数，民失其职，此所苦五也。凡此五事，民之五害，有如此者，不可不黜；无此五者，不可不迁。

所谓“苦”，指老百姓所憎恨的行为。诸葛亮非常具体地列举出来，视之为“五害”，予以贬黜。这样，赏罚有了标准，就可以做到赏罚严明，执法公正。

诸葛亮理政：事必躬亲。

诸葛亮画像
（选自明弘治十一年刻《历代古人像赞》）

三国之世，蜀国实力最弱，要图存，很大程度上得仰仗人谋。对此，诸葛亮非常清楚，自出道以来即以天下为己任，竭力辅助刘备建功立业。刘备在白帝城“托孤”，将平庸的儿子刘禅交给他，虽然说了几句“君才十倍曹丕，必能安国，终定大事。若嗣子可辅，辅之；如其不才，君可自取”

这样的话，而深受儒家思想熏陶的诸葛亮却坚定地表示："臣敢竭股肱之力，效忠贞之节，继之以死！"之后即"开府治事"，千斤重担一身挑，军机政务一手抓。从某种意义上可以说，在刘备过世后的蜀汉，刘禅并不孤独，孤独的是诸葛亮。此时能共赴大业的豪杰（如"五虎大将"）已基本凋谢，只有他一人苦撑天下。他第一次北伐前的《出师表》最能见其心志：

> ……
>
> 臣本布衣，躬耕于南阳，苟全性命于乱世，不求闻达于诸侯。先帝不以臣卑鄙，猥自枉屈，三顾臣于草庐之中，咨臣以当世之事，由是感激，遂许先帝以驱驰。后值倾覆，受任于败军之际，奉命于危难之间，尔来二十有一年矣。先帝知臣谨慎，故临崩寄臣以大事也。受命以来，夙夜忧叹，恐托付不效，以伤先帝之明，故五月渡泸，深入不毛。今南方已定，兵甲已足，当奖率三军，北定中原，庶竭驽钝，攘除奸凶，兴复汉室，还于旧都。此臣所以报先帝而忠陛下之职分也。
>
> ……

诸葛亮是一个理想主义者。他不单要守成，还要创业。尽管困难重重，他还是知难而进，加倍努力，以实现刘备和他复兴汉室、统一天下的理想。

刘禅是个不理政事的享乐皇帝，真个地只坐龙椅，国中大事小事全由诸葛亮裁决，连一些诏书都由诸葛亮亲自起草。"诸葛一生唯谨慎"。他奉行唯美主义，任何事情都追求完美无缺，万无一失，因此只能少休息，多工作。恢复吴蜀同盟，平定南中叛乱，闭关息民，发展经济，操练军队，件件都要他亲自抓。尤其是在建兴六年至十二年（公元 228 年—234 年）的七年间，诸葛亮五次北伐，几乎连年兴军，奔波于陇山蜀水间，和将士同甘共苦，劳作几无虚日，因此也严重地损害了他的健康，腿脚上落下毛病，只得坐四轮车继续指挥战斗。

百官要他监督，军队要他训练，军械要他改良，农业要他倡导，北伐要他指挥；不仅如此，甚至连账簿也要亲自过目，受罚军士处杖击二十以上的事也要亲临过问。《魏氏春秋》记载了这么一件事：在第五次北代时，诸葛亮的使节来到司马懿营中下战书。但司马懿不谈军事，只问诸葛亮的寝食起居。使节说：“诸葛公夙兴夜寐，罚二十以上，皆亲揽焉，所噉食不至数升。”司马懿闻此叹道：“亮将死矣!”说这话不久，诸葛亮果然于五丈原军中去世。时值建兴十二年秋八月，诸葛亮五十四岁。他弥留之际，还是不忘社稷安危，逐一召见军中将官，安排后事，劝勉尽忠国事；安排好接班人，制定完退军策略，然后才很不情愿地闭上他疲倦的眼睛。这里有四言为赞：秋风瑟瑟，芳草萋萋。高山仰止，天下悲心！诸葛亮既死，蜀汉大军遵其事前部署，有条不紊地安然而退。司马懿不知虚实，不敢追逼，只等蜀汉军队撤完，才前来欣赏那依然威严的营地，钦佩地说：“天下奇才也!”

对于诸葛亮事无巨细，必躬亲过问，当时就有微词。《三国志·蜀书·杨戏传》注引《襄阳记》记载，时任丞相府主簿的杨颙批评说：“为治有体，上下不可相侵，请为明公以作家譬之……今明公为治，乃躬自校簿书，流汗竟日，不亦劳乎!”杨颙认为作为丞相就应该坐而论道，督导官府各司其责，具体的事情应让部下办理，大小事务都躬尽劳心的作法是不对的，势必疲于奔命。诸葛亮认为杨顒的批评中肯，虚心接受；但是他就是做不到，因为他没有条件做无为而治的太平丞相——虽然事必躬亲会带来属下惰性、依赖性的毛病。无论如何，诸葛亮勤政的精神可嘉，体公的忠诚可鉴。

诸葛亮家教：诫子成器。

诸葛亮严于律己，对子女的教育也是相当严厉的，原因只有一个，恐不成器，不成重器。这从诸葛亮结合自己的人生经验写成的《诫子书》很能说明问题。《诫子书》说：

> 夫君子之行，静以修身，俭以养德，非淡泊无以明志，非宁静无以致远。夫学须静也，才须学也，非学无以广才，非志无以成学。淫慢则不能励精，险躁则不能治性。年与时驰，意与日去，遂成枯落，多不接世，悲守穷庐，将复何及！

从这段话中不难看出，诸葛亮是以政治家的胸襟，远大的眼光，要求子弟从修身养德做起，苦志成学，将来做一番事业的。他特别告诫子弟不要虚度年华，否则到头来后悔莫及。诸葛亮这通书中的一些话，如“淡泊以明志，宁静以致远”等，为后世人当作座右铭来传诵。诸葛亮所说的“淡泊明志”“宁静致远”，虽然颇有道家的意味，但却绝非离尘出世。再联系到他在《诫外甥书》中所说的“志当存高远”“绝情欲”“忍屈伸”这些话，诸葛亮教育子弟，是试图通过淡泊、宁静的俭朴生活，使其修养品德，专注于学习——像他当年在隆中生活那样，去为建功立业做好准备。

诸葛亮不仅口头上这么说，也要求子弟在行动上这么做。诸葛亮早年无子，过养其兄诸葛谨之子诸葛乔为继子。诸葛乔娶了皇家闺秀，拜为驸马都尉。可是，诸葛亮却不让他安荣乐贵，平步青云。诸葛亮不但平常教育他俭朴度日，立志成学；就是外出打仗，也把他带在身边，让他和诸将子弟“宜同荣辱”，在山谷中做运输工作，一道过艰苦生活，经受战争锻炼。可惜这位经诸葛亮精心培养的继子诸葛乔，在二十五岁时就夭折了。当时亲生儿子诸葛瞻已出生，诸葛亮对他也从不骄纵，时时关注这一幼子的成长。直到他死的那一年，还写信给他在东吴的兄长诸葛谨说：“瞻今八岁，聪慧可爱，嫌其早成，恐不为重器耳。”可见在临死前他还在担心八岁的爱子不能成为“重器”。诸葛瞻在邓艾攻蜀汉时与曹魏军血战于绵竹，以身殉国，时年仅三十七岁。《三国志·蜀书·诸葛瞻传》注引干宝赞曰："瞻虽智不足以扶危，勇不足以拒敌，而能外不负国，内不改父之志，忠孝存焉。"更可叹的是，诸葛瞻的儿子诸葛尚亦赴魏阵光荣战死。难怪后世对诸葛祖孙"三世忠贞"不胜欷歔，感慨万千。

作为蜀汉手握重权的丞相，诸葛亮不给后代以特权、财物，只要求他们勤奋学习，努力报效国家，以至子孙们在困难当头都能慷慨赴死。这是诸葛亮家风使然。从这个意义上说，诸葛亮留给后代的遗产是丰厚的。

诸葛亮身后：两袖清风。

诸葛亮一生体国治家，教育子弟是这样，对自身家庭和个人生活更是如此。诸葛亮在生前给后主刘禅的一篇上表中，谈到他的家庭和个人生活时说：

> 臣初奉先帝，资仰于官，不自治生。今成都有桑八百株，薄田十五顷，子弟衣食，自有余饶。至于臣在外任，无别调度，随身衣食，悉仰于官，不别治生，以长尺寸。若臣死之日，不使内有余帛，外有赢财，以负陛下。（《三国志·蜀书·诸葛亮传》）

诸葛亮在表中说他家在"成都有桑八百株，薄田十五顷，子弟衣食，自有余饶"，这是指在占领益州之后，用刘备赐给他的一笔钱所购置的产业，一家人就靠此过活。至于他自己在外任职，没有多的开销，衣食由国家供给，无须搞别的营生来扩充家产。这一点对今人很有启迪意义。而他关于死之日"不使内有余帛，外有赢财，以负陛下"的承诺，尤其令人感佩。《三国志·蜀书·诸葛亮传》称诸葛亮死后，"如其所言"。

诸葛亮生活俭朴，廉洁奉公，还可从其生前写给李严的一封书信得到证实。他在这封信中提到他“今蓄财无余，妾无副服”，即说他不仅没有多余的钱财，甚至妻子连一件多余的衣服也没有。像诸葛亮这样一位日理万机、身居显位的一国之相，在生活上却如此严格要求自己，在封建时代实在不多。

诸葛亮死时留下的遗命，更令人感动。他在遗嘱里要求丧事简办，不仅提出就近葬汉中定军山，而且还特别嘱咐：“因山为坟，冢足容棺，敛以时服，不须器物。”（《三国志·蜀书·诸葛亮传》）

在诸葛亮公忠体国、严于律己的思想作风影响下，在蜀汉任事的官吏多能廉洁自律，从而在蜀汉军政界蔚成一个以廉洁为荣的群体。董和参与机要二十多年，忠勤治事，死后家无余财。尚书令刘巴身自清俭，不治产业。蜀郡太守杨洪忧公如家。邓芝做将军二十多年，素俭作风不变，不敛私财，乃至妻子不免挨饿受冻。大将军费祎雅好节俭，家不储财，对待子女极为严格，不准摆将军公子的架子，让他们布衣素食，出入步行，和普通人没有什么两样。继任者姜维忠于职守，好学不倦，清素节俭，住宅简陋，资财无余，侧室不娶小妾，后庭不置声乐，饮食节制，从不浪费，堪称蜀中楷模……

正是因为有这么一群公而忘私，勤政、廉政的文臣武将坚强支撑，蜀汉这条三国风雨中的小船才没有较快沉没。诸葛亮死后，蜀汉又维持了几近三十年，才被曹魏攻灭。

第四节　义薄云天的蜀汉群体

三国时期的蜀汉，自建安十六年（公元 211 年）刘备入蜀至后主炎兴元年（公元 263 年）止，前后 53 年。三国之中，它国力最弱，地盘最小，人口最少，长期笼罩在亡国的危机之中，但却依然屹立达半个世纪之久。它亡国之时，只有户 28 万，人口 94 万，军队约 10 万；而当时的魏国，人口 440 万，军队约 60 万。诸葛亮曾承认，他是在“益州疲弊”的情况下率师北伐的。正如前文所说，国力最弱，地盘最小，人口最少的蜀汉之所以能够53年不倒，乃在于有一个能勤于政事、廉洁奉公的干部群体的有力支撑。而这个群体能文能武，善谋善战，更重要的是讲德讲义，有较高的精神境界。而这当然是与其领导核心——刘备、诸葛亮的教诫、引领和以身作则相关联的。

刘备是个十分重视人才的领袖人物。他在足迹几乎遍布全国的漫长征战和创建政权过程中，网罗来自五湖四海的人才，让他们互相取长补短，各展优势，同时去岗位上历练，在战争中经受考验，形成独当一面的能力。其文臣阵营中诸葛亮“每自比于管仲、乐毅”，其言不虚；庞统被誉为“清雅有知人鉴”，司马徽称其为“南州士之冠冕”；法正“著见成败，有奇画策算”，连诸葛亮也“奇（法）正智术”；许靖为“大较廊庙器”；

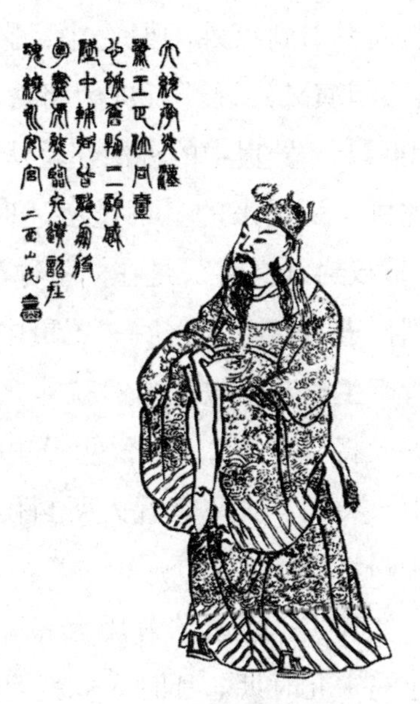

汉昭烈帝刘备

（选自清光绪刻《图像三国志》）

糜竺、孙乾、简雍、伊籍，皆“雍容风仪，见礼于世”；秦宓“专对有余，文藻壮美”，可谓“一时之才士”；董和、刘巴、马良、陈震、董允等人，亦“皆蜀臣之良矣”。在武将阵营中，关羽、张飞“皆称万人之敌，为世虎臣”；马超“能因致穷致泰，不犹愈乎！”黄忠、赵云“强挚壮猛，并作爪牙”。纵览《三国志·蜀书》，其所收蜀汉人物虽少，但多予褒美之词。结合历史实际分析，这些褒美并非言过其实，而是实事求是的真话，当为信史。

在蜀汉干部群体中，从武将来看，首以“五虎大将”最能打仗。《三国演义》第七十三回写刘备取汉中之后，众文武官员百般要求刘备称帝，刘备再三推辞不过，只得权且进位为汉中王，时在建安二十四年（公元 219 年）秋。七月，刘备于沔阳筑坛，接受百官拜贺，登坛自为汉中王。这均是《三国志·蜀书·先主传》所载史实。《三国演义》还讲，刘备接受王位后，即封关羽、张飞、赵云、马超、黄忠为“五虎大将”。

关于刘备封“五虎大将”之事，在戏曲“三国戏”中，在从艺人说书到百姓闲侃之中，影响极大，为人们津津乐道。罗贯中《三国演义》说“五虎大将”是刘备封的，人们对此也深信不疑。实际上，罗贯中的说法还是从元代《全相三国志平话》“皇叔封五虎将”那里来的。不过所述时间先后不同而已。在《平话》里，“皇叔封五虎将”是在刘备称汉中王之前，而在《演义》中则是在刘备进爵汉中王之后。罗贯中创作《三国演义》将时间易改，其所产生的艺术效果当然就非《平话》所能比了。只是刘备封“五虎大将”之事，并不见于史籍。此外，在《平话》与《演义》中，关羽、张飞等五人所封侯名，与《三国志》各人本传也不尽相同。

其实，仅就“五虎大将”本身称谓而言，也出自三国故事兴起的宋元时期。那时人们就习惯于用“五虎将”，去描绘那些能征惯战的人物。与《三国演义》同时出现的《水浒传》，在《梁山泊英雄排座次》一回中，宋江就封立有“马军五虎将五员”：大刀关胜、豹子头林冲、霹雳火秦明、双鞭呼延灼、双枪将董平。同书还描写有曾头市曾家五子因武艺过人，横行乡镇，也被人称为“曾家五虎”。在元人关汉卿的杂剧《刘夫人庆赏五侯宴》里，李嗣源手下的石敬瑭、孟知祥、刘智远、李从珂、李亚子五人，英勇无比，打败了对手王彦章，被封为“五虎将”，并参加了为他们庆功的“五侯宴”。

关羽、张飞、赵云、马超、黄忠五人，在宋元时期的戏剧舞台上，被描绘成“万人敌”式的英雄将，是有一定根据的。因为在《三国志》中，陈寿是将关、张、马、黄、赵五位蜀国大将的传记列为一卷的，并在卷末总评说："关羽、张飞皆称万人之敌，为世虎臣。（关）羽报效曹公，（张）飞义释严颜，并有国士之风……马超阻戎负勇，以覆其族，惜哉！……黄忠、赵云强挚壮猛，并作爪牙，其灌、滕之徒欤?"正因为陈寿对关、张等五人有很高评价，且将他们一并列入《三国志》第三十六卷，这便让民间艺人有了"创作"的基础。

当然，倘认真追溯，首先把关、张、赵、马、黄五人相提并论者，乃是关汉卿的《单刀会》。在该剧第二折中，关汉卿称他们为"弟兄五个"，同时为他们画出了生龙活虎般的英雄形象。在此后相继出现的《平话》和《演义》中，这才赋予他们五人以"五虎将""五虎大将"的称号。而关汉卿的说法，则当采自民间艺人的说唱口传。因此，有人认为，"五虎大将"的称号，与其说是刘备封的，还不如说是民间艺人所封更为恰当。

赵云（选自清光绪刻《图像三国志》）

不过，说关羽、张飞、赵云、马超、黄忠五人如弟兄一般，地位相同，那只是民间艺人的良好愿望。从历史实际而言，他们五人在蜀汉国的地位并不一样。

即以赵云来说，他与刘备可谓患难之交。赵云投奔刘备时，刘备正处于逆境之中，而赵云却从此忠心耿耿地跟随刘备出生入死。赵云保护过刘备赴襄阳会，过江招亲，又曾两次救阿斗。赵云对刘备父子，可以说是有救命之恩，更不必说他在无数次战斗中的赫赫业绩了。可是，刘备在公元221年称帝，大封有功之臣时，对劳苦功高的赵云，却仅仅封了一个“永昌亭侯”。按当时的爵位等级，“亭侯”是侯爵中最低的一等。“亭侯”上面还有“乡侯”“县侯”。后主刘禅继位后，追谥前朝有功之臣，开始时也只给关羽、张飞、马超、庞统、黄忠以谥号，似乎又“忘记”了赵云。还是姜维等人出来打抱不平，认为赵云“昔从先帝，劳绩既著，经营天下，遵奉法度，功效可书，当阳之役，义贯金石”（《三国志·蜀书·赵云专》注引《赵云别传》），应予追谥。这样，才给了赵云一个顺平侯的谥号。

在关羽、张飞、赵云、马超、黄忠这所谓的“五虎大将”中，最受宠遇的是关羽。关羽仗着与刘备“恩若兄弟”，不仅处处以老大自居，而且还责问诸葛亮“（马）超人才可谁比类”？这实际上就是除我之外，一个也瞧不起。《三国演义》第六十五回、第七十三回据此而讲关羽欲入川与马超比高低，不愿与“老卒”黄忠为伍的故事，真是盛气凌人。

“五虎大将”既是由民间艺人所封，而非职官名，表明人们对有功于蜀汉的五位大将的肯定与怀念；尔后在广泛流传中又被说成是刘备所封，则缘于对这位蜀汉创建者“弘毅宽厚，知人待士”，“义薄云天”之风的景仰和向往。

作为蜀汉国家的杰出军事人才，在前期有“五虎大将”，中后期则有魏延、姜维。

魏延出身高贵，早年即带部曲追随刘备，为刘备所器重，任为牙门将军。在进攻益州的过程中，刘备部队功劳最大的就是魏延。也正是由于魏延一直在刘备的身边作战，所以刘备对他非常了解。《三国志·蜀书·魏延传》记载，刘备进位汉中王，迁治所于成都，当委一重将镇守汉川。众人以为必在张飞，张飞自己也深以自许。可是出人意料的是，刘备拔魏延为督汉中镇远将军，领汉中太守，“一军尽惊”。刘备大会群臣时，故意在席间问魏延镇守汉中怎么办？这实际上是刘备让魏延当着众多不服气的人做就职演说与施政纲领报告，以安众心。魏延回答很精彩："若曹操举天下而来，请为大王拒之；偏将十万之众至，请为大王吞之。"刘备称"善"，众咸壮其言。后来事实证明果然如此，益州门户汉中在魏延的镇守下果然太平，可见其能力与功劳。刘备称帝后，进拜魏延为镇北将军，封号是"镇北"，充分说明了刘备对他的信任与其治绩的肯定。刘禅即位，封魏延为都亭侯。

建兴五年（公元227年），诸葛亮驻汉中，以魏延为前部先锋，领丞相司马、凉州刺史。建兴八年，命魏延西入羌中，魏国后将军费瑶、雍州刺史郭淮与魏延战于阳溪。魏延大破郭淮，迁为前军师、征西大将军，假节，进封南郑侯。由于魏延出身贵族（有部曲），而且随刘备入川，战功尽收刘备的眼底，所以可以从牙门将军一举脱颖而出，平步青云。但是这么快就飞黄腾达也导致其为人飞扬跋扈，目空一切。刘备是亲见其功，可是诸葛亮却不是。因此，诸葛亮为相后尽管也重用魏延，但对其领兵并不放心。这倒不是诸葛亮怀疑他有二心，而是两人北伐中原的战略思路不同。所以，魏延每次出征，动不动就要求领兵万人，要与诸葛亮分兵走不同的道路而后会师潼关。要知道蜀汉后期全国人马不过十万。这样的狮子大开口，生性谨慎的诸葛亮如何能答应？所以魏延叹恨己才用之不尽。刘备、诸葛亮在世时，魏延还受节制；等他们都去世了，魏延就不服管束了，而且由于性格上的缺点导致政敌太多，最终没有死于杀场而毁于蜀军内讧中。这样一位将才的结局，无论对其本人和国家而言都是一大损失。

姜维曾为魏天水郡中郎将。据《三国志·蜀书·姜维传》记载，诸葛亮北伐时，姜维在魏被怀疑有异心，不得已而投降蜀汉。诸葛亮认为姜维忠勤时事、思虑精密、敏于军事，既有胆义，要兼心存汉室，于是加以器重和培养。他随诸葛亮出祁山，久经沙场，累立战功，成为诸葛亮北伐事业的继承者。费祎死后，姜维开始独掌军权，继续率领蜀汉军队北伐曹魏，与曹魏名将邓艾、陈泰、郭淮等多次交手。姜维北伐总计大胜两次，小胜三次；相拒而不克则四次；另有大败一次，小败一次。后因蜀中大臣多反对姜维北伐，而宦官黄皓弄权，姜维杀之不成，只得在沓中屯田避祸。司马昭五道伐蜀，姜维据守剑阁，阻挡住钟会大军，却被邓艾从阴平偷袭成都，刘禅投降。姜维希望凭自己的力量复兴蜀汉，假意投降魏将钟会，得到器重。钟会让姜维继续统领他原来的军队。而姜维却劝钟会拥兵造反。钟会诬陷邓艾造反，司马昭派人将邓艾收押，钟会进据成都，自称益州牧。钟会想让姜维率领五万人为先锋讨伐司马昭，而姜维则想先借钟会之手杀尽魏将，而后再杀钟会，复兴蜀汉。但钟会想要杀魏将的事情败漏，姜维与钟会一同被魏军所杀。

在蜀汉精英层的文臣中，法正是很重要的一个角色。如果不是因为他过早地去世，蜀汉国的历史或者是另一番模样。据《三国志·蜀书·法正传》记载，法正作为谋士，原为刘璋部下，但刘璋不善用人，很久之后法正才当上新都县令，之后又为军议校尉。法正怀才不遇，又被州邑中人诽谤，十分苦恼。曹操在赤壁战败，刘备势力得以壮大。张松于是举荐法正出使刘备。刘备见到法正后，“以恩意接纳，尽其殷勤之欢”。法正觉得刘备有雄才大略，是可以辅佐的明主，回到益州后，遂与张松密谋协规，决定暗中拥戴刘备为主。

建安十六年（公元 211 年），刘璋听闻曹操欲遣司隶校尉钟繇征讨张鲁，因此惧怕曹操得汉中后兼并益州。张松遂劝刘璋迎接刘备入蜀，让他讨伐张鲁。法正于是再次被任命为使者，与孟达各率两千人出使刘备，迎请刘备入蜀。法正趁机向刘备献策：“阁下命世英才，刘璋无明主之能，以张松为内应，夺取益州；以益州的富庶为根本，凭借天府之国的险阻来成就大业，易如反掌。”诸葛亮的《隆中对》认为想要夺取天下就必须占据荆州和益州，法正、张松的倒戈实乃天赐良机，于是刘备应允，随即率军入蜀。

建安十九年（公元 214 年），刘备军包围成都，法正劝刘璋投降。当时，蜀人许靖与其弟许劭（许子将）是天下闻名的名士，但没有身为人臣的才能。刘备不打算用许靖，诸葛亮谏道："靖人望，不可失也，借其名以竦宇内。"法正也劝说："天下有名无实的人就是许靖了。但是主公刚刚开创大业，许靖的名声四海皆知，您如果连他都不用，天下贤人恐怕会认为您薄待贤臣。"希望刘备仿效战国时的燕昭王重用郭隗的故事，于是刘备对许靖逐渐尊敬并以重用。

刘备占据益州后，急需与蜀中大族豪强结纳关系，因此群臣劝刘备迎娶刘璋旧将吴壹之妹吴氏，但吴氏是刘璋已故兄长刘瑁的未亡人。刘备认为自己与刘瑁同族，这么做有违礼法。法正进谏道："论其亲疏，何与晋文之于子圉乎？"晋文公逃难到秦国时曾娶了亲侄晋怀公子圉的妻子怀嬴。法正认为晋文公尚且可以娶亲侄之妻而未遭到礼法的抨击，何况刘备与刘瑁之间还不是亲戚关系。刘备遂纳吴氏为夫人。

法正善奇谋，深受刘备信任和敬重。刘备占据益州后，法正被任命为蜀郡太守、扬武将军。刘备又命法正与军师将军诸葛亮、昭文将军伊籍、左将军西曹掾刘巴、兴业将军李严五人一起制定《蜀科》，改变刘璋治下益州法纪松弛，德政不举，威刑不肃的局面。

当时法正在外掌握着益州首府蜀郡的行政大权（蜀郡下辖成都县），在内仍然经常为刘备出谋划策，是刘备的主要谋士。法正性格恩怨分明，睚眦必报，掌握大权后，对曾经于他有过小恩惠的人都给予照顾，对他有过小矛盾的人都加以报复，还擅自杀掉几个曾毁谤过自己的人。有人向诸葛亮告发，希望他能够禀报刘备，不要让法正作威作福。而诸葛亮当时与法正并为谋臣，地位大致相同；又知道法正正得宠信，且劳苦功高，也就没有过问此事。

建安二十二年（公元217年），法正向刘备献计，认为曹操一举降伏张鲁，却未继续进攻益州，留下夏侯渊、张郃驻守汉中，一定是内部动乱，而夏侯渊、张郃的才能不足以守住汉中，应该立即发兵夺取汉中。又告诉刘备夺取汉中的意义，即上可以讨伐国贼，尊崇汉室；中可以蚕食雍、凉二州，开拓国境；下可以固守要害，是持久的战略。刘备颇为赞同，于是率领诸将进攻汉中。

建安二十四年（公元219年）正月，刘备南渡沔水，于定军山、兴势山山麓扎营，与率军前来的夏侯渊部对峙。当时夏侯渊驻守南线据点走马谷，张郃驻守东线据点广石。法正采取声东击西之计，让刘备将万余精兵分作十队，趁夜轮番进攻广石。张郃率亲兵搏战，虽然没有丢失据点，但也抵挡不住刘备军的轮番攻击，于是向夏侯渊要求增援。夏侯渊将精兵分拨一半去支援张郃，自己继续固守南线。随后刘备派兵偷袭走马谷，放火烧毁了曹军阵地前的防卫工事鹿角，夏侯渊亲自率四百军士出营救火、修补鹿角。此时，法正看准时机，见夏侯渊正处于劣势，提议全力进攻夏侯渊。刘备于是命黄忠居高临下从后方擂鼓突袭，夏侯渊猝不及防被黄忠斩杀，曹军溃败。刘备从此占据了汉中之战的主动权。不久，曹操亲征，听闻是法正献计取汉中，因而感慨不已，叹道："吾故知玄德不办有此，必为人所教也。"接下来的战事中，曹操虽然兵力占有优势，但是刘备敛众拒险，终不与曹操交锋，曹操积月不拔，亡者日多。夏，曹操不得已而引军还，刘备遂占据汉中，自立为汉中王，以法正为（汉中王）尚书令、护军将军。

诸葛亮对法正善出奇谋十分欣赏，陈寿也将他比作魏国的程昱和郭嘉。但陈寿同时也认为法正品德不佳，这一点也与程昱和郭嘉相似：程昱性格急躁，喜欢与人结怨；郭嘉不喜拘束，行为不检点。两人虽对魏国功不可没，但又皆有明显缺陷，这与法正有气量不大的毛病相似，故陈寿以此二人比拟之。

建安二十五年（公元220年），法正去世，终年四十五岁。法正之死令刘备十分感伤，一连哭泣数日，追谥为翼侯。这是刘备时代唯一有谥号的大臣。

《三国志·蜀书·先主传》说"先主复领益州牧，诸葛亮为股肱，法正为谋主，关羽、张飞、马超为爪牙"，这实际是说诸葛亮、法正两人同为刘备左右膀臂。法正年长诸葛亮四岁，虽然性格和兴趣彼此不同，但双方始终能以公事大义为重。诸葛亮总理后方政务，足兵足食；法正则随军征讨，出谋划策。他俩能够紧密合作，取长补短。后来刘备东征孙权为关羽报仇，群臣大多进谏，皆不听从。彝陵之战使汉军大败，元气大伤，不得不退回白帝诚。诸葛亮感叹道："法孝直若在，则能制主上，令不东行；就复东行，必不倾危矣。"（《三国志·蜀书·法正传》）

刘备于公元221年在成都建立汉国，两年后去世。后主刘禅于公元223年继位，在位四十一年，为三国时期在位最长的帝王。前面说过，刘禅并无大的本事，但其在位之所以能这么长久，乃因前期有诸葛亮的鼎立支撑，后期有蒋琬、费祎、董允等贤臣先后忠心辅佐。《华阳国志·刘后主志》指出："蜀人以诸葛亮、蒋（琬）、费（祎）及（董）允为四相。一号'四英'。"

诸葛亮之后的首位继任者是蒋琬。根据《三国志·蜀书·蒋琬传》及其他资料，蒋琬自幼即勤学好读，博览群书，二十岁时，即以才学闻名于郡县。建安十三年（公元208年），刘备占据荆州，蒋琬到了刘备部下。建安十六年十二月，蒋琬以州书佐随刘备入川，任广都（今四川双流）长。蒋琬考虑到蜀中战乱初平，民心思安，便实行"无为而治"，"予民休养生息"。一次，益州牧刘备突然来到广都视察，正碰上蒋琬在喝酒，误认为他不理政事，一怒之下，欲治死罪。军师将军诸葛亮为蒋琬说情，说他是"社稷之器，非百里之才也，其为政以安民为本，不以修饰为先"，要刘备"重加察之"。刘备于是只撤了蒋琬的职务，但不久又委任他担任什邡（今四川什邡）县令。刘备称汉中王后，升将琬为尚书郎。

蜀汉章武三年（公元223年）四月，刘备去世，刘禅即位，诸葛亮以丞相主持朝政，选定蒋琬为丞相府东曹掾。蒋琬在任东曹掾期间，举贤荐能，任人唯贤。建兴五年（公元227年）蒋琬迁为参军。诸葛亮伐魏进驻汉中，蒋琬与长史张裔留在成都统管府事。三年后，蒋琬代张裔为丞相长史，加抚军将军。每逢诸葛亮出征，蒋琬常足食足兵以相供给，深得诸葛亮赞赏，说："公琰（蒋琬字）托志忠雅，当与吾共赞王业也。"并密表后主刘禅："臣若不幸，后事宜以付（蒋）琬。"（《三国志·蜀书·蒋琬传》）

建兴十二年（公元 234 年）八月，诸葛亮出斜谷，屯田于武功，想在渭南久驻，不幸病逝于五丈原。蒋琬代诸葛亮执政，领益州刺史，迁大将军，录尚书事，封安阳亭侯，成为继诸葛亮之后总揽蜀汉军政大权辅佐后主的首要人物。延熙元年（公元 238 年）十二月，蒋琬受诏进驻汉中；次年三月，复加拜大司马。以后，蒋琬以主帅身份，统驭蜀军，屯兵边地，垦殖自给，养精蓄锐，伺机伐魏。

蒋琬为政，遵循诸葛亮遗风，明察善断，循法治国，不喜阿谀，不听谗毁，故群臣悦服，乐于效命。

掌管军吏的杨戏为人坦诚直爽，与人言谈时，从不随声附和，更不肯信口予以褒贬。蒋琬有时与他谈话，他亦常常不予理睬。蒋琬问侍卫单镐："我自执政至今，在治理国政、整军肃伍方面有何不周？府中属官有何议论？"单镐答道："大司马日理万机，功高盖世，众人皆服，只是您对属官太宽容了。"并举例说："您身为大司马，位崇言尊，连后主也要谦让几分，而府中杨戏官不大，架子却不小，竟然连您讲话也爱理不理。对这种傲慢无礼之官，若不治罪，岂不过于宽容？"蒋琬听到此话，心中坦然，耐心地解释说："人们的思想就好像人们的面孔不同一样，不要当面顺从，背后又说相反的话，这是古人所告诫的。至于杨戏这个人，我是了解他的。他从不违心地恭维别人，我说的话，也不可能句句在理。杨戏要赞许我吧，又不是他的本心；要反对我吧，又宣扬了我的错误，所以他就默默不语了。而我正是从他不理我言之中，觉察到自己不足之处，这有何不好呢？为何要治他的罪呢？"单镐见大司马有如此雅量，感动地说："丞相真是虚怀若谷，雅量过人！"

事隔不久，府中督农官杨敏私下说蒋琬“作事愦愦（昏乱糊涂），诚非及前人”。有人将这话汇报给蒋琬。主管法纪的官员请求对杨敏追究治罪，蒋琬不同意，说：“我实在不如前人，没有什么罪可以追究他的。”并叹道：“普天下人，皆知前丞相诸葛亮神武赫然，威震八方，功盖宏宇，我怎能及他？我本无丞相之能，却任丞相之职，身居如此高位，怎会没有处事不当之时？而处事不当，那自然就是糊涂了。”后来，杨敏因犯法坐了监牢，蒋琬则处于任公心，对他从轻发落。蒋琬说：“敢于直言参政的人，正是我求之不得的！”

蒋琬豁达大度，秉公执法，责己从严，责人从宽的高雅品德，赢得了文武百官的敬重、民众的爱戴，从而取得了政通人和，“边境无虞，邦家和一”的政绩。

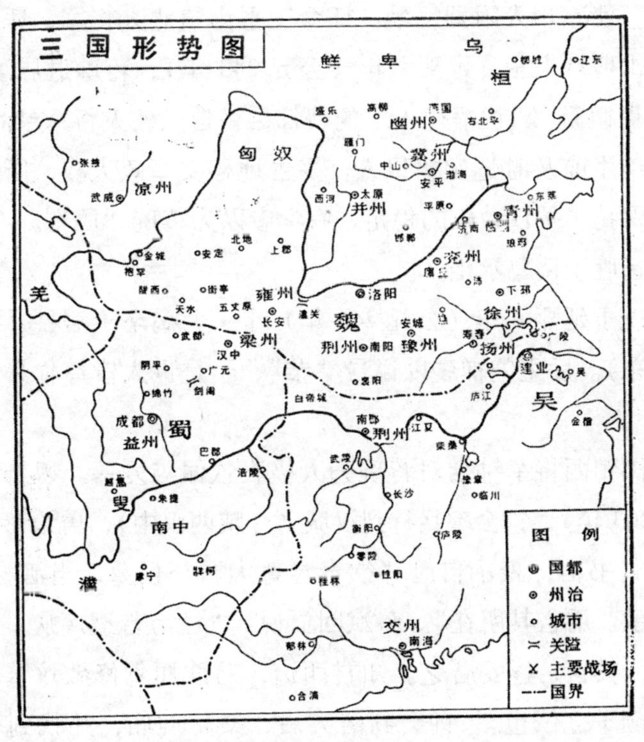

三国形势图

蒋琬任丞相后，冷静地分析了魏蜀吴三国鼎立的形势，认为蜀汉在军力上不如曹魏；在国力上，曹魏“跨带九州”，而蜀汉在关羽丢失荆州和刘备夷陵惨败后，元气大伤，仅有益州一地。他向后主提出与前丞相诸葛亮迥然不同的治国方略和军事战略，改“以攻为守”为“以守为攻”，把军队布置在蜀魏边境，进行屯垦，让军民得到一个较长时期的“息民休士”机会，以巩固汉中根据地，到时候再图北伐。蒋琬的治国策略，得到后主刘禅的应允。蜀汉从此节省了巨额军费开支，减轻了人民的负担，改变了过去因连年北上伐魏而“无岁不征”，人民“苦其役调”，“益州疲弊”的状况。

蒋琬后来感到身心交瘁，精力不支，便主动提出让贤。后主遂听从他的意见，任命姜维为凉州刺史，实行“和胡抚羌”的民族政策，使凉州人附蜀反魏。任命王平为镇北大将军，凭据秦岭天险阻击曹魏来犯。延熙六年（公元 243 年），蒋琬退居涪县后，让“雅性谦素”“识悟过人”的费祎接替自己任大将军录尚书事。由于蒋琬生前及时选定接班人，妥善地移交军政大权，所以在他逝世后保持了蜀汉政权的稳定。有学者以为蒋琬“固蜀”“富蜀”的贡献远胜于诸葛丞相。

蒋琬于延熙九年（公元 246 年）十一月病卒于涪县（在今四川绵阳东）。后主刘禅褒以谥号“恭”，于是世人皆尊称其为“蒋恭侯”。

魏国镇西将军钟会对蒋琬为人极表钦佩与爱慕。魏景元四年（公元 263 年），钟会率兵打到汉城（今陕西汉中），曾给蒋琬之子蒋斌一封书信，表示自己“欲奉瞻尊大君公侯墓，当洒扫坟茔，奉祠致敬。愿告其所在”。蒋斌回信说：“亡考昔遭疾疢，亡于涪县，卜云其吉，遂安厝之。知君西迈，乃欲屈驾修敬坟墓。视予犹父，颜子之仁也。”钟会到涪县后，祭蒋琬庙，并找到蒋琬坟墓，行三跪九叩礼，又令军士守护，百姓不得于蒋琬墓左右放牧樵采。

蒋琬之后的蜀汉执政者是费祎。

《三国志·蜀书·费祎传》说，费祎自小父母双亡，因族父与刘璋能攀上几分亲戚，随同族父入益州求学，时恰逢刘备平蜀，于是入仕蜀汉政权，自太子舍人、庶人、黄门侍郎而至益州刺史、尚书令、大司马、大将军等要职，兢兢业业辅佐刘氏两代君王数十年，在军事、国政上皆有建树，更是少数几个追赠谥号的文臣之一。费祎气度过人。年轻时他与董允齐名，但时人评他比董允要强许多。他敢于坐着简陋的后鹿车去参加包括诸葛亮在内的权贵悉集的丧礼，却神色自若。

费祎是个能言善辩的外交家。他多次出使东吴，圆满地完成了恢复和巩固吴汉联盟的任务。孙权性格“滑稽”，好嘲弄人。他常常乘着酒性对费祎问以国事，或论及一些当时世务，而费祎面对孙权给他出的难题，总是“辞顺义笃，据理以答，终不能屈”。孙权不仅对费祎身上所显示的这种不卑不亢的外交才干“甚器之”，并且预见到费祎将会成为蜀汉的股肱之臣，因对费祎说：“君天下淑德，必当股肱蜀朝，恐不能数来也。”当孙权把自己常佩的一把宝刀赠给费祎时，费祎称谢说：“臣以不才，何堪受此嘉赏？刀原本是用来讨伐反叛、禁止乱逆的，但愿大王勉建功业，和我们一起同兴汉室。臣虽愚弱，绝不会辜负大王同盟相待之意。”

诸葛亮十分器重费祎。诸葛亮南征回来，群臣于数十里外相迎。诸葛亮却专门让年轻的费祎上他车，给足了面子。北伐时，费祎随诸葛亮出征。诸葛亮在《出师表》中曾说：“至于斟酌损益，进尽忠言，则（郭）攸之、（费）祎、（董）允之任也。”北伐中，将军魏延与长史杨仪二人均是很有能力之人，可是彼此常闹矛盾，水火不容。费祎多次调和他俩，表现出善于驭人用人的素质。诸葛亮在五丈原病逝时，遗令杨仪、费祎、姜维退军，而魏延不从。费祎协助杨仪，诛杀魏延，保证了汉军的安全撤退。可是，杨仪因未能主政而说出“丞相亡没之际，吾若举军以就魏氏，处世宁当落度如此邪”这样大逆不道之语时，费祎立即“密表其言”，将杨仪废为庶民。

诸葛亮临终时向后主密表，推蒋琬继任执政，蒋琬之后则为费祎。后主尊重诸葛亮意见，之后几年中，实际上形成了蒋琬、费祎共同执政的局面。诸葛亮的这种安排，可以说大有深意。蒋琬为政清静，以安民为主，是一个守成之才。诸葛亮选蒋琬继任，是为了充分积蓄国力。而费祎恰恰相反，是一个才能很高非常会办事的人，诸葛亮让他继蒋琬之后，就是想让他建功立业。先蒋而后费，等于就是厚积而薄发。费祎与蒋琬的合作，一直非常融洽，可以说没有辜负诸葛亮的期望。

费祎“识悟过人”，看文件时只要用眼睛很快溜一遍就可以知道文件的主要内容，堪称过目不忘。他只用早晨和傍晚的时间处理政务，其余的时间都用来接见来宾、吃饭和休闲。他很喜欢下围棋，玩的时候痛痛快快地玩，工作的时候效率也很高。另一位同样受诸葛亮赏识的大臣董允，曾经代费祎做了一段时间的尚书令，也想学学费祎轻松处理政务的样子，但不过十来天就出了差错。董允十分感叹地说：“人与人的才干和能力相差得这么悬殊，费祎的才干是我所赶不上的。我把一整天的时间都用来处理政务，还是觉得顾不过来。”

其实，董允只是学了费祎下围棋的“样子”，而没有真正理解其下围棋的真谛。费祎下棋看似在玩乐，实则在棋盘上锻炼自己的思维能力，思考着战争中可能会用到的奇谋良策。

延熙七年（公元244年），魏国大军攻蜀，在兴势（今陕西洋县）驻扎宿营。费祎正准备率兵迎击敌人，大夫来敏前来饯行，希望与费祎下盘围棋。费祎爽快答应了。来敏专捡那激烈复杂、变化难以看清的下法，并且招招都是强手。而费祎神色镇定，防守得法，且暗藏杀机，不失分寸。来敏见无隙可乘，且棋势露出多处破绽，于是推枰认输。他恭贺费祎：“大战在即，我所以要求和你对弈，其实是要看看你的胸襟气度。现在我相信，你是抵御

敌人的最好人选。”果然，费祎到前线后，坚壁清野，凭险固守，使魏军久攻不下，不得已全线撤退。

在伐魏这件事上，费祎和蒋琬差不多是一样的态度，都认为自己的才能不如诸葛亮；诸葛亮都干不成的事情，大家最好不要接着干。所以，在他执政时，经常对坚持伐魏的姜维加以限制，给姜维的兵不超过一万人。这样做是有好处的，使蒋琬创造的和平稳定时期多延续了一段时期。

费祎执政大致与蒋琬相仿佛。他们虽经常不在成都，但军国大事、庆赏刑罚，都需经其同意，然后始能颁布施行。费祎性格“宽济而博爱”，这很能得众心，是其优点；但是疏于防范，也有欠缺。延熙十六年（公元253年），费祎与僚属举行岁首大会。从魏国来降的郭循趁费祎“欢饮沈醉”而刺杀了他。三国后期的一代名臣，就这样死了。

《费祎别传》说：费祎“雅性谦素，家不积财。儿子皆令布衣素食，出入不从车骑，无异凡人”。陈寿在《三国志·蜀书·费祎传》中说他“宽济而博爱，咸承诸葛之成规，因循而不革，是以边境无虞，邦家和一”。故在他去世后，后主以“敬”作为他的谥号。

费祎有位得力助手叫董允。《三国志·蜀书·董允传》说，董允为掌军中郎将董和之子。诸葛亮对董和十分欣赏。他在《群下教》中说，董和在自己身边工作七年，敢于坚持自己的意见，只要他认为是正确的，哪怕跑上十趟也在所不辞。诸葛亮因此说：倘若大家都能够像董和那样殷勤，尽忠于国，“则亮可少过矣”。《三国志》董和本传记载，董和居官食禄“二十余年，死之日家无儋（担）石之财”。董允幼承庭训，学养与人品均极好。刘备健在时，便任命董允为太子舍人及太子洗马。后主刘禅继位后，命董允为黄门侍郎。建兴五年（公元227年），诸葛亮准备北伐，进驻汉中，担忧后主年幼，分不清贤臣与小人，在著名的《出师表》中向后主慎重建言，“后宫之事，事无大小”，都要征求董允、郭攸之和费祎的意见。诸葛亮特别强调，若三人没有“兴德之言”，便将他们废掉，以责其慢，“以彰其咎”。实际上，郭攸之是个好好先生，不太坚持自己的意见；费祎则不久就去了汉中大营，做了诸葛丞相的参军，剩下来在后主身边立“兴德之言”的就只有董允了。而事实上，董允对后主可以说是“甚尽匡救之理”。他公正严明，协助后主摒除奸邪。他升任为侍中，领虎贲中郎将后，统率亲卫兵，负责宫室安全。

年轻的后主喜欢拈花惹草，打算广采民间美女以充后宫。众人皆不敢言，只有董允当廷直陈：“自古以来，天子的后妃之数不过十二，如今你已是嫔嫱满室，不宜再增。”后主居然低下架子要董允通融。董允义正词严，丝毫不让，遂使后主不得不打消念头。

诸葛亮去世后，尚书令蒋琬领益州刺史。他上疏后主，提出要对费祎、董允加以提拔重用，说董允“内侍历年，翼赞王室，宜赐爵土以褒勋劳”。董允认为自己并无大功，多次推辞不受。董允为人厚道，勤于政事，礼贤下士，史书说他曾为了接见“年少官微”的董恢而放弃了已准备好的重要游宴。

后主渐渐长大，侍奉宦官黄皓善于逢迎。后主很宠爱他，欲加以重用。董允深知黄皓为人奸诈，屡次当面斥责黄皓心术不正，反对对黄皓的重用。有董允这样一身正气的诤臣在，黄皓也不敢过分胡作非为；而在董允去世之前，后主也始终未敢重用黄皓。后者在董允时期始终不过是个黄门丞而已。

延熙六年（公元243年），董充被加封为“辅国将军”；七年，又以侍中守尚书令，成为大将军费祎的助手。延熙九年，董允因病去世。董允病逝后，陈祗代他为侍中。陈祗对后主曲意顺从，深得宠信。黄皓投其所好，两个人内外勾结，狼狈为奸，开始干预朝政。陈祗死后，黄皓开始驾驭后主，为所欲为。他利用手中的权势，无所顾忌地结党营私，排斥异己，欺压那些不屈服和不附和的大臣。蜀汉政治于是逐渐腐败。蜀人此时无不怀念董允。

第五节　东吴沃土的忠勇世家

应该说，早期的东吴是一个纯粹的军事政权，其政权的基础就是由孙坚、孙策父子建立起来的军队。孙氏集团对东吴的统治在最初就贯穿一个字：杀！孙策到江东就是一路杀过来的。孙权上台以后，在相当长的一段时间，对于地方的反抗力量，也均采用镇压手段。但是，高压政策在一个国家、一个地区是不可能长期维持下去的。

孙氏初入江东，并没有认识到江东大族的实力，认为不用依靠当地的士族就可以在江东站稳脚跟。因此，孙策当时就处决了他认为反对他的州郡长官王朗、许贡等人。但是，他很快就认识到这一做法欠妥，不利于团结江东人士，也不利于自己政权的创建，便开始拉拢和利用江东士族。自此之后，孙策开始大量任用江东人士。在他身边，除了北方南下的部分大族之外，还有大批江东人士，如朱治和虞翻，皆南方大姓士族。他们在孙策进入江东前后便开始尽力辅佐，忠心耿耿，不但巩固了东吴政权，而且也提高和维护了自身利益。孙策在初创政权之时，就十分重用士族张昭，“文武之事，一以委昭”，且在临死之时，又以孙权托于张昭，后来的发展证明了孙策这一措施确实保证了孙氏政权的发展。孙策死后，南迁的士族大都尽力辅佐孙权，保证了孙氏兄弟政权交接的平稳过渡，也维护了江东地区的稳定。

而孙权在当政后，更是积极向士族豪强靠拢。因为孙权认识到，任何一个政权要想长期存在，必须由一个掠夺性政权转变为建设性的政权。但是，这件事情说起来容易，做起来却难。因为，这里有一个前提条件，即这个政权必须有一支懂得治国安民的官僚队伍。但治国安民需要相应的知识，一般老百姓很难获得相应的知识，因此就很难成为合格的地方官。而那些具备极强政治才能的大知识分子则几乎都是士族成员，例如曹魏的荀彧、荀攸、

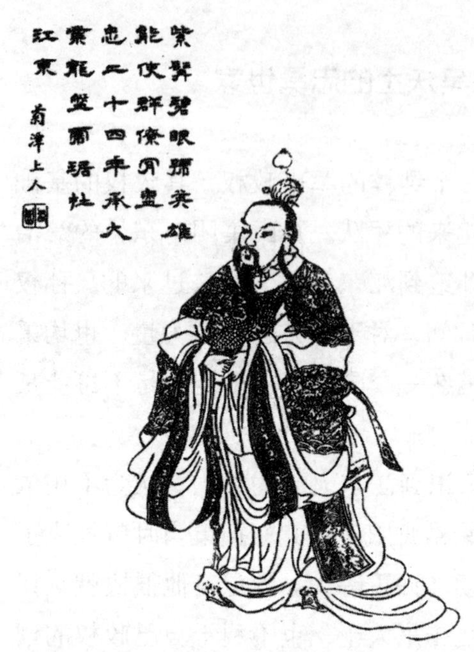

孙权（选自清光绪刻《图像三国志》）

陈群、司马懿；蜀汉的诸葛亮、庞统、法正、费祎，家族势力都很大。因此，要建立一支合格的官僚队伍，就必须从士族中选人，必须得到士族人物的拥戴。所以，孙权就想方设法去获得士族人物的支持。

在赤壁之战以前，为了稳固自己在江东的统治地位，孙权已经做了一些工作，将江东士族大地主中的杰出人物引进到自己的政府里做官，《三国志·吴书·吴主传》说他：“招延俊秀，聘求名士。”他的这项工作是有成效的，鲁肃、诸葛瑾就是在这时“始为宾客”的。中国的知识分子一般来讲，都渴望得到君主的赏识和重用。当孙权真正放下身段来请他们出来做官的时候，他们也就愿意出山为孙权效力。

但是，孙权在不久后就发现，这些士族人物虽然出来效力，可是却未必对自己忠心。当曹操率大军南下的时候，这些人居然都站在曹操一边，劝自己赶紧投降。为什么会这样呢？《三国志·吴书·鲁肃传》记载，鲁肃非常认真地告诉孙权：“我投降曹操以后，曹操肯定还是让我回老家，接受地方的考核评定。以我的情况，最起码也能当一个乡镇官吏。然后，我就整天带着手下坐着牛车出去办事，和士大夫们交往，一步一步地也能当个郡守、州牧。”对于这些士族人物而言，在你孙权手下当官是当，在曹操手下当官也是当，在刘备手下当官也是当。唯一的区别在于，拥护的人不一样。

平心而论，曹操能够得到士族人物的支持，最重要的原因是他手里有皇帝。至少在赤壁之战前，他是在代表皇帝扫平天下，重建整个社会秩序。拥护曹操的政权，就是拥护皇帝，拥护统一。由于这个原因，荀彧等人就投到曹操麾下，为他效力。到后来曹操想要篡汉的时候，士族中就有一批人开始和曹魏政权决裂了。好在曹操能力强，威望高，手段也高明，能基本上镇得住。到曹丕这儿，曹魏政权就有点岌岌可危。于是，为了笼络士族，曹魏政权抛出了九品中正制这枚绣球，以满足士族世代做官的政治要求来换取他们的支持。

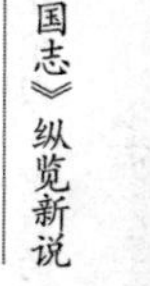

刘备之所以能够得到士族人物的拥护，原因在于他姓刘，是皇族。刘备一开始并没有什么士族人物支持他，但是到曹操有了篡位的迹象之后，他就成为复兴汉室的唯一希望。以诸葛亮、庞统为代表的一批拥汉派士族人物就在此时投身到他的政权里，为复兴汉室而奋斗。

孙权手里既没有皇帝，又不是皇族，凭什么让士族跟着他而不是跟着曹操或者刘备呢？孙权解决这个问题的办法就是选择让整个政权士族化，让孙氏的东吴政权成为真正的士族政权。一方面，孙权想方设法让士族成为自己政府的一分子；另一方面，他把跟着自己打天下的那帮人变成士族。

孙权采取收买政策，凡是愿意与孙氏政权合作的士族，那自有数不完的好处，要钱有钱、要官有官、要地有地、要人有人。

首先是在吏治上，孙氏政权对士族敞开大门，使东吴官场里的高官完全被士族把持。万绳楠先生在《魏晋南北朝史论稿》中就说：“孙吴官场是吴郡四姓的天下，尤其顾、陆二姓，高官辈出。”吴郡四姓分别是顾、陆、朱、张，是江东势力最大的四个家族。除了这四大家族以外，还有以全柔、全琮父子为代表的钱塘全氏，以诸葛瑾、诸葛恪、诸葛融父子为首的诸葛家族等。在这些大家族里，也都是高官云集。

不但士族中有高官，而且高官不是皇族就是士族。就拿丞相一职来说，东吴历史上一共有12位丞相，分别是孙邵、顾雍、陆逊、步骘、朱据、孙峻、孙恩、孙綝、濮阳兴、陆凯、万彧、张悌。这12个当过丞相的人中，顾雍、陆逊、朱据、陆凯、张悌这五位都出自江东四大家族；孙峻、孙綝、孙恩是皇族；孙邵、步骘不但是开国功臣，而且是东汉末年的名士；濮阳兴也是名门之后，他的父亲濮阳逸是孙权时期的长沙太守；唯有万彧是一个例外，他之所以能当上丞相，主要原因是，如果没有他的大力推荐，孙皓当不上皇帝。

我们再看看江东四大家族代表人物的情况，就更明白东吴政权士族化的程度有多深了；而士族化的一个正面效应，就是造就出一大批能为东吴政权披肝沥胆的忠勇世家。

先说顾姓的代表人物顾雍。在三国时代，公认诸葛亮、荀彧是最有治国才能的，而东吴可与诸葛亮、荀彧比美的，就只有其名相顾雍了。据《三国志·吴书·顾雍传》及《江表传》记载，顾雍从小聪明机灵，少年时曾从因避怨而隐居于吴的东汉文学家、书法家蔡邕学习琴艺和书法。他才思敏捷，心静专一，艺业日精。蔡邕对顾雍的才华十分赏识，认为将来必定有所成，于是将自己的名字相赠（“雍”与“邕”同音）。顾雍又因受到老师称赞，故自字元叹。

顾雍弱冠之年即由州郡官吏表举推荐，担任合肥长，后历任娄县、曲阿、上虞地方官，所到之处都有政绩。建安五年（公元200年），孙权兼任会稽太守，以顾雍为郡丞，代理太守处理一切事务。顾雍累迁大理奉常，兼领尚书令，封为阳遂乡侯。吴黄武四年（公元225年），顾雍改任太常，进封醴陵侯，替代孙邵当上了丞相、平尚书事，直至逝世。

顾雍当丞相后，时常访察民间疾苦，提出了不少适当而有效的办法，功绩不小，但他从不居功自傲，不仗势凌人。他与孙权相处注意君臣礼节，对国家忠心耿耿，一切以国家利益为重。对同事和部下，则态度和蔼，十分谦虚。他办事有自己的独到见解和主意，考虑问题周到全面，处理问题稳妥，很讲究方式方法。顾雍为相十九年，以德辅政，多进良言，使东吴邦内清肃，国富兵强。他在朝秉公执正，不为权势所屈，虽每每和颜悦色进谏，但不苟合取容。

公孙渊背魏臣吴时，顾雍同张昭一样竭力谏阻孙权遣使封赏公孙渊。孙权不听，他追至宫中伏地叩首不起，继续进谏，“以死争之”。孙权令左右扶他出宫，他陈说不止。他以国事为重，忠心辅政，深得孙权及朝臣的信任和敬重。

顾雍淡于爵禄，廉洁自奉，不贪名利。因为他治国有道，孙权为吴王后，顾雍连连升迁。当迁大理奉常、领尚书令、封阳遂乡侯这一连串大事儿发生在他身上时，其家人却一点都不知道。因为顾雍不喜欢炫耀自己的地位，只把升迁之事当作孙权给他的小小奖励而已。

顾雍也可以说是很圆滑的，而这个圆滑却是他的可爱之处。据《三国志》顾雍本传引《江表传》的记载，孙权对顾雍很尊敬，也很信任，每有难题便会派中书郎前往请教。每当顾雍赞成孙权意见时，顾雍就会请中书郎吃饭，把问题研究个透彻，然后再送他离开；如顾雍不赞成孙权意见的话，那他就不会请客，也不多说话，这样孙权就会知道自己的观点有待改进。因此，孙权派中书郎请教顾雍后不是问中书郎“顾公怎么说”，而是问：“他请你吃饭了吗?”

顾雍用人不疑。他为相后，仿效汉初的治国方法，选择文臣武将时必选称职的，从不以个人爱好、恩怨、利益去安排。而一旦派任后，他便会全心全意地放手让他们去做。正所谓“用人不疑，疑人不用”。

孙权掌权之初很贪玩，有时冒险打猎，仗着自己气力大，竟赤手空拳与老虎搏斗，总让张昭这位老仲父担心。孙权还每每找来一大堆臣子一起喝酒喝得烂醉，醉后丑态百出，闹出一大堆笑话。面对着这位血气方刚的年轻主公，顾雍并不像张昭那样厉声批评，而是与他们一起凑热闹，但绝不去饮酒。当君臣们发酒疯时，顾雍那可爱的性格又显露出来：径直干脆拿起文房四宝把他们的酒后表现一一记录在案，等他们酒醒后再逐个念给他们听。不少人听了后脸都胀得通红。其中包括那位年轻的吴主。

顾雍公正无私，又极有肚量。孙权晚年犯了糊涂，开始宠信奸臣吕壹。吕壹仗势滥用职权，迫害群臣，就连顾雍丞相也未能幸免。后来孙权在张昭等人的苦谏下终于悬崖勒马，作恶多端的吕壹获罪，被押送到顾雍丞相面前受审。面对这位曾经迫害过自己的犯人，顾雍心平气和，问吕壹："你还有什么地方要为自己辩护吗？"吕壹知道抵赖不了，只好无言认罪。这时有位尚书怒气冲冲地上前痛骂吕壹的罪恶，还要往他脸上吐口水。顾雍见状立即制止道："国家有法，这样斥骂是无益的。"其实论受委屈的程度，顾雍在当场者中，是最有资格痛骂吕壹的，但顾雍却没有公报私仇，而是依法办事。

对待孙权这位志向远大，自尊心强的主公，顾雍不像脾气火爆的张昭一样，老叫他摔跟头。顾雍无论对下属还是上司，抑或同级官员，其说话即便持不同见解，也不会用非常激烈的方式去驳斥对方，而是从理性的角度分析问题，循循善诱地引导对方走近自己的立场，使对方最后能够认同和理解自己的意见。顾雍理常直，但说话平和，让人容易接受。孙权虽然是他的君主，却也因此更尊敬他。

顾雍是一个肯为他人的立场着想的人。有一天，顾雍接到了儿子顾邵死去的消息，内心万分痛楚，但在场的属下们正在愉快地下棋。为了不打扰属下们的雅兴，顾雍竟然忍着悲痛不表露出来。

顾雍不仅是个好官，也是位教子有方的好父亲。顾雍儿子喜欢喝酒，顾雍因此常责备他。有次孙权出嫁一个内侄女，也是顾雍的外孙女。婚宴请了顾雍父子及时任选曹尚书的孙子顾谭。君臣们非常欢洽，顾谭多喝而醉，醉而起舞不已，无法制止。顾雍很生气，但没有当场发作。第二天，他召顾谭严责，说："君王以忍辱负重为德，臣下以恭敬谨慎为节。当年萧何、吴汉都立有大功，但当见高祖、光武帝面时都好像不会说话似的。你于国家有什么汗马功劳可言？只不过是依靠了我们顾氏门第的资历而受宠罢了！如何舞得如此得意忘形？虽说是出于酒后，其实还是恃恩悖礼，不懂礼仪不伦，不知谦逊尊君啊！看来败坏我们家风的人必是你了！"说毕，转身向壁而卧，不再理顾谭。顾谭懊丧地伫立一旁，足达一个时辰，才被祖父遣走。

顾雍贵为国相而谦恭克己，给吴国以很大影响。在他的精心辅助下，吴国在不长的时间内出现了全面兴盛和繁荣，人称他为"东吴名相"。他死后 15 年，即永安元年（公元 258 年），景帝孙休下诏称"故丞相雍，至德忠贤，辅国以礼"，并封其次子承袭爵位为醴陵侯。吴国末年，陆凯说："汉有萧（何）、曹（参）之佐，先帝有顾、步（骘）之相"，将顾雍比作汉之萧何、曹参，说明顾雍之德在东吴已被立为做人做官的楷模。

顾氏家族在东吴政权中任官职的有——

与顾雍平辈的：顾徽，字子叹，同母弟，孙权统事，召署主簿转东曹掾，拜辅义都尉，遥领巴东太守。顾悌，字子通，同宗族人，少聪敏，以孝廉闻名，官拜郎中，领偏将军。

顾雍的子辈：顾邵，官至豫章太守，早卒。顾穆，又名顾裕，官至宜都太守，永安元年因顾济无子绝嗣，继任醴陵侯。顾济，骑都尉，嗣侯；顾裕，字季则，顾徽之子，顾雍之侄，少知名，位至镇东将军。

顾雍的孙辈：顾谭，顾邵之子，太子四友之一，曾任太常，后被诬陷而流放到交州。顾承，顾谭之弟，官至侍中，与顾谭一样被诬陷而流放到交州。顾荣，顾穆次子，东南名士，东吴黄门郎，后仕晋，晋元帝时任军司马。

顾雍的曾孙辈：顾禺，字孟著，少有名望，晋散骑侍郎，早卒。顾毗，官至散骑侍郎。

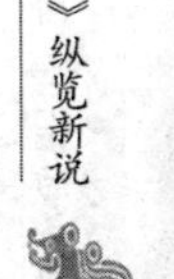

在功名上，江东四大家族之陆氏比起顾氏有过之而无不及，仅在《三国志·吴书》中单独有传的就有陆逊、陆瑁、陆凯、陆绩四人。这四人中，陆逊这一支的名气最大：陆逊本人出将入相，他的儿子陆抗官至大司马兼荆州牧。陆逊族子陆凯的官也不小，官至左丞相。

陆逊是东吴继周瑜、鲁肃、吕蒙之后的又一个声望颇高、功绩卓著的将领。在《三国志·吴书》中，陈寿为他写了单独的传记——《陆逊传第十三》。陆逊家世代为江东大族，其祖父陆纡曾代为城门校尉；父亲陆骏，官至九江（今安徽寿春东）都尉。

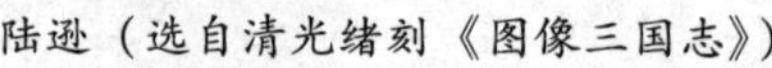
陆逊（选自清光绪刻《图像三国志》）

陆逊本人智勇兼备，品质高尚。孙权把他比做成汤之伊尹和周初之姜尚。建安末年，东吴、蜀汉争夺荆州时，陆逊脱颖而出，成为吴军一位杰出的后起之秀。

荆州地处要冲，历来是兵家必争的战略要地。建安十三年（公元 208 年），曹操与孙刘联军进行了著名的赤壁之战。战后，刘备占据了武陵、长沙、桂阳、零陵四郡，孙权占据了江夏郡和南郡南部。刘备占领荆州大部分地区，既阻碍孙吴势力向西扩展，又威胁着孙吴侧翼的安全，成了孙权的一块心病。从此，东吴、蜀汉争夺荆州的纠纷越闹越大。建安二十四年（公元 219 年）秋，蜀汉前将军关羽意图攻略襄樊，擒于禁、斩庞德，乘胜围攻樊城（今湖北襄樊）的魏征南将军曹仁，一时威震华夏。魏王曹操采纳丞相司马懿、曹掾蒋济的建议，利用刘备拒不归还所“借”荆州，吴蜀联盟出现破裂之隙，派人劝说东吴孙权抄袭关羽后方，并许诺把江南封给孙权。驻军陆口（今湖北蒲圻西北）的东吴大将吕蒙认为，关羽素怀兼并江南的野心，是对东吴的很大威胁，建议孙权趁机消灭关羽，以解除后患。孙权采纳其计。

这年闰十月，为隐蔽企图，吕蒙称病返回建业，孙权拜三十六岁的陆逊为偏将军右部督，代替吕蒙。陆逊利用关羽骄傲自大的弱点，以卑下的言辞写信吹捧关羽。关羽甚为轻视陆逊，完全丧失应有的警惕，把留守后方、用于提防东吴的军队调至前线，全力对付曹操。这时，关羽虽然在前线取得节节胜利，但他的后方却危机四伏。关羽不善团结部下，引起部下的不满。留守江陵、公安的将领糜芳、傅士仁因军资供应不及时，关羽声言要惩治他们。糜芳、傅士仁不堪忍受，顿生异心。这些情报，陆逊都了如指掌。

陆逊见破蜀时机已经成熟，立即上报孙权。孙权即命吕蒙与陆逊同时分道攻取荆州。吕蒙率军攻打公安、江陵；陆逊则长驱直入，率军直下荆州公安、南郡，宜都太守樊友弃城而逃，其他据点长吏和蛮夷酋长都望风而降。陆逊指挥的吴军所向披靡，势如破竹，占领了秭归、枝江、夷道，守住了峡口，堵住了关羽退回西蜀的大门。当关羽得到消息，匆匆忙忙从樊城撤军的时候，公安、江陵已经被糜芳、傅士仁献给了吴军。蜀汉军队进退维谷，走投无路，疲于奔命，军心动摇。关羽只得领兵退守麦城。十二月，关羽率少数骑兵从麦城突围逃窜，被吴将潘璋部司马马忠擒获，斩首。

荆州战后，孙权即拜陆逊为右护军、镇西将军，进封娄侯，镇抚荆州。

蜀汉章武元年（公元 221 年），刘备欲为关羽报仇夺回荆州，不顾诸葛亮、赵云等群臣劝谏，决意伐吴。七月，刘备令丞相诸葛亮留成都，上将赵云在江州为后军督，亲统大军沿江东进。蜀汉大军压境，孙权与刘备媾和遭到拒绝，转而与曹魏修盟。曹魏趁势离间孙、刘，八月，封孙权为吴王。孙权遂任命陆逊为大都督、假节，统率朱然、韩当、徐盛、潘璋、孙桓等部五万人抗拒蜀军。陆逊采取主动后撤，诱敌深入，集中兵力，相机破敌的方略，把数百里峡谷山地让给刘备，以使蜀汉大军战线伸长，露出破绽。

吴黄武元年（公元222年）正月，刘备求胜心切，派将军吴班、陈式督率水军深入夷陵地区，封锁长江两岸。二月，刘备亲率诸将自秭归，经崎岖山道，进至夷陵一带，坐镇猇亭督师。蜀军从巫峡至夷陵沿路扎下了数十个大营，还命黄权为镇北将军，率江北诸军进抵夷陵以北与江北吴军相拒，并监视魏军动向，以防袭击；命侍中马良部进驻武陵郡，策应反吴投蜀的五溪蛮夷首领沙摩柯部，威胁吴军侧翼。当蜀军频繁挑战，吴将皆急欲迎击时，陆逊耐心劝止，坚守不出，欲使蜀军师老疲惫。陆逊说："备举军东下，锐气始盛；且乘高守险，难可卒攻。攻之纵下，犹难尽克，若有不利，损我太势，非小故也。今但且奖厉将士，广施方略，以观其变。若此间是平原旷野，当恐有颠沛交驰之忧；今缘山行军，势不得展，自当罢于木石之间，徐制其敝耳。"（《三国志·吴书·陆逊传》注引《吴书》）诸将不解，以为陆逊畏敌，各怀愤恨。

两军相持半年之久。时至盛夏暑热，蜀军无法急战速胜，兵疲意懈。蜀水军又奉命移驻陆上，失去水陆两军相互策应的主动权。蜀军深入敌国腹地，延绵数百里山川连营结寨，因战线过长，运转补给发生困难。六月，陆逊决定适时转入反攻，命水军封锁长江，孙桓扼守夷道，将蜀军分割于大江东西，遂行各个击破。吴军继施火攻，火烧连营四十余寨，蜀军死伤惨重。刘备趁夜突出重围，后卫将军傅彤战死。刘备逃奔秭归，令在险道上焚烧铙铠，以阻塞吴追兵道路。蜀军"舟船器械，水步军资，一时略尽，尸骸漂流，塞江而下"，一派惨像。

吴军获胜后，东吴诸将对陆逊大为佩服。孙权特加拜陆逊为辅国将军，领荆州牧，即改封为江陵侯。

陆逊营烧七百里

（选自清光绪刻《图像三国志》）

夷陵之战，是中国历史上后发制人、疲敌制胜的著名战例。作为吴军主帅的陆逊针对两军主客观态势，确定诱敌深入，集中兵力，后发制人，相机破敌的战略，充分利用地势及天候等有利条件，巧施火攻，一举击败蜀军；大获全胜后，又适时停止追击，使曹魏无隙可乘。其战略布局运筹周密，堪称用兵奇略。

《三国志·吴书·陆逊传》讲陆逊“虽身在外，乃心于国”，曾上书孙权，对国家的严法苛刑提出批评，指出：“峻法严刑，非帝王之隆业，有罚无恕，非怀远之弘规。”建议孙权要像西汉刘邦那样轻刑便民，用黄老之法治理国家，尽量少动干戈，务以养本保民为要。只有与民休息，轻徭薄赋，才能富国强兵，统一天下。

陈寿在《三国志》陆逊本传结尾处赞陆逊说：“刘备天下称雄，一世所惮。陆逊春秋方壮，威名未著，摧而克之，罔不如志。予既奇逊之谋略，又叹权之识才，所以济大事也。”所言诚是。陆逊是东吴又一个忠勇与智谋兼备的典型；而又能为孙权放手使用，君臣同心，遂使东吴土地上创造出许多战争奇迹。

江东四大家族之朱氏的主要人物有朱据、朱桓、朱异等。其中，朱据官至骠骑将军兼丞相，朱桓官至前将军，朱异官至大都督。

据《三国志·吴书·朱据传》记载，朱据出身吴地望族，身体魁梧，一表人才，体力过人，手臂力气特别大，“有姿貌膂力，又能论难”。古代打仗靠刀枪矛盾之类的冷兵器，因此臂力很重要。他又有知识与口才，擅长辩论诘难，能说会道。

黄武初年，朱据被孙权征召为五官郎中，补任侍御史。当时选曹尚书暨艳对身居官位的贪赃枉法之徒十分憎恨，意图整肃这批官员。朱据认为天下未定，对于人才的要求不能过于苛刻，要包容他们的短处。如果一下子贬黜那些官员，恐怕会有后患。暨艳不听，结果终至败亡。后来，孙权追念吕蒙、张温等已故勋臣，忧虑吴国将帅后继无人，经常愤恨叹息。他认为朱据文武兼备，可以替代他们的位置，于是任命朱据为建义校尉，驻兵湖孰。

黄龙元年（公元229年），孙权称帝，同年迁都建业，拜朱据为左将军，封为云阳侯。孙权对朱据很是赏识，亲自将小女儿鲁育公主许配给他，因此鲁育公主被称为“朱公主”。

朱据为人谦虚谨慎，礼贤下士，不吝财物，乐善好施，因此他所得俸禄、赏赐虽然丰厚，但也常不足已用。嘉禾五年（公元236年），东吴开始铸造大钱，一枚币值相当于五百枚五铢钱。朝廷本来拨给朱据部曲三万缗大钱，但工人王遂趁机弄虚作假盗取了这笔钱。典校郎吕壹怀疑是朱据克扣私吞公帑，于是严刑杖打拷问朱据部下主管财务的官员致死。朱据可怜那个主管枉死而为他厚葬，却被吕壹认为是朱据做贼心虚。孙权得到吕壹报告后，多次责问朱据，但朱据无法证明自己清白，只有自囚等待判罪。数月后，典军吏刘助发现事实真相，报告了孙权。孙权感叹道：“朱据作为皇亲国戚尚且被冤枉，何况下面的官吏百姓呢？”于是下令追究酷吏吕壹过往制造冤案的罪责，重赏了敢于披露真相的刘助，朱据沉冤得雪。

赤乌九年（公元246年），朱据迁骠骑将军。当时正逢太子孙和与鲁王孙霸的两宫之争，而一贯支持太子的丞相陆逊已经亡故。

朱据遂与大将军诸葛恪、太常顾谭、会稽太守滕胤、大都督施绩、尚书丁密等继续拥护太子。而丞相步骘、上大将军吕岱、右大司马全琮、左将军吕据、中书令孙弘等则依附鲁王孙霸，阴谋夺嫡废储。两宫之争使得吴国内耗不止，几乎陷入政治危机。

赤乌十二年（公元 249 年），朱据接替已故的步骘领丞相一职。朱据拥护太子意志十分坚定，每当谈及此事，愿意誓死保卫太子的态度都十分恳切坚决，更多次上书维护太子。赤乌十三年（公元 250 年），孙权终于决定废除孙和太子之位，将孙和幽禁起来，另将孙霸赐死。朱据与尚书仆射屈晃带领众大臣将军以泥涂首，将自己捆绑起来，到宫殿外为孙和求情。孙权十分反感，斥责他们无事找事。其后朱据上表进谏："臣闻太子国之本根，雅性仁孝，天下归心，今卒责之，将有一朝之虑。昔晋献用骊姬而申生不存，汉武信江充而戾太子冤死。臣窃惧太子不堪其忧，虽立思子之宫，无所复及矣。"（《三国志·吴书·朱据传》引殷基《通语》）孙权大怒，将将军中的陈正、陈象满门诛杀，朱据与屈晃被拖进宫中，罚杖一百。许多官员都因劝谏而获罪，史载"群司坐谏诛放者十数"。朱据后来被逐出朝廷，贬为新都郡丞，还未上任就遭到中书令孙弘谗言陷害。当时孙权病重，孙弘就自行下诏赐死朱据。朱据时年 57 岁。其妻朱公主孙鲁育后改嫁刘纂，被其姐全公主孙鲁班诬陷，为把持朝政的丞相大将军孙峻所杀。

永安年间，景帝孙休追念朱据前功，让朱据孙子朱宣继承朱据的爵位，将公主许配给他。末帝孙皓即位后，因追念当年朱据拥护其父废太子孙和之功，迁朱宣为骠骑将军。朱据之女为孙休的皇后。

朱据作为东吴中后期为数不多的名将，因为陷入了立储的宫廷斗争，在孙权病重无法处理政务的情况下，死于政敌的诬陷，让人惋惜。《三国志·吴书·朱据传》记孙权曾"咨嗟将卒，发愤叹息，追思吕蒙、张温，以为（朱）据才兼文武，可以继之，自是拜建义校尉，领兵屯湖孰"，连孙权也认为他能继承吕蒙、张温，是一个文武双全的英才。

江东四大家族之张氏的主要人物是张允、张温父子以及张布、张悌。张允官至东曹掾，张温官至选曹尚书、太子太傅，张布官至骠骑将军、侍中。

《三国志·吴书·张温传》记载，张温的父亲张允，因轻视钱财重视贤士，声名显扬州郡，曾任孙权的东曹掾，随后去世。张温从小就修养节操，容貌奇异伟岸。孙权听说后，就询问朝中大臣："张温能与当今何人相比？"大司农刘基说："可与全琮同等。"太常顾雍说："刘基未详细了解到张温为人。张温当今无人可比。"孙权说："如果是这样，则张允就算没有死！"于是征召张温与之相见。张温谈吐文雅，对答如流，致使旁观者倾慕，孙权为之动容。召对完毕出宫，张昭握着张温的手说："老夫把心意托付你，你应该明白。"于是孙权任命张温为议郎、选曹尚书，又迁为太子太傅，很是信任重视。

张温使蜀（选自清光绪刻《图像三国志》）

黄武三年（公元 224 年），张温 32 岁时，以辅义中郎将身份出使蜀汉。孙权对他说："你本不宜远出，只是担心诸葛亮不了解我与曹操往来的用意，故委屈你出行。如果山越祸患全部消除，我们便会对曹丕大举进攻。"张温回答说："我在国内没有作过亲信大臣的谋划，出行外交没有独自应对的才能，恐怕没有张老播扬国家声誉的能力，又无子产阐述事理的功效。

然而诸葛亮见识洞明，精于谋划，必定了解您的神明思虑和屈伸权宜之计，加上朝廷天降恩惠，推测诸葛亮之心，一定不会有什么猜疑。”张温到成都后，前往宫廷呈上表章说：“古代商高宗守丧却使殷商国祚再次复兴昌盛，周成王年幼却使周朝德治天下太平，他们功勋普盖天下，声威振彻四海。如今陛下以聪明的资质，与古代圣贤等同，贤良大臣辅佐执掌政务，满朝精英有如群星璀灿，远近人们仰望您的风采，无不欢欣前来依赖。吴国勤勉军旅国力以安定江南之地，希望与有道之君一起统一天下，倾心协力同规共谋，有如河水绝无反顾。只因战事频频，我们可供使用的军力太少，故此只好忍受卑鄙之徒强加的耻辱。今主上特派下臣张温疏通情况表达友情。陛下推崇礼义，不应以此为耻而忽视我的请求。臣自遥远的边境，直到贵国首都之郊，频频蒙受贵国殊礼接待，恩诏不断传至。我受此荣耀感到惶惧，又感到意外的惊奇和不安。谨此奉献我主致陛下信函一封。”蜀汉为这封表章大为感动，“甚贵其才”。

张温回国不久，被派进豫章郡的部队出征作战，但他对军功没有追求。孙权既暗恨张温赞赏蜀汉政治，又嫌忌他的声名过于显赫，百姓都为他的德行才能所迷惑，担心他最终不能为自己所用，就考虑用什么方式来中伤他。此时正好碰上暨艳事件发生，于是就找张温的岔子。暨艳是由张温引荐的选曹郎、尚书。其有耿直刚正个性，“好清议”，希望改革混浊淆杂的郎署；又弹劾多位官僚，“覆选三署，率皆贬高就下，降损数等”，有力地打击了“据位贪鄙、志节汙卑者”，引起怨愤声积。他最终同选曹郎徐彪一道遭诬陷，以“专用私情，爱憎不由公理”之罪，被孙权逼迫自杀。

张温向来与暨艳、徐彪意见相合，常有书信来往，互通信息问候，于是张温受牵连也被判有罪。孙权将他软禁在有关官署。当时无人敢为他说话，只有骆统认为张温获罪，事实不清，证据不足，完全是小人谗言毁誉、君王缺乏明察的结果。他认为暨艳被录用，主要责任不在张温。就算推荐有误，张温也不是第一个推荐暨的人。说张温与暨艳朋党作奸，无凭无据，仅以举才不当推定，实在说不过去。关于贻误军令，骆统也进行客观解释，认为张温一直奉公执行命令，军马没有减少，战场上没有退却，军期也没有延误，完全尽心为国，忠君效力，又何罪之有？对孙权指责张温出使蜀汉有辱本国，骆统认为，为国出使，盛赞他国的美好，只要自己没有屈节，就不能说是有辱本国，而是正常的使节之行。蜀派邓芝回访，这是国与国之间友好的往来。进一步说，邓芝的回拜，实际是诸葛亮派邓芝送张温回国，是对吴国的尊重，算不上张温的私交行为。此外，对于其他的罪名，骆统也一一抗辩。为使孙权纳谏，表明自己的无私和刚正，骆统最后表态："我和张温已多年没有联系。张温既不是我新近的朋友，也不是我对张温有什么特别的感情，只不过是共事的同僚，都是君王的臣子。如果君王能细加辨析、核实，什么嫌疑都能解开。今天我为张温陈情抗辩，也并不抱有多大的指望。张温已受坐获罪，独行在前，我也愿受耻，罢官革职在后。"孙权最终还是没有采纳骆统的意见。六年后，张温因病去世。

《三国志》张温本传注引《会稽典录》说：诸葛亮听说张温遭放黜的消息后，"未知其故，思之数日，曰：'吾已得之矣，其人于清浊太明，善恶太分。'"

东吴政权是依靠江东大族支持建立的政权，其通过世代领兵制等制度，确保大族的政治经济特权。与此相应，这些世家大族对孙吴政权也是始终如一地报以忠心，死心踏地地为之效力，以致出现满门忠勇，世代忠烈的现象。以陆逊为例，一家三代仕吴，先后出"二相，五侯，将军十余人"，都忠心不贰，与国同戚，堪称忠勇世家。孙吴政权在三国中坚持最久（曹魏四十六年，蜀汉四十三年，孙吴则五十九年），全赖有像前举顾雍、朱据、张温以及陆逊三代这样的国家柱石的前仆后继，努力支撑。而在其他各个郡守和县令之中，江东吴郡世家子弟也居于大多数，"公族子弟，及吴四姓多出仕郡，郡吏常以千数”。只是随着中央政权的日益稳固和豪强士族权利的膨胀，豪强士族基本把持和操纵东吴政权的弊端日益显示出来。它们不仅削弱了中央的军事权力，而且使中央的经济实力也受到限制，最终则是东吴的国力受制于豪强士族。这对中央集权极为不利，双方的斗争也就日益剧烈。而东吴政权最后走向覆亡之路，从某种意义上讲，正是这种内耗的结果。

第二章 决胜千里

——谋略三国

第一节 青梅煮酒论英雄

“曹操煮酒论英雄”是《三国演义》第二十一回前节的标题。此节十分精彩，虽说是文学描述，基本事实却不虚。

曹操煮酒论英雄
（选自清光绪刻《图像三国志》）

小说中刘备种菜一事，见于《三国志·蜀书·先主传》裴松之注引胡冲《吴历》：“（刘）备时闭门，将人种芜菁，曹公使人窥门。”

“望梅止渴”的故事，则见于《世说新语·假谲》：“魏武行役，失汲道，军皆渴。乃令曰：‘前有大梅林，饶子、甘酸，可以解渴。’士卒闻之，口皆出水。乘此得及前源。”“望梅止渴”这个成语即典出于此。

小说中曹操说“今天下英雄，惟使君与操耳”及刘备闻言惊掉手中匙箸这件事，在《三国志》中也有记载。其《蜀书·先主传》说：“先主未出时，献帝舅车骑将军董承辞受帝衣带中密诏，当诛曹公。先主未发。是时曹公从容谓先主曰：‘今天下英雄，唯使君与操耳！本初之徒，不足数也。’先主方食，失匕箸。遂与承及长水校尉种辑、将军吴子兰、王子服等同谋。”刘备以惊雷掩饰惊慌失措之态，见裴松之注引《华阳国志》：“于时正当雷震，备因谓操曰：圣人云‘迅雷风烈必变’，良有以也。一震之威，乃可至于此也！”

小说中曹操评点当时人物的那些话，也散见于《三国志》其他篇什。只是小说将这许多原本分散的情节集中在一起，这才产生了令人震撼的效果，六百多年来一直被人们传诵、回味，津津乐道，并引出了一系列饶有趣味的话题。

我们先看何为“青梅煮酒”？《辞源》（1983 年修订本）说，此是“古代一种煮酒法。宋晏殊《珠玉词·诉衷情》：‘青梅煮酒斗时新，天气欲残春。’宋苏轼《分类东坡诗》十四《赠岭上梅》：‘不趁青梅尝煮酒，要看细雨熟黄梅。’”古时文人雅士以及贵族喝酒常常会在酒里添加香料及药材，通过文火慢煮，使这些酒的香气四溢，甘醇。煮酒品诗是当时流行的文人活动。“青梅煮酒”起源于人们立夏后尝青梅，而饮酒者则以青梅为佐酒之物。“青梅煮酒”常用来表达飘逸豁达的人生态度、悠闲自适的高洁情趣。

元末明初的罗贯中将这种高洁的饮酒形式用于论英雄的场合，既满足了英雄们对酒的客观需要，又切合人物的性格特点，还设定了评论英雄的特定环境，并由此产生了特殊情节。

由此而产生的第二个问题是：曹操既把刘备当英雄，视作未来强大的对手，却为什么不趁早除去他呢？

刘备是怎么投奔曹操的？这要追溯到汉献帝兴平元年（公元194 年）。当时徐州牧陶谦死，根据陶谦的遗愿，刘备被推举为徐州牧。次年，被曹操打败的吕布，带着一帮残兵败将，投靠刘备。刘备收留了吕布。熟料当刘备在前线与袁术作战时，吕布攻占了徐州。刘备走投无路，只好向吕布求和，经过吕布的允许，驻扎在小沛。经过这一折腾，刘备损失很大，但他很得人心，不久帐下就募集到一万多人的部队。卧榻之下，岂容他人安睡？日益壮大的刘备引起了吕布的不安。建安三年（公元 198 年）春天，吕布派人带着钱去河内买马，又被刘备的士兵抢去买马钱。吕布大怒，派遣高顺、张辽等人攻刘备。九月，刘备的沛城被攻破，只好单身逃走，妻子则成了俘虏。走投无路的刘备派人与曹操联络后，投奔了曹操，得到曹操厚待。

据《三国志·魏书·武帝纪》记载，刘备投奔曹操后，曹营谋士程昱对曹操说："观刘备有雄才而甚得众心，终不为人下，不如早图之。"曹操回答说："方今收英雄时也，杀一人而失天下之心，不可。"曹操于是推荐刘备为豫州牧。

又据《三国志·魏书·郭嘉传》注引《傅子》，曹魏的第一谋士郭嘉看到曹操如此厚待刘备，心中感到不安。一天，对曹操说："备有雄才而甚得众心。张飞、关羽者，皆万人之敌也，为之死用。嘉观之，备终不为人下，其谋未可测也。古人有言：'一日纵敌，数世之患。'宜早为之所。"曹操依然为了"招怀英雄以明大信"，没有采纳郭嘉的意见。

还有另一种说法，据《三国志·魏书·郭嘉传》注引《魏书》说："刘备来奔，以为豫州牧。或谓太祖曰：'备有英雄志，今不早图，后必为患。'太祖以问嘉，嘉曰：'有是。然公提剑起义兵，为百姓除暴，推诚仗信以招俊杰，犹惧其未也。今备有英雄名，以穷归己而害之，是以害贤为名，则智士将自疑，回心择主，公谁与定天下？夫除一人之患，以沮四海之望，安危之机，不可不察！'太祖笑曰：'君得之矣。'"

不管郭嘉是赞同还是反对厚待刘备，曹操的态度都是明确的。曹操认为，为了笼络人心，让天下英雄为己所用，不杀刘备是值得的，即便刘备不为己用。曹操于是率领刘备和自己的军队，一起东征吕布。经过一番激战，曹操生擒吕布，攻占徐州；又采纳了刘备的意见，不顾吕布的哀求，将其处死。

曹操虽然打下了徐州，但却不让刘备继续当徐州牧，而是把刘备带回到许昌；甚至连原先的豫州牧也不让他当了，以免刘备在外不受自己节制。曹操上表推举刘备为左将军，“礼之愈重，出则同舆，坐则同席”，表面上对刘备很尊崇，实质上是不放心刘备，处处提防。

也就是在这段时间里，刘备觐见汉献帝，通过自曝家谱，获得“皇叔”名头，还参加了“玉带诏”谋杀小集团，满心要为大汉朝廷横刀一搏，洒尽最后一滴血了。为麻痹曹操，刘备也会装孙子，就在自家园里种起菜来，一副与世无争的样子。所谓的“煮酒论英雄”就是在此时发生的。

在《三国演义》“煮酒论英雄”一节，虽然刘备提出了袁术、袁绍、刘表、孙策、刘璋、张绣、张鲁、韩遂等人可谓英雄，曹操均不赞成，因为这些人的所作所为，够不上“英雄”二字。曹操认为，天下英雄就只有曹操、刘备二人。这是否是曹操的真心话？

其实，在极为自负的曹操心目中，刘备亦非英雄。所谓英雄之论，只是酒宴中的应酬话，随便说说而已。《三国演义》说曹操曾对身边人说：“（刘备）实在吾掌握之内，吾何惧哉？”也就是说，刘备现在只是一个寄我篱下的落魄人，就算他是英雄，又有什么好怕的？

曹操是个爱才的人。当时，刘备的仁义之名已经天下皆知，这一点应该是曹操比较看重并加以利用的。汉末至曹魏前期，清议汹汹，凡背负不仁不义之名的人，很难在事业上得人心、求发展，吕布就是一个活生生的例子。曹操不杀刘备，可在舆论上占据制高点，博取仁义之名，招揽天下贤士为其所用。甚至于后来刘备借兵准备开溜的时候，曹操明知他不会再回来了，也不动杀机，可见博取仁义之名对曹操有多重要。

《三国演义》在描写青梅煮酒时两人的心理活动：“玄德闻言，

吃了一惊，手中所执匙箸，不觉落于地下。时正值天雨将至，雷声大作。玄德乃从容俯首拾箸曰：‘一震之威，乃至于此。’操笑曰：‘丈夫亦畏雷乎?’玄德曰：‘圣人迅雷风烈必变，安得不畏?’”把老天爷打雷作为刘备掩饰惊恐的借口，是很幼稚的描写。真实的曹操不可能这样被蒙蔽。

我们说，三国时期真正够得上“英雄”二字者，曹操无疑当为首选。

曹操是个大英雄。对这一点，当代已没有多大的争论。东汉后期，政治黑暗，社会生产遭到严重破坏，不仅董卓、李傕等凉州军阀到处屠杀人民，抢劫财物，就是打着勤王旗号的东方将领也“纵兵钞掠”，因而普遍出现“民人相食，千里萧条”的荒凉景象。“乱世出豪杰”。在那个英雄辈出的时代，曹操凭借自己的雄才大略，逐渐统一了北方。他在北方屯田，兴修水利，解决了军粮缺乏的问题，对农业生产恢复有一定作用。他雷厉风行，全面推行抑制豪强的法治政策，加强集权，却又能集思广益，善于听取包括智囊团在内的不同意见。可以这样说，曹操的成功，在某种意义上是他用人的成功，或者还可以说是他麾下智谋集团的成功。有学者做过统计，仅作为曹操幕僚的各类智谋人才就有 85 人之多。曹操统一北方之后，则不仅三分天下有其二，即连天下人才也占有了三分之二。这便回答了曹魏何以会统一北方并进而统一全国的问题，因为曹魏相较孙吴、蜀汉而拥有明显的人才优势、智谋优势。

清人赵翼在《廿二史札记》卷七说：“人才莫盛于三国，亦惟三国之主各能用人。”虽则如此，但相比之下，仍数曹魏集团最能用人，因而人才最多。这主要指的是以智谋集团为核心的文官人才。而曹魏的人才济济、谋士辈出，则首先得力于曹操的“唯才是举”观。

从汉建安八年（公元 203 年）到建安二十二年（公元 217 年）曹操连续下达了四个关于选拔人才的命令。四道令文，都贯穿着一根主线，就是“唯才是举”。不用说，这是怀着统一天下之雄才大略的曹操，从他所研读不已的申、商、韩等法家处采借思想并结合实际运用的结果。在这些命令里，曹操提出“治平尚德行，有事赏功能”的选官准则，驳斥了“军吏虽有功能，德行不足堪任郡国之选”的议论。《全三国文》卷二载有他在建安十五年（公元210年）春所下达的《求贤令》，明确提出了“唯才是举”的思想。他指出：

> 自古受命及中兴之君，曷尝不得贤人君子与之共治天下者乎！及其得贤也，曾不出闾巷，岂幸相遇哉，上之人不求之耳。今天下尚未定，此特求贤之急时也。孟公绰为赵、魏老则优，不可以为滕、薛大夫。若必廉士而后可用，则齐桓其何以霸世！今天下得无有被褐怀玉而钓于渭滨者？又得无有盗嫂受金而未遇无知者乎？二三子其佐我明扬仄陋，唯才是举，吾得而用之。

汉季之世，世族豪强地主垄断了选举途径，他们根据门第、世资来推荐、选拔文官。被推选出来的尽管以孝子、义友、名臣自居，却如民谣所讥：“举秀才，不知书；察孝廉，父别举；寒素清白浊如泥，高第良将怯如鸡。”曹操虽然出生于一个有权势的宦官集团大官僚家庭（祖父曹腾为桓帝时的中常侍），但宦官毕竟不为时人所重。因此，曹操代表着庶族地主阶级的利益，同时为了统一天下的需要，去向着已有很深传统的以阀阅取人的选官制度开火。与此相应，他还制定出许多政策，明文规定王族子弟只能封为有爵禄、无实权的虚侯；宦官官职不准超过诸署令；外戚不准参与朝政。这便有力地制止了世家大族地主垄断政权，保证了曹魏统治集团的蓬勃生气和战斗力。

曹操选人不拘一格，而且还敢于选拔那些背叛过自己或反对过自己的人——但有一条：须有才。建安十九年（公元214年）

曹操发布《敕有司取士毋废偏短令》；建安二十二年（公元217年），发布《举贤勿拘品行令》，强调“不拘微贱”“不拘品行”“忽废偏短”的更加激进的选拔观，公开宣布要把那些不齿于名教但“有治国用兵之术”的人以及“高才异质”的文吏，选拔进统治集团。金无足赤，人无完人，从来如此。但是传统的选官制度却将那些不符合封建礼教标准或出身“不好”（包括家庭成份和个人职业“不好”）的人排斥于人才选拔的对象之外。曹操却反其道而行之，认为“尺有所短，寸有所长”，取士可取其所长，弃其所短，不能求全责备。他举出苏秦济燕、陈平定汉等许多历史事例，来说明有明显缺陷的人也会有超人的才能，因此在《举贤勿拘品行令》中主张要用“负污辱之名，见笑之行，或不仁不孝而有治国用兵之术”的人。魏种和曹操是故交，当年曹操曾推举他为孝廉。兖州事变后，曹操自信地说，即使大家都背叛我，魏种也不会离开我。可是魏种却恰恰逃跑了。曹操生气地说：“魏种如果北不逃到胡地，南不逃到越族，我是不会同他善罢干休的！”可是后来捉住了魏种。曹操却舍不得杀他，因为他的谋略和其他文才都可跻入一流队伍。曹操当时叹息道：“唯其才也！”又封他做了河内太守。

曹操在三国之中，是勇于和善于团结反对过自己并被实践证明是反对错了的人的典范。他手下的文官武将，除了起兵时的嫡系如曹氏、夏侯氏外，多数是从其他营垒甚至是敌对营垒中争取过来的。曹操的著名谋士荀彧、郭嘉原本是袁绍门下的人。他们从敌营里投奔曹操而被重用的故事被传为千古美谈。前者在曹操营垒任尚书令，后者任司空军师祭酒。以后的事实证明曹操的眼光与胸怀是远大的。典型者如郭嘉，多谋善断，颇令曹操受益。官渡之战前，郭嘉向曹操逐一分析袁绍有十败，曹操有十胜，断定曹操必胜。他跟随曹操从征十一年，运筹策划，对统一北方做出了重大贡献。曹操认为在谋臣中只有郭嘉最了解他，称赞他“平定天下，谋功为高”。可惜他38岁上就过早逝世。《三国志·魏书·郭嘉传》注引《傅子》记载，曹操当时哀痛之极，对荀攸等人说：“诸君的年龄都属与我同辈，唯有郭嘉年龄最小。原打算天下事定，就把后事托付给他，没想到他中年夭折，老天怎么不长眼睛！”可见曹操对智谋人才的爱戴之深、寄望之切。

郭嘉（选自清光绪刻《图像三国志》）

曹操很懂得根据人才的不同长处分派不同的用场，如让懂农业的人去屯田，让会带兵的人去打仗，让通法理的操法典，让善文辞的人修史书。即使在行军打仗中，他也能根据每一位将领的智慧、本领和气质，进行适当的调整。

《三国志·魏书·刘廙传》注引《刘廙别传》说，建安末年，刘廙上《论治道表》，建议使郡县守令居任稍久，三年乃加黜陟，黜陟以户口垦田增减、“盗贼”发兴和人民逃亡多少为标准。他认为官吏教课“皆当以事，不得依名”。曹操对他的建言非常赞许，并进行推广。这说明曹操对人才的考察、任用、升迁，是重在实绩、实效而轻名薄言的。

孟繁治先生在《颍川谋士群体与曹操政权》一文里还指出，正确的用人方针尽管是曹操霸业成功的一个重要原因，可是，这一方针要产生积极的意义，却并非曹操发布“唯才是举”令就可以成就的。它需要一批忠实的执行者。曹操的过人之处就在于，他不仅能善于发掘人才，而且也能善于发掘其用人路线的忠实执行者。比如曹操发掘并委以重任的荀彧，此人本身就是一个知人善任，善于发现、利用人才的“伯乐”。他来到曹营后，先后荐举的可以使用的各类人才十分广泛，仅所谓的“命世大才”就有“十数人”之多。陈群则先后推荐广陵陈矫、丹阳戴乾等人，“世以群为知人”。《三国志·魏书·郭嘉传》注引《傅子》还说，曹操平定冀州后，辟召青、冀、幽、并诸地的知名谋士以为大本营幕僚，“皆（郭）嘉之谋也”。这些被曹操发现的“伯乐”所发现的“千里马”，在曹操周围形成了一个庞大的智谋集团，成为曹魏事业赖以成功的骨干力量。他们或许本身又是进贤纳良之臣，或许为忠贞死义之士。他们居中则匡正救失，出镇则宁抚一方，在不同位置上发挥了不同的作用。荀彧还善于在战争、治世的实践中培养选拔人才。当时的河东地区，披山带河，四令多变，地理、战略位置都与曹操势力的存亡攸切相关。曹操要求只有才智匹敌萧何、寇恂的人，才能镇守此地。荀彧当即推荐了“简傲少文”的杜畿担当此任，相信他能不负众望。《三国志·魏书·杜畿传》说，杜畿上任，智勇兼施，很快就平定了战乱。他治策宽惠，清静无为，注重发展农业生产，并设馆开学，亲自执经教授。他治理河东16年，政绩“常为天下最”。至于曹操军幕中那些来自各地名气较响的谋士，多为一方望族，在地方上颇有感召力。他们中的不少人还有过做州牧或守令的经验，从而对安抚吏民，治理地方，巩固地盘，发挥了重要作用。曹操引用的以荀彧、郭嘉为首的颍川谋士有10人，他们很快便成为曹操智囊团的核心骨干。颍川谋士中的杜袭、钟繇、陈群、赵俨、枣祗等人，后来还出任过地方首长，治绩卓著。①

曹操在他的出色而庞大的智囊团的帮助下，自“挟天子”以来，在短短的一二十年间，便使他所统治地区的社会经济得到恢复和发展。在曹操的治理下，政治有一定程度的清明，经济逐步

① 参见孟繁治：《颍川谋士群体与曹操政权》，载《郑州大学学报》1994年第6期。

恢复，阶级压迫稍有减轻，社会风气有所好转。他试图过统一全国，但在孙权、刘备的联合抵抗下，没有成功，以至出现了三国鼎立的局面。但就曹操的政治、经济、军事、人才手段和取得的功绩而论，是时代造就了他，而他也无愧于那个时代。他的确是那个时代的大英雄。

然而，即便在他那个时代，也有许多人骂他是“汉贼”，直至《三国演义》出现，则骂声更多，以至进入近代，仍未禁声。仔细分析，说曹操是“汉贼”，其理由不外乎是他“挟天子以令诸侯”，最后由他的儿子曹丕篡汉自立。按《现代汉语辞典》的解释，所谓“贼”，是指偷东西的人，做大坏事的人（多指危害国家和人民的人）等。按这个标准来看曹操“挟天子以令诸侯”这件事，说他是“汉贼”，颇为牵强。这里有几个问题必须弄清楚：

一是当曹操于建安元年（公元196年）“挟天子”时，东汉王朝事实上已经灭亡了。被军阀们呼来掳去的汉天子已犹如丧家之犬，连吃住都是问题。是曹操“挟天子”，才使东汉王朝又苟延残喘了25年。如果曹操不“挟天子”，那么也一定会有李操、张操等人去“挟天子”甚或干脆取而代之的。那样的话，军阀混战只会更猛烈，社会秩序只会更混乱，人民生活只会更痛苦。曹操“挟天子以令诸侯”虽然是强大自己的谋略，但这样做的结果在事实上却稳定了北方。

二是曹操本人并没有代汉自立。无论是做丞相、魏王，曹操一直都是汉臣，这是无可改变的事实。当然，曹丕之所以能够以魏代汉，确实是曹操奠定的基础。但是，皇帝又不是刘家专有，早已失去统治权威和执政能力的汉王室被当时控制权势的实际执政者所取代，应该是历史的必然。而曹操本人毕竟还没有走出这一步，这已经是最大限度地给了汉家天子的面子了。

三是曹操在统一北方后，权位日重，引来朝野谤议，而孙权、刘备等更抨击曹操“托名汉相，实为汉贼，欲废汉自立”。曹操为平息非议，于建安十五年（公元210年）十二月写出《自明本志令》，通告天下。曹操在《自明本志令》中陈述自己一生的主要政治生涯和思想变化，表白自己虽不愿放弃兵权，但绝无篡汉自代的异志。文中说：“设使国家无有孤，不知当几人称帝，几人称王!”“诚恐已离兵为人所祸也。既为子孙计，又已败则国家倾危”。这是当时的实情。曹操说的是大实话

许多人骂他是“汉贼”，其实很有点吃不到葡萄就说葡萄酸的味道。周瑜和诸葛亮就都骂过曹操是“汉贼”，可是他们又为当时衰微的汉室做过什么呢？周瑜所在的东吴，甚至连“兴复汉室”这种空洞的口号都没有提出。诸葛亮所在的蜀汉政权，虽然打出了“兴复汉室”的旗帜，却并非一定要恢复东汉王朝。

所以，说曹操是“汉贼”并不符合历史事实；而如果将曹操说成是“奸雄”，也等于将历史上的许多统治者指为“奸雄”，因为他们都以“奸诈手段”获取政权或帝位，如汉武帝、唐太宗、宋太祖、明太祖。他们获取帝位的手段或亲政后对亲属、对功臣的手段也不光彩，按理都可以“奸雄”而论之，可是为什么却只有曹操的“奸雄”身份竟长期深入人心，一直有许多人扭住曹操的“奸雄”之论不放呢？应该说这是由多方面的原因造成的。

首先是魏国的历史太短。曹操虽有雄才大略，但他的后代却是一个不如一个，所以他才感叹地说：“生子当如孙仲谋。”由他的儿子曹丕建立的魏国只经历了5帝45年，便为司马氏所篡。这么短的建国历史，必然使当时描述历史的历史学家不可能为魏国的实际奠基者曹操说太多的好话。这与秦始皇很有点类似，因为秦国的历史很短，秦始皇的“暴君”形象也就深入人心。

清江南书局据汲古阁本刻《三国志》65卷

陈寿著《三国志》，因身处晋代，只能维护“魏—晋”这条政权传承线，所以对曹操的记叙还

比较客观，曹操和诸葛亮这两人的传记也是《三国志》中写得最好的。但是，陈寿在表面以魏为正统的幌子下，实际上是以“魏书”“蜀书”“吴书”来反映三国鼎立的事实的；而且在具体的撰写中保留了许多诸如“（曹）操穷凶极逆汉”这样对曹操极不利的文字和资料。当时距离魏国建立才六十多年，倘若不是魏已被晋所取代，陈寿是不会如此撰著的——他怎么可能和“敌”对魏国的奠基者有如此大不敬的语言呢！

其次，裴松之为《三国志》作注的东晋、南北朝时代，乃是一个大动乱、大分裂的时代。北方的游牧部落贵族乘着司马氏家族争夺中央政权而入居中原，造成“五胡十六国”的混乱局面。游牧部落贵族不仅对汉族和非汉族人民进行大屠杀，而且时时威胁着偏安南方的汉族地主政权。对政治现实极为不满的广大人民和统治阶级中的正直有为之士，迫切希望出现一个像诸葛亮所执掌的那样的政权，能实行“科教严明，赏罚必信，无恶不惩，无善不显，至于吏不容奸，人怀自厉，道不拾遗，强不侵弱，风化肃然”的贤明政治；渴求像诸葛亮那样，以“鞠躬尽力，死而后已”的精神来进行北伐战争。于是，在《襄阳耆旧传》《汉晋春秋》等书中，“帝蜀寇魏”论大行其道。

裴松之身处取代东晋的南朝刘宋政权中，其创国者刘裕自称为“汉高帝弟楚元王交之后也”，故对包括刘备政权在内的“汉”室情感深厚。裴松之受命为《三国志》作注，不能不受当时的舆论和资料的影响而有所政治偏见，因而在《三国志》的注引中保存了大量不利于曹操的资料。

再次，元明之交《三国演义》的横空出世，不仅丰富了曹操的“奸雄”形象，而且让这个形象家喻户晓。宋朝时，司马光的《资治通鉴》虽然形式上以魏为正统，但他在刘备改元登基后加入了一段很长的议论。其内容表明，司马光之所以采用魏的年号是为了记叙的方便，而且字里行间还有一些“帝蜀”的意味。之后的儒学大师朱熹在《通鉴纲目》中甚至将司马光所用的魏年号统统改为蜀汉年号。“帝蜀寇魏”“尊刘贬曹”，可见一斑。到元朝，《三国志平话》把“帝蜀寇魏”推向高潮。进入清初，毛宗岗修改《三国演义》，终于使“尊刘贬曹”达到顶峰。至此，《三国演义》基于“帝蜀寇魏”的指导思想，从“尊刘黜曹”出发，将笔墨着力于曹操的奸诈一面，不切实际地褒扬刘备的作为，隐其诡诈之行，有意无意地给刘备以极大同情、给曹操以极大鄙视，使之最终形成忠与奸、美与丑、好与坏的尖锐对比，成功地完成了两个对立人物的艺术创造，从而也达到了朱熹以来的理学家所期望的社会效果。但是，《三国演义》中的曹操和刘备，绝对不是历史上的真正的曹操和刘备。

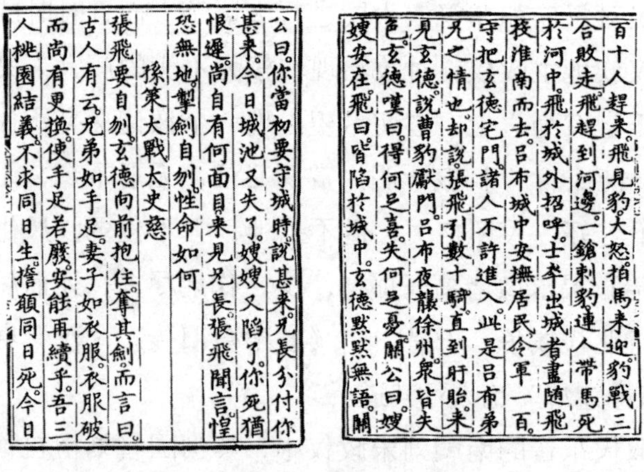

百十人赶来。飛見豹大怒拍馬来迎豹戰三合敗走。飛赶到河邊一鎗刺豹連人帶馬死於河中。飛於城外招呼士卒出城者盡隨飛投淮南而去。吕布城中安撫居民令軍一百守把玄德宅門諸人不許進入此是吕布弟兄之情也。却說張飛引數十騎直到盱眙来見玄德說曹豹獻門吕布夜襲徐州衆皆失色。玄德嘆曰得何足喜失何足憂。關公曰嫂嫂安在。飛曰皆陷於城中。玄德默默無語。關公曰你當初要守城時說甚来兄長分付你甚来今日城池又失了嫂嫂又陷了你死猶恨遲。尚自有何面目来見兄長。張飛聞言惶恐無地掣劍自刎性命如何

孫策大戰太史慈

張飛要自刎玄德向前抱住奪其劍而言曰古人有云兄弟如手足妻子如衣服衣服破而尚有更換使手足若廢安能再續乎吾三人桃園結義不求同日生擔願同日死今日

时嘉靖刻《三国志通俗演义》

众所周知，《三国演义》是依据陈寿《三国志》和裴松之注而演绎为历史小说的，它的特点是“七实三虚”。对这个“虚”，很有追究的必要。

例如，《三国演义》中的曹操杀吕伯奢之事，足证曹操生性残忍；而“宁我负人，毋人负我”之论，确为“奸雄”之语。此事是据裴松之注引的《世说新语》和孙盛《杂记》而演绎的。但是，《世说新语》本为佚事小说之集大成者，所收内容庞杂，不能当作信史。孙盛《杂记》多是野叟曝言，可信度极低，只能姑妄听之。而比这两本书更早，未被裴松之注引的王沈《魏书》，对吕伯奢事却是另一番记载：“太祖以卓必腐败，遂不就拜，逃归乡里。从数骑过故人成皋吕伯奢，伯奢不在，其子与宾客共劫太祖，取马及

物质，太祖手刃击杀数人。”

“吕伯奢”之名，最早就是见于《魏书》。《魏书》为官史，此书写吕伯奢家人被杀皆因“子与宾客共劫太祖”，曹操杀人系正当防卫之举，正好彰显其威武，故载入此书。《魏书》未交代当时另有他人在场，故此事极有可能是出自曹操本人的回忆或讲述。若果真如书中所说，杀人因出于自卫，当然可以理直气壮地讲述；如乃错杀，曹操则完全没有必要在别人不知道的情况下提起此事，除非当时并不在现场的吕伯奢追问缘由，他才不得不说谎。但《魏书》对此并无交代，而吕伯奢也再未被提起。

陈寿的《三国志》并没有提到吕伯奢这个人和这件事，这是为何？唯一的可能是，曹操只不过在吕家借宿一夜便匆匆赶路，未发生其他事，陈寿认为事体微小，不足写之。而裴松之注引时，却不选《魏书》而选择了《世说新语》和孙盛《杂记》，显然是受到当时已经大行其道的“帝蜀寇魏”论的影响。

《三国演义》根据《世说新语》和《杂记》的记载，编排了曹操杀吕伯奢之事。但是，仅就《三国演义》对此事的叙述而论，就存在若干疑点：吕伯奢为何在内间很久才出？吕伯奢作为一家之主，为何不吩咐仆人去打酒，而要亲自去？当时天色已晚，他到哪里去打酒？猪分明已被捆住准备宰杀，为何吕家人还说“缚而杀之，何如？”这话不符合逻辑。吕伯奢说去西村打酒，西村应在西面，而曹操逃亡路线应该向东，怎么会半路碰见吕伯奢？曹操虽生性好疑，却向来思虑缜密，他怎么会因为偷听到的一句话便不分青红皂白地对自己深信并投靠的故人痛下毒手？这些疑点都对“曹操杀吕伯奢全家”一说予以全面问难。可见此事确实有待考证。

话又说回来，曹操能够脱颖而出，显然是与他具有被称为“奸雄”的本事分不开的。对他的这些“奸雄”本事，如果剔出那些虚假的、不可信的部分，应该说，那就是政治上成功的纵横捭阖。正是这些政治上的纵横捭阖，才使他对历史的发展做出了贡

献，才使他成为一个大英雄。

其实，在那个英雄辈出的时代，能够与曹操鼎足而立的孙权、周瑜、刘备、诸葛亮等人，甚至还有后来以晋取代魏的司马氏父子，其权谋、其手段，都不逊色于被称为“奸雄”的曹操。而他们在人们眼中却是风流倜傥，特别是刘备、诸葛亮等还被打造成高大全的典型，而于历史有大功的曹操却成了反面典型。这正应了胡适的一句戏言：“历史是个任人打扮的小姑娘。”

第二节 隆中织梦和诸葛亮北伐

《三国演义》写刘备第三次拜访诸葛亮时，诸葛亮向刘备客观地分析了天下形势，提出了著名的《隆中对策》。他认为自汉末大乱，豪杰之士纷起。曹操雄据北方，势力强大，拥百万之众，挟天子以令诸侯。孙权据有江东，经历了三世经营，国险而民富，政权已很巩固。刘备若能取得荆州、益州和汉中，就会形成“天下三分”的鼎足之势；然后“西和诸戎，南抚夷越，外结好孙权，内修政理”，等待时机，两路钳击，夺取中原，“复兴汉室”。诸葛亮的分析，使刘备茅塞顿开，于是顿首拜谢。诸葛亮未出茅庐，已知天下三分，“真万古之人不及也”。

“隆中对”不是《三国演义》的艺术创作，而是史有其事。只是因为《三国演义》影响大，家喻户晓，让诸葛亮的《隆中对策》亦影响很大；乃至在人们心目中，首先提出“三分天下”的也是诸葛亮——便这是一种误解了。

据《三国志·蜀书·诸葛亮传》及其裴松之注引，东汉建安十二年（公元207年），刘备依附于荆州牧刘表帐下。尽管刘表以宗室之谊对刘备待以上宾之礼，让刘备所部屯兵新野（今河南新野），但刘备作为一代枭雄，并不甘心寄人篱下，急切地盼望壮大实力，以求能实现其逐鹿中原的大志。此时，徐庶向刘备推荐了诸葛亮。

刘备对诸葛亮其人是早有所闻的，《襄阳记》记载："刘备访世事于司马德操。德操曰：'儒生俗士，岂识时务？识时务者在乎俊杰。此间自有伏龙、凤雏。'"因此，当徐庶力荐诸葛亮时说到："诸葛孔明者，卧龙也。将军岂愿见之乎？"47 岁的刘备便迫不及待地冒着隆冬的严寒和大雪，三往隆中，向年方 27 岁的诸葛亮请教统一天下的大计。在《三国演义》中，罗贯中将《三国志·蜀书·诸葛亮传》"先主遂诣亮，凡三往，乃见"这十字记载的"三顾草庐"演泽成一段十分精彩的故事。诸葛亮认为刘备是与他志同道合，可以信赖的明主，便把自己对当时社会形势的观察与分析和盘托出；并且针对刘备集团的处境，向刘备提出了一套完整的三分天下，建基立国和北伐中原的战略方针，这便是《三国志》诸葛亮本传中那千载争诵的《隆中对》：

刘玄德三顾草庐
（选自清光绪刻《图像三国志》）

自董卓已来，豪杰并起，跨州联郡者不可胜数。曹操比于袁绍，则名微而众寡，然操遂能克绍，以弱为强者，非惟天时，抑亦人谋也。今操已拥百万之众，挟天子而令诸侯，此诚不可与争锋。孙权据有江东，已历三世，国险而民附，贤能为之用，此可以为援而不可图也。荆州北据汉、沔，利尽南海，东联吴会，西通巴、蜀，此用武之国，而其主不能守，此殆天所以资将军，将军岂有意乎？益州险塞，沃野千里，天府之土，高祖因之以成帝业。刘璋暗弱，张鲁在北，民殷国富而不知存恤，智能之士思得明君。将军既帝室之胄，信义著于四海，总揽英雄，思贤如渴，若跨有荆、益，保其岩阻，西和诸戎，南抚夷越，外结好孙权，内修政理；天下有变，则命一上将将荆州之军以向宛、洛，将军身率益州之众出于秦川，百姓孰敢不箪食壶浆以迎将军者乎？诚如是，则霸业可成，汉室可兴矣。

《隆中对》是诸葛亮对当时政局的看法，并且是针对当时无根据地的刘备集团提出的具有远见卓识的战略方针。概括起来，诸葛亮《隆中对》的内容主要有四个方面：

一是当时的形势是“今操已拥百万之众，挟天子而令诸侯，此诚不可与争锋。孙权据有江东，已历三世，国险而民附，贤能为之用，此可以为援而不可图也。”而荆州和益州乃用武之地，应利用荆州刘表、益州刘璋不能守成的机会，取而代之，建立起可靠的根据地，与曹操、孙权三分天下。

二是在夺取荆州和益州的同时，利用“帝室之胄，信义著于四海”的声望，打出“兴复汉室”的旗帜，招揽人才，“内修政理”，逐步增强政治、经济和军事实力。

三是在益州要妥善处理好与西南地区少数民族的关系，“西和诸戎，南抚夷越”，解除以后北伐时的后顾之忧。

四是在荆州要“外结好孙权”，与孙权建立抗击曹操的联盟。待“天下有变”，再分兵两路，“命一上将将荆州之军以向宛、洛，将军身率益州之众出于秦川”，如果这样的话，刘备“则霸业可成，汉室可兴”。

综观后来的历史进程，诸葛亮在《隆中对》中对当时形势的分析，基本上是符合客观实际的，为刘备集团制定的战略决策，大体上也是行之有效的。

其实，在群雄逐鹿的三国时代，能像诸葛亮这样透彻分析天下形势而提出战略规划的，决非仅是诸葛亮。据《三国志》的记载，鲁肃、毛玠、沮授都有各自的“隆中对”。

《三国志·吴书·鲁肃传》载鲁肃对孙权言：

肃窃料之，汉室不可复兴，曹操不可卒除。为将军计，惟有鼎足江东，以观天下之衅。规模如此，亦自无嫌。何者？北方诚多务也。因其多务，剿除黄祖，进伐刘表，竟长江所极，据而有之，然后建号帝王以图天下，此高帝之业也……荆楚与国邻接，水流顺北，外带江汉，内阻山陵，有金城之固，沃野万里，士民殷富，若据而有之，此帝王之资也。今表新亡，二子素不辑睦，军中诸将，各有彼此。加刘备天下枭雄，与操有隙，寄寓于表，表恶其能而不能用也。若备与彼协心，上下齐同，则宜抚安，与结盟好；如有离违，宜别图之，以济大事。肃请得奉命吊表二子，并慰劳其军中用事者，及说备使抚表众，同心一意，共治曹操，备必喜而从命。如其克谐，天下可定也。今不速往，恐为操所先。

《三国志·魏书·毛玠传》载毛玠对曹操言：

今天下分崩，国主迁移，生民废业，饥馑流亡，公家无经岁之储，百姓无安固之志，难以持久。今袁绍、刘表，虽士民众强，皆无经远之虑，未有树基建本者也。夫兵义者胜，守位以财，宜奉天子以令不臣，修耕植，畜军资，如此则霸王之业可成也。

《三国志·魏书·袁绍传》载沮授对袁绍言：

将军弱冠登朝，则播名海内；值废立之际，则忠义奋发；

单骑出奔，则董卓怀怖；济河而北，则勃海稽首。振一郡之卒，撮冀州之众，威震河朔，名重天下。虽黄巾猾乱，黑山跋扈，举军东向，则青州可定；还讨黑山，则张燕可灭；回众北首，则公孙必丧；震胁戎狄，则匈奴必从。横大河之北，合四州之地，收英雄之才，拥百万之众，迎大驾于西京，复宗庙于洛邑，号令天下，以讨未复，以此争锋，谁能敌之？比及数年，此功不难。

鲁肃、毛玠、沮授对当时天下形势的分析，与诸葛亮的“隆中对”实在是大同小异。这正所谓英雄所见略同。这真是一个群英荟萃的时代！

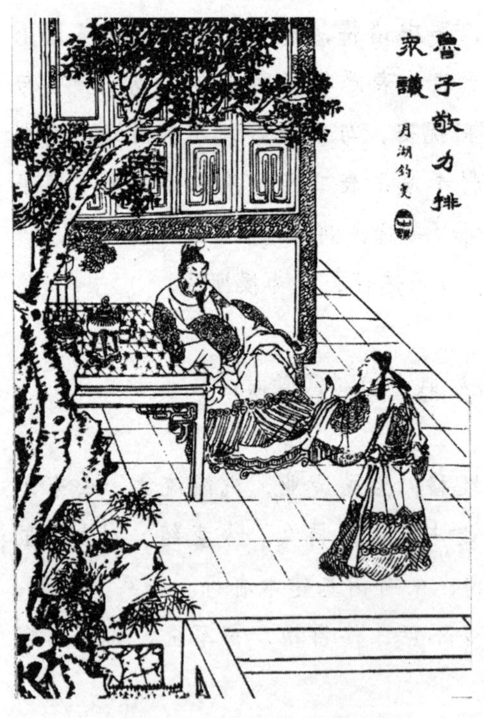

鲁子敬力排众议
（选自清光绪《图像三国志》）

按《三国志·吴书·吴主传》及《三国志》鲁肃本传的记载，鲁肃与孙权的“合榻对”，是在孙策死后的建安五年至七年（公元200年—202年）之间，这比诸葛亮与刘备的隆中对要早上至少5年。鲁肃年少即有大志，好为奇计。汉末天下大乱，鲁肃同周瑜一起投奔“威震江东”的孙策。孙策死后，又辅佐刚即位的孙权。鲁肃的才智深受孙权赏识。《三国志》鲁肃本传载，建安五年至七年间的某日，孙权单独会见鲁肃，与之“合榻对饮”，密商天下大事。鲁肃分析说：今天的曹操，就好像秦末的项羽。他预料：汉室已经不可能复兴，曹操也不可能一下子能够消灭掉。孙吴最好的办法，就是“鼎足江东，以观天下之衅”，鼎足固本之后，即可据扬取荆，并益州而尽长江所极，形成南北对峙，然后徐图天下以成帝业。

鲁肃认为刘备是仅存的“天下枭雄”。所以，当刘表死后，鲁肃征得孙权的同意，亲赴荆州，以吊孝为名，欲劝说刘备与孙权“同心一意，共治曹操”。时值刘琮降曹，刘备败走，鲁肃从夏口追至当阳长坂，会见了刘备，当面陈述了孙刘联盟的建议。刘备在败军之时，欣然赞同。这样，曹操、刘备、孙权三分天下的鼎立之势初见端倪。

由此可见，鲁肃与孙权“合榻对”在先，几年后才有《隆中对策》，随后才是鲁肃的联刘、诸葛亮的联孙实际行动。当然，也应该承认，鲁肃之议比之诸葛亮的构想，虽基本一致，但要粗糙一些，这不仅是因为提出时间先后不一，更主要的是背景不同。

在《隆中对》中，诸葛亮为刘备分析了当时形势后，又为刘备谋划了“若跨有荆、益，保其岩阻，西和诸戎，南抚夷越，外结好孙权，内修政理；天下有变，则命一上将将荆州之军以向宛、洛，将军身率益州之众出于秦川，百姓孰敢不箪食壶浆以迎将军者乎？诚如是，则霸业可成，汉室可兴”这一建基立业的宏伟蓝图。应该说，诸葛亮在《隆中对》中对天下大势的分析和相应提出的战略决策

古隆中，在湖北襄樊，其地有武侯祠，右前方石牌坊上刻有“古隆中”三字，柱上联语为杜诗“三顾频烦天下计，两朝开济老臣心”

基本上是正确的和可行的，但同时也存在着一定的局限性——这在后来形势的发展中逐渐显现出来，这主要表现在其“跨有荆、益”和“外结好孙权”之间具有深刻的矛盾。

“外结好孙权”的策略，是诸葛亮对当时形势经过十分透彻的分析而作出的选择。但是，即使刘备集团占据了荆州和益州，也只是奠定了三分天下的局面，要承担起复兴汉室的重任，扫平割据势力，是无力两线同时作战——既对付孙吴集团，又对付曹魏集团的。蜀汉只能集中全部力量去对付最重要、最主要的敌人曹魏集团。诸葛亮深知蜀汉力量不逮，因此，制定了“外结好孙权，内修政理”的方针。要刘备占领荆州、益州后，与孙权建立一个比较稳固的、长期的联盟，按《汉晋春秋》的说法，就是要促成“（吴）睦于我（蜀），我之北伐，无东顾之忧，河南（魏）之众不得尽西”局面的形成，以便专心致志地北伐中原，恢复汉室，统一天下。

孙刘联盟产生于赤壁大战前夕。在此之前，孙权坐守江东，观望军阀割据称雄的成败，并没有感到有与其他军事集团建立联盟的必要，当然更谈不上与寄人篱下的刘备联合去对付曹操了。但当曹操亲率大军南下荆州，想乘胜统一天下时，孙权统治也同时受到了威胁。孙权集团意识到江东虽有“吴越之众，三江之固”，要单独与与占据广大中原地区的曹魏集团相对抗，其军事、经济实力是不能胜任的。而当时的荆州军阀，“刘表新亡，二子不协，军中诸将，各有彼此”；只有寄居荆州的“刘备，天下枭雄，与操有隙”，可以联合，即必须与刘备集团共同建立一个反对曹魏的统一战线抗击曹操，才能挽救自己的危亡。于是孙刘组成联军，赤壁鏖战击败曹操，促成了三国鼎立局面的形成。这是“外结好孙权”策略的一次成功运用。

孙刘联盟是在曹军威胁下产生的，目的在于“协规同力”，对付大军压境的曹操。因此它只是孙权和刘备两个军事集团之间临时的联合，是一种应急的措施，并不是诸葛亮所设想的那种稳固的、长期的反魏联盟。当曹魏威胁解除之后，反魏联盟也就会失去动力。不过，赤壁之战后，曹魏的威胁并没有完全解除，曹操在襄阳、合肥一带仍驻有重兵，在汉中方面也威胁着刘备。因此，赤壁大战之后，孙刘联盟还松散持续了一段时间，直到两国因荆州问题而爆发战争才告结束。

诸葛亮设计的“外结好孙权”策略，主要是从刘备集团的利益来考虑的，获益者主要是刘备集团，其次才是孙权集团。当曹魏集团的大军压境时，孙吴集团出于保护自己的目的而参加了孙刘联盟；当这个威胁逐渐减弱后，孙吴集团必然要考虑如何使自己能获得更大的利益。

按《资治通鉴》“汉献帝建安十三年”条的说法，荆州“江山险固，沃野千里，士民殷富，若据而有之，此帝王之资也”。所以说，处于三国交接处的荆州，对三国的安危和发展有着十分重要的意义。

诸葛亮制订的先取荆州，后取益州，是欲以荆州作为巩固益州的屏障和进取中原的主力军队出击的门户。荆州对刘备集团的重要性自不待言。曹魏集团，当时以许昌为首都，荆州离许昌最近；若不以荆州为屏障，中原则不安。这从建安二十四年（公元219年）刘备集团驻守荆州的大将关羽攻打襄、樊，“威震华夏”，逼得曹操“议徙许都以避其锐”一事足可证明。荆州又居以长江中下游为统治区域中心的孙吴集团上游，威胁着下游的安全。特别是当关羽在荆州势力膨胀时，孙权因地理位置上的关系，不得不“惮羽”，以致必须派“游兵万人，循江上下”，以为防备。同时，从扩大地盘的角度，占有荆州对孙吴集团也具有巨大的诱惑力，因而吕蒙劝孙权“如取（关）羽，全据长江，形势益张”，孙权“以此言为当”。

由是，当关羽势力在荆州大发展之时，实际上已对蜀汉播下了破坏“外结好孙权”策略的种子，并潜伏着进军中原失败的危机。因为蜀汉掌控荆州，不仅威胁曹魏集团，也必然威胁孙权集团的利益。于是，“外结好孙权”策略存在的基础便不再具有，曹魏集团和孙吴集团又因共同的利害关系而暂时地联合起来。建安二十四年，孙权趁关羽正北伐中原，后方空虚之机，“笺与曹公，乞以讨关羽自救”；又命吕蒙袭取荆州，斩杀了关羽。这样，既解除了刘备集团对曹魏集团的威胁，也维护了本集团的利益，加强了鼎立的局面。

为了夺回荆州，刘备集团不惜倾全国之力进击孙吴。这当然决不是如一般稗官小说所言刘备东征是因“桃园结义”之情而为其弟报仇，实在是因为荆州对刘备集团太重要了。没有荆州，进兵中原的钳形攻势也就成为空想。所以，当刘备初得益州之时，孙权曾袭夺荆州的长沙、零陵、桂阳三郡，刘备不惮劳烦，亲自东下，来和孙权争夺。现在关羽失败，荆州落入孙吴之手，刘备当然要不顾一切，倾尽国力东征，并以生死为之。这也是为什么当刘备公然破坏“外结好孙权”策略，即连提出这一策略的诸葛亮也不能谏阻的原因之所在。

夷陵之战，以刘备集团的失败而告终。蜀国再也无力对曹魏和孙吴构成威胁，倒是“终不能守盟”的“北方”（曹魏）对东吴更具有很大威胁。于是，孙吴派人向蜀求和，两国又“聘使往来以为常”。这又证明，从宏观上看，孙刘联盟仍然是符合历史发展客观规律的。

荆州的失去，使得北伐的基础发生了极大的变化。没有了荆州，蜀汉政权处于偏安一隅的窘境，经济实力大大削弱，军事上丧失了“命一上将将荆州之军以向宛、洛”与“将军身率益州之众出于秦川”遥相呼应，两面夹击曹魏的可能。虽则如此，诸葛亮仍对蜀汉政权在政治上加强治理，整顿吏治，举贤任能，调整蜀汉集团内部关系；经济上大力奖励耕战，务农植谷；军事上治戎讲武，坚持为北伐作准备。经过几年的励精图治，蜀汉出现了“田畴辟，仓廪实，器械利，蓄积饶”的局面，训练出了一支十余万人的精兵。为了安定蜀汉的后方，解除北伐的后顾之忧，蜀汉

征南寇丞相大兴师
（选自清光绪刻《图像三国志》）

建兴三年（公元225年），诸葛亮经过两年的准备，亲率大军南征，“五月渡泸，深入不毛”，迅速平定了南中四郡南夷首领的叛乱。同时，又得以征收南中地区出产的金、银、丹漆、耕牛、战马等物资以给军国之用；并挑选劲卒万人编入蜀军，号曰“飞军”，加强了蜀汉的军事实力。但尽管如此，蜀汉与曹魏、孙吴相比，在经济上和军事上都还是最弱的。

建兴五年（公元227年），诸葛亮着手北伐，亲率大军驻扎汉中。

据《三国志·蜀书·诸葛亮传》的记载，诸葛亮共进行了五次北伐：建兴六年春，诸葛亮亲率主力大军出祁山，陇右的南安、天水、安定三郡反魏附蜀。魏明帝派遣宿将张郃出拒，大破马谡于街亭。诸葛亮只得拔西县千余家，退还汉中。建兴六年冬，诸葛亮出散关，围陈仓，粮尽而退。魏将王双来追，蜀军斩之，还汉中。建兴七年春，诸葛亮遣护军陈式攻武都、阴平，魏将郭淮引兵来救。诸葛亮自出至建威，郭淮退还。诸葛亮遂拔二郡以归。建兴九年二月，诸葛亮率军攻祁山，始以木牛运输。司马懿都督关中诸将出拒，且敛军坚守。六月，诸葛亮以粮尽退军，并在木门设伏射杀张郃。建兴十二年二月，诸葛亮统大军出斜谷道，据武功五丈原。司马懿拒守不战。蜀军屯田于渭滨。八月，诸葛亮病卒于前线。

可以说，诸葛亮的北伐，是倾尽了他本人及蜀汉的全力的。连续七年的北伐，不仅耗尽了诸葛亮“开府治事”以来所精心储备的物资和军力，同时也耗尽了诸葛亮最后的心血和精力。北伐是诸葛亮一生最后为之奋斗的事业。他奋斗到生命的最后一息，仍不忘复兴汉室，统一全国。他的“鞠躬尽瘁，死而后已”的坚韧精神，令世世代代的中国人为之顶礼膜拜，甚至也感动了无数外国人。

不过，现在回头来看，一千七百多年前的诸葛亮北伐，乃是五次悲壮的历史行军——初衷与过程无疑值得尊敬，但目标则注定不能达成。这首先是因为荆州之失使“隆中方略”规划的两路出兵、钳击中原的战略规划成了泡影。荆州是“隆中方略”的一个基本支撑点。按“隆中方略”的战略部署，“将荆州之军以向宛、洛”，荆州之军是北伐战争的主力部队；荆州一失，剩下的就只有“率益州之众出于秦川”这一支偏师了。北伐的战斗力显然单薄。

其次，按“隆中方略”的规划，北伐当在“天下有变”之时进行。而在诸葛亮北伐之时，距“隆中方略”的制定已经过去了二十年。情况是发生了变化，但并不是诸葛亮希望的曹魏内部发生了变乱，反倒是曹魏历经两代经营，根基已经牢固。

第三，也是最根本的因素，乃在于蜀汉国力太弱。就一般而言，战争就是国力的比拼。在当时的曹魏、蜀汉、孙吴三国中，蜀汉是最小的国家：全国十三州，蜀汉仅有一州；全国人口七百七十万，蜀汉不到一百万。诸葛亮以仅占全国约十分之一的人力和物力，欲完成统一全国的理想抱负，实在太难。

正是因为诸葛亮的北伐是以弱伐强，而且在北伐之前又发生过关羽、刘备先后因冒进而失败的前车之鉴，以及孟达因掉以轻心而被司马懿擒斩之事，所以诸葛亮在北伐时的军事指挥格外谨慎。他图谋稳当地在陇右建立基地，稳扎稳打，逐步推进，而决不采取魏延提出的冒险的“子午谷奇谋”之类的“悬危”之计。因为他明白，蜀汉有限的军事力量及物资供应经不起折腾。但是，这种缓慢推进的北伐方略，也非诸葛亮有限的生命能够承担的。

诸葛亮倾全力北伐，当然精神可嘉，却毕竟未获成功，令人叹惋。而后世论及此，则见解纷纭。

陈寿在《三国志·蜀书·诸葛亮传》中批评诸葛亮，说他“于治戎为长，奇谋为短，理民之干，优于将略”；北伐“连年动众，未能成功，盖应变将略，非其所长欤”？即是说，善于治军理政的诸葛亮，实际上短于用兵，不善于打仗；北伐之所以未能成功，就是诸葛亮缺乏应变之才，用兵非其所长。诸葛亮善不善于用兵，仅从他以步卒十余万，西行千里，主动出击，而魏之司马懿以劲骑三十万，仅能自守，来不敢敌，去不敢追，就足以说明问题了。笔者以为，陈寿之所以这样写，完全是为了敷衍司马懿之孙晋武帝。作为蜀人仕晋，陈寿不能不这么做。

说到诸葛亮“奇谋为短”，许多人认为不敢采纳魏延“子午谷奇谋”就是证明，王缁尘《诸葛忠武侯评传》即持这一观点。且不说《三国志》本传未载的所谓“子午谷奇谋”是否真有其事，就算有，魏延这条计实在是过低估计了敌人。蜀军从未与夏侯楙交过战，怎知他“怯而无谋”？何况在建兴八年（公元230年），曹魏派张郃率军由子午谷攻蜀，就因“大雨绝道”，不能前进，只得退回，证明子午谷太多“悬危”，难以捉摸。即使魏延能率军走出子午谷，倘若夏侯楙闭关拒战，以逸待劳，后果将不堪设想。

有一种说法，认为诸葛亮北伐不能成功的原因是未与孙吴密切配合，造成汉军单方面出兵的孤军奋战。其实，虽然“隆中方略”规划要“外结好孙权”，但“方略”中参与北伐钳击的荆州大军却是蜀汉军队，并未指望孙吴出大军。只是荆州之失使北伐大军成为跛脚之鸭。无论蜀汉与孙吴的国家关系如何友好，企望孙吴出大军以代替“隆中方略”中的荆州大军都是不现实的。国与国之间的交往，讲究的是利益。孙吴是决不会仅为蜀汉的利益而出兵伐魏的。诸葛亮也深知这一点。他与孙吴的修好乃至承认孙吴“擅立大位”，只是为了北伐时的后方稳固，并以此达到对曹魏的一些威慑而已。

又有一种意见，认为诸葛亮进行的北伐是分裂战争，因而其努力应当被否定，甚至说倘若诸葛亮不出山，曹操可能早就统一中国了。这不是历史唯物主义的态度。东汉末年，军阀林立，包括曹操在内的军阀暂时都不具备统一中国的实力，因而在一定时期内出现三国鼎立，是一种历史的必然和进步。鼎立期间，三国各自努力经营，使政治、经济、社会相对稳定，这对人民是有好处的。而由鼎立发展到统一，又是历史赋予包括诸葛亮在内的那个时代的政治家们的一项重大使命。诸葛亮治理下的蜀国，按范文澜《中国通史简编》的说法，“在三国中却是最有条理的一国”。由他首先发动统一之战争，应该说也是一种历史的必然。

还有一种看法，认为不论兵力、财力都明显居于劣势的诸葛亮，一反一向务实的作风，之所以要对曹魏采取主动攻击的行动，是“大义”所在，不得不如此，由此更可以看出诸葛亮的忠心和伟大，“汉贼不两立，王业不偏安”，不顾一切地以恢复汉室为职志，显现了诸葛亮的浩然精神。这种看法实际并不了解诸葛亮。须知打仗要耗费大量人力及钱财，明知没有胜算，知其不可为又勉强为之，对个人而言可谓“英雄”，而对一个政治家而言只能说是非常不负责任。诸葛亮是十分“约己爱民”的，对士兵也极其爱惜。第一次北伐退兵后，有人因为收姜维并掠得数千民众归蜀来向诸葛亮祝贺，诸葛亮却皱着眉头说：“普天之下，莫非汉民，国家威力未举，使百姓困于豺狼之吻。一夫有死，皆亮之罪，以此相贺，能不为愧。”（《三国志·蜀书·诸葛亮传》注引郭冲四事）由此可见，诸葛亮是决不会去做那种“一将功成万骨枯”的事的，他又怎么会盲目用兵，去让将士作无谓牺牲，让国家财力作无谓浪费呢！

由此可见，以上诸种关于诸葛亮北伐的评论，均未切中肯綮。

诸葛亮所发动的针对曹魏的北伐军事行动，不仅是“隆中方略”的最后战略，是蜀汉的立国之基，而且在行动的初期，应该说是有可能的，诸葛亮也为此充满了信心。这从诸葛亮在前《出师表》中“愿陛下托臣以讨贼兴复之效；不效，则治臣之罪，以告先帝之灵”的表示来看，其意志和决心是何等坚定，务求必成的信念是何等坚强！诸葛亮之所以能作出这样类似军令状的表示，是基于两点：自身准备的充分以及孟达的即将来归。

诸葛亮对北伐的准备工作，除了安定内部和恢复对吴联盟外，主要是增强经济实力和“治戎讲武”。他大力发展生产，增加财富，以养民裨国，加强战争中的经济实力。战争前，他“务农殖谷，闭关息民”，“闭境勤农，育养民物”；战争期间，也注意“休士劝农”，并分兵屯田以增加军粮。他还十分注重兴修农田水利和发展盐铁、织锦、建筑以及交通运输事业，直接或间接地为战争的物资保障提供了有利的条件。诸葛亮大力进行“治戎讲武”活动，通过严格的训练和管理以增强蜀军的战斗力，在军队的训练、营阵的布防、军械的制造等方面都取得了很高的成效。

孟达是在荆州失陷时害怕刘备追究责任而降曹魏的，受到魏文帝曹丕重用，为新城郡太守。曹丕死后，他“心不自安”，诸葛亮于是“阴许”他归蜀。在诸葛亮的北伐战略规划中，从新城郡的上庸出兵的蜀军勉强代替了“隆中方略”中的荆州之军。从上庸出兵的蜀军可以一举切断洛阳与长安的联系，让魏都洛阳受到极大的威胁，甚至被迫迁移都城（关羽在荆州势力鼎盛之时曹魏便有此动议）。倘若如此，蜀汉即可在北伐的政治声势上，取得绝对优势；倘若再能攻占长安，就能进一步取得凉州和雍州。这于诸葛亮“兴复汉室”的统一战争，是相当有利的。诸葛亮从上《出师表》到屯军汉中之后，约有一年的时间并未采取任何具体的军事行动，这看起来不合“兵贵神速”的用兵原则，其实是在等待孟达归蜀，为最终分路出击做准备。

应该说，诸葛亮在上《出师表》准备北伐时，是抱着统一天下，“兴复汉室”的雄心壮志的。我们可以姑且将这称之为诸葛亮北伐的“最高理想”。北伐的战略规划从以蜀后主名义下的讨魏诏书中可知。伐魏既下了全国动员令，诸葛亮亦有“专命之权”，统领步骑二十万众去“除患宁乱，克复旧都”；且有孙吴的配合，“潜军合谋，掎角其后”；还有凉州诸国王“各遣月支、康居胡侯支富、康植等二十余人诣受节度”的支援，北伐怎能“不效”呢！所以，诸葛亮敢立下军令状。

可是，孟达归蜀之心过早暴露，又在防备上掉以轻心，被都督荆、豫二州的司马懿打了个措手不及。孟达兵未动便已失败，再度让诸葛亮两路出兵的战略规划付之东流。诸葛亮不得不又一次地调整自己的北伐战略，孤军出祁山。当然，首次北伐仍是兵分两路，一路以赵云、邓芝为疑军，扬言从斜谷道去攻打郿县，另一路则由诸葛亮本人亲率主力大军向西北去攻打祁山。在取得陇右之后，大军直指关中。然而，街亭之失使诸葛亮不得不退军回汉中。

诸葛亮的首次北伐，应该说机会最好，希望最大。曹魏的关中兵马大部分被诸葛亮用一支偏师牵制在东边了，诸葛亮趁机率领主力大军由西向北直攻祁山。这支经诸葛亮严格训练的蜀汉军队，“戎阵整齐，赏罚肃而号令明”，所到之处，望风披靡，一时军威大振，使曹魏朝野为之恐惧。当诸葛亮顺利进入祁山时，兵锋所至，陇右的南安、天水、安定三郡相继“叛魏应亮”。然而，因为错用马谡，导致街亭失陷，蜀汉北伐军全线败退。虽然历史不能假设，但是，倘若蜀汉的北伐军能够从孟达的上庸出一支直逼魏都洛阳的奇兵，倘若不因错用马谡而失去街亭，诸葛亮北伐的结果一定不会是今天我们知道的那个局面。

大约就是在诸葛亮第一次北伐失利后，诸葛亮的心态发生了变化。此后，他虽然一如既往地坚持北伐，但是，他已经发出了“至于成败利钝，非臣之明所能逆观也”的感叹，这与《出师表》中“愿陛下托臣以讨贼兴复之效；不效，则治臣之罪”的坚定信念是完全不同的。另外，他的北伐战略虽然始终放在关中一线，却是从凉州绕一大圈的稳步推进，不再采取大的战略行动。这实际上无疑于宣布，“兴复汉室”的目标更加遥远了。

伐中原武侯上表

（选自清光绪刻《图像三国志》）

尽管如此，诸葛亮并没有放弃北伐，仍然坚定不移地继续着这一事业。不过，他的战略目标是有所改变的。按照军事常识，一般有效的攻击者，都要比防御者多出五倍到十倍的兵力，《孙子兵法》上便有“十则围之，五则攻之”的说法。蜀汉的兵力、财力都比曹魏少，却以攻击代防御，尤其是一而再、再而三地发动长途远征，这几乎是自掘坟墓的战术。诸葛亮坚持这么做，比较合理又可能的解释，就是他除了“兴复汉室”这个北伐的“最高理想”外，还有一个“现实”的目标，那就是夺取凉州。其实，不论是想有效维护蜀汉的安全，或是想找机会击败曹魏，甚至恢复汉室，诸葛亮都必须占领凉州。

早在“隆中方略”中，诸葛亮就提出过“西和羌戎”的主张。刘备东征失败后，荆州是确定已经夺不回来了；然而只凭益州一个州，蜀汉政权随时都像处在风雨飘摇中。因此诸葛亮必须尽快再找一个足以真正维持三分鼎立局面的管辖州。而最有可能的，便是攻占新由曹魏所统辖的，但却是曹魏政权中最没有威胁，防守力也较弱的凉州。

凉州为西汉所置，是汉武帝时的十三刺史部之一，东汉时治所在陇县，三国时魏移至姑臧，辖区相当于今甘肃，宁夏和青海湟水流域，陕西定边、吴县、凤县、略阳等县。这些地区都是在曹操晚年才并入魏国管辖的。关中及凉州军团的名誉领袖马超在被曹操击败后投奔刘备，受到重用。马超和仍然留在该地区的地方领袖间颇有往来；马超病逝后，其弟马岱仍率领其旧部。因此，凉州军民对蜀汉政权的印象相当不错；而曹魏政权的统治者，反倒对这一地区的管理相当头痛。诸葛亮第一次北伐时，大军一到，凉州的三郡立即叛魏附蜀，即是证明。

诸葛亮的北伐，若能顺利地攻占凉州，关中便在掌握中。凉州兵马充足，关中粮秣丰富，都是长期作战所必须的资源。南中、蜀中、凉州、关中，如能全部纳入蜀汉的统治，那么长期对抗曹魏所需的兵源、财源和粮秣，便不再是头痛的问题。首先是实力可以大增，改变蜀汉在三国中的劣势。其次是可以联合孙吴分别由西北、西南、东南夹击曹魏；尤其是可以对曹魏的京都洛阳构成直接威胁，这对曹魏政权的民心士气会是很大打击。诸葛亮北伐最高理想的实现虽遥远而不可及，但现实目标却是看得到而且可能实现的。只可惜首次北伐的失利，使诸葛亮错过了最好的时机。此后，曹魏方面对诸葛亮的进攻作了精心防备，诸葛亮也就回天无力，连最低的夺取凉州的现实目标也难以达成了。

对诸葛亮的北伐具有最高理想和低级目标的谋划，其实早就有人指出了。陈寿在《三国志·蜀书·诸葛亮传》后有评论说：“亮之素志，进欲龙骧虎视，苞括四海，退欲跨陵边疆，震荡宇内。”这是用史家惯用的曲笔之法，委婉地道出了诸葛亮的战略意图——即北伐战略，是包括两个层次的：高层次的战略意图即扫灭魏国，兴复汉室，这个通常为世人所关注；另一个战略意图则是低层次的，即在敌众我寡，无法兴复汉室的情况下，起码要做到扩大蜀汉版土，震动魏国，使其不能对蜀汉加兵。对这个低层次的目标，学者往往给以忽视。其实，这个目标应该是研究诸葛亮北伐诸问题的一个可以深说的课题。

第三节 鼎足江东，放眼海洋

中国幅员辽阔，具有漫长的海岸线和辽阔的领海，因此，中华民族很早就创造了辉煌的航海史。据学者考证，殷商时代是中国文明首次和海洋触碰的开始。考古学家在商王妃墓中发现了大量来自印度洋的海贝壳，另外甲骨文中出现的“帆”字也证明商代已经掌握了航海风帆技术。中国历史上第一次大规模的海上航行出现在二千二百多年前的秦朝。秦始皇为了寻找长生不老的仙药，派徐福带领船队进入浩瀚大海的深处，留下了许多难解之谜。

徐福是秦代方士。他积极迎合秦始皇祈求长生的心理，三番五次率人入海寻求所谓仙药，成为中国古代与外界联系的知名人物。《史记》中的《秦始皇本纪》《封禅书》《淮南衡山列传》以及《汉书·郊祀志》《后汉书·东夷列传》等史料中都有关于他的记载。围绕此人，千百年来议论不休。

史籍中最早提到徐福的是司马迁的《史记》，但其中有关他的记载并不多，而其他古籍中关于徐福的记载也很少，并无其生平事迹的详细记载。有人因此怀疑，认为徐福只是司马迁等人的耳闻人物，或是笔下的艺术形象。因为司马迁写《史记》时，正是汉武帝迷信神仙、方士，又不听臣下的劝谏之时，司马迁便借秦始皇寻仙求药事讽喻当朝皇帝。从《史记》的记载看，徐福等人三次出海，前两次都回来了，第三次一去不返。秦始皇不仅没有等到他的消息，即连其他人也一概不知下落。茫茫大海，水路难卜，徐福一行是否遭遇海难全体覆没，还是到达了别的什么地方？他率领的队伍有三千童男童女，还有百工匠人。如果是遇海难，这样庞大的队伍不可能全部都葬身海底，只要有一人生还，就可知道他们的下落。可是，历史上就是没有关于他们下落的消息。那么，他们究竟到了哪里？

到了三国时期，徐福去哪里了的问题似乎有了答案。因为三国时代的吴国将国家战略的眼光瞄向了海洋。《三国志·吴书·吴主传》记载：“亶洲在海中，长老传言，秦始皇帝遣方士徐福将童男童女数千人入海，求蓬莱神山及仙药，上此洲不还。”

吴国的国君是孙权。孙权字仲谋，生来紫髯碧眼，目有精光，方颐大口，形貌奇伟，异于常人。他自幼文武双全，善骑射，年轻时常常乘马射虎，胆略超群。幼年时，孙权就跟随兄长吴侯孙策平定江东，成为一方诸侯。为了让弟弟早日成材，孙策让只有15岁的孙权去做了一个县的县长。孙策遭刺杀身亡后，19岁的孙权继而掌事。建安十三年（公元208年），孙权与刘备联合于赤壁打败曹操军队，建立了孙刘联盟。建安二十四年（公元219年），孙权派吕蒙偷袭刘备的荆州成功，使吴国的领土面积大大增加。黄武元年（公元222年），孙权被魏文帝曹丕封为吴王，建立吴国。黄龙元年（公元229年），孙权称帝。孙权称帝后，设置农官，实行屯田，平定山越，设置郡县，促进了江南经济的发展。

在三国鼎立的局势中，由于在陆上与曹魏、蜀汉两国对峙，孙吴并不占绝对优势，遂根据本国处于南方，具有多河流、靠海洋，民众均熟悉水性、擅长舟船的优势，制定了“舟辑为舆马，巨海化夷庚”的向海洋发展的国家战略，力图经略海洋，发挥东吴的海洋优势，在三国鼎立中另开局面。

吴主孙权（唐·周立本绘）

孙权可以说是中国历史上第一位实施海洋战略的统治者，他拥有较明确的海洋战略。据《三国志·吴书》《梁书·海南诸国列传》等史书记载，孙权称帝后，雄心勃勃，制定了全面开拓东南沿海的宏伟计划，使吴国力争成为秦皇、汉武难以想象的“东方海洋大国”。他曾派遣张弥、周贺等七次远征辽东，深入高句骊；又派“太常张弥、执金吾许晏、将军贺达，将兵万人，金宝珠货，九赐备物，乘海（至辽东）授（公孙）渊”，结果“公孙渊称藩于吴”。其后他派秦旦、张群一支小分队穿过崚岖山谷，再度“远至高句骊”；又派遣吕岱远涉海南，“既定交州，复讨九真”；还遣著名航海家、外交家朱应、康泰“南宣国化，既徼外扶南、林邑、堂明诸王，各遣使奉贡”。“黄武五年大秦贾人秦论来交趾，太守吴邈遣使诣（孙）权，（孙）权问方土风俗，论具以事对”；“（孙）权差使会稽吴咸，送论于道物故，往还本国”。可见，东吴海洋开拓，海外交往，影响已及东亚、东南亚，并和非洲、大秦亦有间接往来。

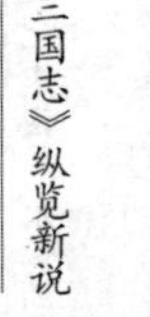

在孙权对海洋的经略中，最值得提及的是他派卫温、诸葛直的远征。《三国志·吴书·吴主传》记载：“（孙权）遣将军卫温、诸葛直将甲十万人，浮海求夷洲及亶洲。亶洲在海中……世相承有数万家，其上人民，时有至会稽货布。会稽东县人海行，亦有遭风流移至亶洲者。所在绝远，卒不可得至，但得夷洲数千人还。”《资治通鉴》“魏明帝太和四年（公元230年）”也有类似记载：“春，吴主使将军卫温、诸葛直将甲士万人，浮海求夷洲及亶洲，欲俘其民以益众，陆逊、全琮皆谏，以为：‘桓王创基，兵不一旅。今江东见众，自足图事，不当远涉不毛，万里袭人，风波难测。又民易水土，必致疾疫，欲益更损，欲利反害。且其民犹禽兽，得之不足济事，无之不足亏众。’吴主不听。”

看来，吴国经略海洋，孙权确实下了很大决心。所以尽管当时远隔重洋，渡海条件有限，朝臣和大将们都反对这一计划，孙权仍不动摇，继续实施武力迁徙计划。

东吴黄龙元年（公元229年）的形势是：曹魏幼主临国，不会有大的作为；吴蜀联盟关系融洽，诸葛亮第三次北伐，从曹魏手中夺取了武都、阴平二郡；东吴对内统治也较为稳固；魏和蜀已经称帝近十年了，孙权占据江南一隅，败蜀拒魏，有足够力量与他们鼎足而立。孙权遂正式建立吴国，登上皇帝宝座，改元黄龙。

黄龙二年（公元 230 年）春天，魏国征东将军满宠筑合肥新城（在今合肥市西北），对孙权来说，这并不是一个好消息。在过去的日子里，孙吴曾多次进攻、包围合肥，但都无功而返。如今魏又在合肥筑造新城，加强了淮南的守备，要想在淮南与魏争夺就更困难了。并且魏国在西边襄、樊又一直屯聚重兵防守，要突破魏国建立的这条从东往西（合肥—襄、樊）的防线很难。而突破不了这条线，吴国的北面疆域就无从扩大。当时，吴国建都建业（今江苏南京），占有长江中下游，版图南至福建、两广以及越南北部和中部。虽然国土面积不小，但人口数量不多。孙权能做的，也就是利用东吴的水军优势，再建造一些大船，进一步向南边海外发展。

范文澜《中国通史简编》修订本第二编说：“吴以水军立国，

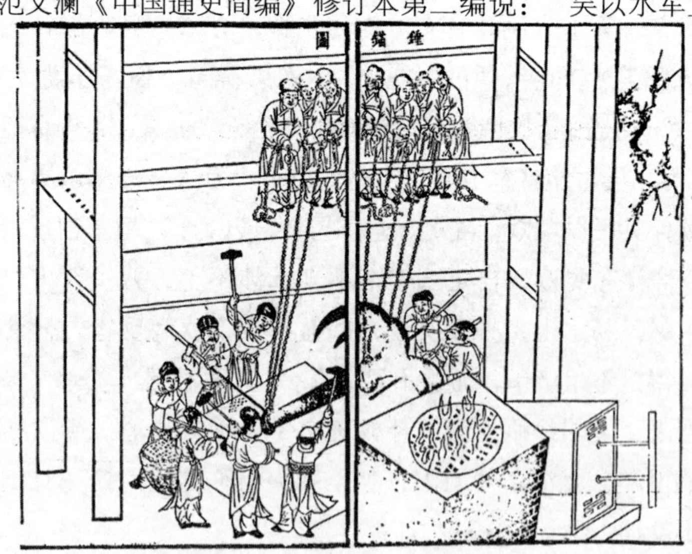

古船铁锚制作图
（选自明崇祯十年刻《天工开物》）

有船五千余艘。水军主力在长江，但航海规模也很大。”东吴建国时，造船业就较发达，船舶常往来于辽东，浮行于南海，加之又有长江水上作业的经验，所有这些，为吴军于黄龙二年大规模地漂洋过海创造了条件，打下了基础。

其实孙权对东南海中究竟有些什么样的土地和百姓，并不十分清楚。他能了解到的，就是临海（治今浙江台州）东南海中有夷洲和亶洲，夷洲离临海两千里，亶洲更远。

黄龙二年正月二十四日（公元230年2月24日），卫温、诸葛直所率的三十多艘大船、万余人规模的船队正式从章安（今浙江台州椒江）启航，渡海向夷洲、亶洲驶去。

不久，他们到达目的地，很快就征服了岛上的部落。不过，东吴的士兵开始出现水土不服，再加上缺乏医药，瘟病不克，而又思乡心切，一年后，一万士兵只剩下十之一二。卫温、诸葛直不得不下决心，俘虏当地两三千人，返回大陆。

卫温、诸葛直返回后的情况非常悲惨。据《三国志·吴书·吴主传》记载：黄龙三年（公元231年）“卫温、诸葛直皆以违诏无功，下狱诛。”这在《资治通鉴》“魏明帝太和五年（231年）”也有记载：春，二月，“卫温、诸葛直军行经岁，士卒疾疫死者什八九，亶洲绝远，卒不可得至，得夷洲数千人还。温、直坐无功，诛。”

此次远征，因为亶洲“所在绝远”，应该没有去。范晔在《后汉书·东夷列传》中明确说，徐福屡屡出海求不到仙药，怕回来之后被砍脑袋，于是干脆留在了会稽海上的亶洲。亶洲在哪里？《史记正义》引唐初李泰的《括地志》称其“在东海中……吴人《外国图》云：亶洲去琅邪万里”。根据这些记载，亶洲一定是个面积很大的岛屿，虽言“去琅邪万里”，但从“其上人民，时有至会稽（今浙江绍兴）货布”分析，它可能是今天的日本列岛，也有人说它是海南岛。但是，徐福去海南岛的可能性极小。据史料记载，孙权在赤乌五年（公元242年）七月，曾派军队去征伐珠崖、儋耳（即今海南省）。如果此地在秦时称亶洲，陈寿焉能不知？他怎会记错地名？

卫温、诸葛直远航到达之地是夷洲，即今天的台湾。台湾在汉时就被称为“夷洲”。关于吴国此次出师的目的，《资治通鉴》和《三国志·吴书》中的“陆逊传”“全琮传”都说孙权“欲俘其民以益众，陆逊、全琮皆谏……吴主不听”，结果是“军行经岁，士卒疾疫死者什八九”，“卫温、诸葛直皆以违诏无功，下狱诛”。按照陈寿和司马光的解释，孙权征夷洲好像是为了掠夺人口。但为什么卫温、诸葛直已经带回夷洲数千人还被以“违诏无功”而诛杀了呢？

其实，孙权派兵远征台湾的真实目的并不仅仅为掠夺人口，更重要的是为了他的统一中国的大事。赤壁之战后，形成了三国鼎立的局面。吴国欲向北、向西发展，有曹魏、蜀汉的对抗，是不易办到的。因此，孙权一方面派人航海到辽东，与公孙渊联络；另一方面，则积极向东南沿海及海岛扩展，以壮大其经济、军事势力。这是他谋划统一中国的一个步骤，也是孙权派卫温、诸葛直出征夷洲的主要原因。这次远征，留下了有深远历史意义的见证。上世纪 30 年代，在台北发现了属于三国时期的指掌型古砖，这极有可能就是卫温等用于砌筑城郭的遗留物。这说明卫温、诸葛直当初是奉诏欲在台湾长住，进而建立孙吴的统治。可是，当他们率领万人大军到达台湾后，却被瘟疫打败了，不得不于一年后返回大陆。由此看来，卫温、诸葛直确实是“违诏无功”——没有坚守住夷洲这个地方，没有为吴国扩大疆域。因此，虽然他们带回数千名夷洲人，仍不免以“违诏”罪被处死。

卫温、诸葛直远征台湾，尽管没有达到孙权所预期的目的，但从其所组织的人力规模之大、俘虏人数之众这一点推想，这次的行动，无疑给后来台湾与大陆之间人民群众的联系带来了积极的影响，应该是一件具有重大历史意义的事件

首先，它作为公元 3 世纪初叶中国大陆的政治势力较大规模地

达到台湾，并在那里实行了短暂统治的大事件而载入《三国志·吴书》《资治通鉴》等史籍。其次，它进一步促进了大陆人民对台湾的了解。大陆汉族人民开始移居台湾，从事开发台湾的事业。再次，它促进了大陆与台湾的经济、文化交流。汉族地区的先进生产技术传进台湾，加快了高山族人民从石器时代向铁器时代过渡的步伐。最后，由于此次航行带回来的信息，加上过去对夷洲情况的了解，使得当时的丹阳太守沈莹写下了一本关于台湾的书——《临海水土志》。这是世界上记述古台湾具体情况的第一本著作。它不仅弥补了《三国志·吴书》关于夷洲记载的不足，而且为我们今天了解和研究台湾以及高山族的历史提供了珍贵的资料。

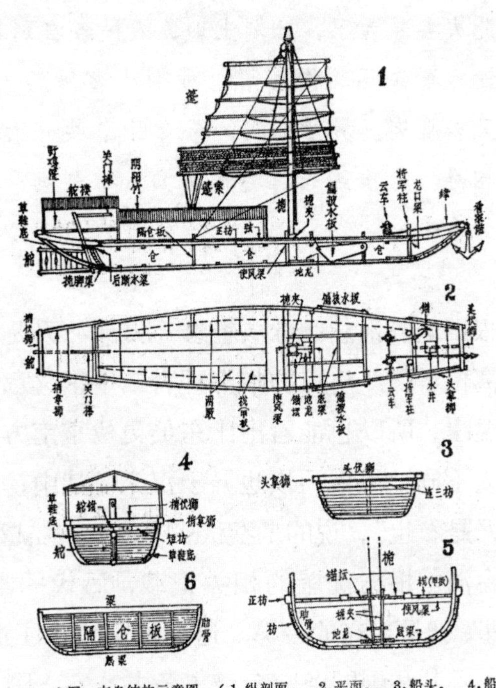

古船结构示意图（选自明崇十年刻《天工开物》）

《临海水土志》的一大贡献是明确了夷洲就是台湾。《三国志·吴书》虽然记载了卫温、诸葛直远航“夷洲”，但语焉不详，从它的文字描述中，无法确知所指的“夷洲”和“亶洲”的具体位置。《临海水土志》提供了以下的线索：

夷州在临海东南，去郡二千里。土地无霜雪，草木不死。四面是山，众山夷所居。山顶有越王射的正白，乃是石也。

此夷各号为王，分划土地，人民各自别异，人皆髡头，穿耳，女人不穿耳。作室居，种荆为蕃障。土地饶沃，既生五谷，又多鱼肉。舅姑子父，男女卧息共一大床。交会之时，各不相避。能作细布，亦作斑文。布刻画，其内有文章，好以为饰也……

根据这段记载，可以想象“夷洲”乃是夷人所住之异地，并且距离位于长江河口的临海郡有二千里之远，气候风土都比长江一带温暖，所以也能看出比东吴更位于南方。从种族上看，夷人与汉人不同，风俗习惯也异于汉人。其中，“山顶有越王射的正白，乃是石也”，说的是春秋战国之际大陆越国政权的势力曾经到达过台湾。根据沈莹的相关记载，后代的学者可以准确地断定“夷洲”就是现在的台湾。这里特别须要注意的是，在1993年由中华人民共和国国务院台湾事务办公室、国务院新闻办公室所公布的《台湾问题与中国的统一》白皮书中，宣称“台湾古称夷洲”。其有以下说明：

台湾自古即属于中国。台湾古称夷洲、流求。大量的史书和文献记载了中国人民早期开发台湾的情景。距今一千七百多年以前，三国时吴人沈莹的《临海水土志》等对此就有所著述，它们是世界上记述台湾最早的文字。公元三世纪和七世纪，三国孙吴政权和隋朝政府都曾先后派万余人去台。

第四节　折冲樽俎间的情报员

《三国志》连同它派生的《三国演义》主要是写给男人看的书，因为它大讲特讲的是男人们最感兴趣的军事、政治及战争与谋略。战争与谋略需要“知己知彼”，才能“百战百胜”。要做到

“知己知彼”就需要掌握对手的情况，所以，凡是讲战争和谋略的书就一定少不了情报员。《三国志》《三国演义》中就有许多情报员，真情报和假情报、间谍和反间谍充斥于情报战中，从而构成战场以外的另一轴恢宏的军事画卷。

《三国演义》中最让人们耳熟能详津津乐道的情报事件是江东群英会上的蒋干盗书。据《三国志演义》第四十五回《三江口曹操折兵，群英会蒋干中计》的描写，蒋干奉曹操之命以老同学的身份到周瑜那里去当说客。他打扮得像个世外高人，“引一青衣小童，昂然而来”。一见面，蒋干问道：“公瑾别来无恙！”这一句既是问候，又道出蒋干与周瑜原有一番旧谊。周瑜直接了当：“子翼辛苦，难道是为曹操做说客吗？”蒋干立刻装作很愕然的样子，说：“你我分别那么久，我特来和你来叙旧，怎么能说是当说客呢？”周瑜笑着说：“虽然比不上师旷那么聪慧，但闻弦歌而知雅意啊。”蒋干装作很恼怒的样子，说：“阁下待故人若此，我当告退！”蒋干心里说的是，老同学了你还跟我来这一套，于是装作很有性格的样子，转身要走，被周瑜拦住。

群英会蒋干中计
（选自清光绪刻《国像三国志》）

之后周瑜大摆筵席，并禁止在席间谈论曹操与东吴军旅之事。周瑜说：“吾自领军以来，滴酒不饮；今日见了故人，又无疑忌，当饮一醉。”说罢，大笑畅饮。座上觥筹交错。接着周瑜领蒋干参观了东吴军营的精兵强将。周瑜装醉大笑道：“想周瑜与子翼同窗时，不曾望有今日。”蒋干说：“以老兄高才，实不为过。”周瑜拉着蒋干的手说：“大丈夫处世，遇知己之主，外托君臣之义，内结骨肉之恩，言必行，计必从，祸福共之。假使苏秦、张仪、陆贾、郦生复出，口似悬河，舌如利刃，安能动我心哉！”言罢大笑。蒋干面如土色。饮至天晚，点上灯烛，周瑜舞剑作歌：“丈夫处世兮立功名；立功名兮慰平生。慰平生兮吾将醉；吾将醉兮发狂吟！”歌罢，满座欢笑。

当日蒋干被老同学捉弄得够呛，丝毫也不敢提及周瑜投降曹操的事。这时他忽然担心起来，责备自己当时怎么在曹丞相面前把话说得那么满，现在回去怎么也得有个交代呀！于是他剑走偏锋，就有了晚上偷听、盗书等宵小行为。而他小心弄来的所谓秘密文件却是周瑜专门为他准备的，结果让自己的主公中了对方的反间计，斩了水军首领蔡瑁、张允，使得自己的水军在赤壁一战溃不成军，几乎全军覆没。

这样，蒋干就成了一个著名的喜剧人物，在舞台上须由丑角来扮演。这个蒋干应该是一名自作聪明的业余间谍，水平低下倒也难怪。

不过，这是《三国演义》的文学创作，让蒋干这个真实的历史人物比窦娥还冤。

蒋干其实才智过人。据《三国志·吴书·周瑜传》注引《江表传》，蒋干字子翼，九江人，“有仪容，以才辩见称，独步江、淮之间，莫与为对”。可知蒋干本是一位相貌堂堂、风度翩翩的儒雅之士，并非鸡鸣狗盗的形象。他的才能、机辩闻名于长江、淮河之间，甚至一时难以找到对手，是江淮间“独孤求败式”的大名士。如此机智精明之蒋干，岂能连续中周瑜的招？

按《江表传》的记载，当时，曹操确实秘密派遣蒋干去游说周瑜归顺自己。蒋干换上平民百姓穿的布衣，戴上葛布做的头巾，以朋友身份去看望周瑜。不料，一见面周瑜便说破了他的来意："子翼良苦，远涉江湖，为曹氏作说客邪?"蒋干只好说此行的目的是老朋友间叙叙旧，别无他意。之后，周瑜带着蒋干参观军营，巡视仓库、军用物资与武器装备，进而设宴款待蒋干，席间让蒋干观赏自己的侍女、服装、饰物以及珍宝，意思是：东吴对我周瑜不薄，有美女、珍宝赏赐呢！周瑜借着酒兴进一步明确表态说："大丈夫生活在世，遇到知己的君主，外表上有君臣关系，内心却情同骨肉，言听计从，有福共享，有难同当，即使苏秦、张仪重生，能转移其心吗!"蒋干便笑着只谈双方友情，知趣地只字未提劝说之事。回去后，蒋干即如实向曹操汇报说：周瑜"雅量高致，非言辞所间"，即是说周瑜志向远大，不是用言语就能挑拨离间的。

另外，《资治通鉴》"建安十四年（公元209年）十二月"条也记有蒋干往说周瑜的内容，与《江表传》大致吻合。可见历史上的蒋干并非庸才。由此可见，"蒋干盗书"纯属《三国演义》虚构，是为烘托周瑜的足智多谋，只是委屈了蒋干这位江淮儒雅帅哥长期背着一只"黑锅"。

《三国演义》中"黄盖诈降"一节，也是写赤壁之战周瑜与曹操在情报场上的斗智斗勇，但却非虚构，而是真实的历史。

《三国志·吴书·周瑜传》记载，武锋校尉黄盖向周瑜建议："今寇众我寡，难与持久，然观操军船舰，首尾相接，可烧而走也。"在孙刘联军无计可施的情况下，黄盖提出的火攻的确是唯一可行的方案。

《周瑜传》说，为了有效施行火攻，黄盖"先书报曹公，欺以欲降"。《江表传》则记载有黄盖的诈降书：

> 盖受孙氏厚恩，常为将帅，见遇不薄。然顾天下事有大势，用江东六郡山越之人，以当中国百万之众，众寡不敌，海内所共见也。东方将吏，无有愚智，皆知其不可，惟周瑜、

鲁肃偏怀浅戆，意未解耳。今日归命，是其实计。瑜所督领，自易摧破。交锋之日，盖为前部，当因事变化，效命在近。

黄盖在诈降书里认为以江东地区六个郡的兵力，不能够抵挡中原的一百多万兵力，但是孙权、周瑜执迷不悟，妄想抵抗，所以，他为了避免与孙权、周瑜一起被消灭，情愿向曹操投降。黄盖这样做，当然是为了麻痹曹操。目的是为保证无武装的火船不被截击而能够顺利地接近曹军水寨。

据《三国志·吴书·黄盖传》记载，黄盖是东汉末年名将，是孙家三代元勋，早年为郡吏，后追随孙坚走南闯北。孙权即位，诸山越不服，黄盖遂活跃在镇抚山越的一线，前后九县，所在悉平，因功迁丹杨都尉。黄盖为人严肃，善于训练士卒，每每征讨，他的部队皆勇猛善战。这样的将领，是东吴中坚，怎么会轻易投降？

但在当时的情况下，曹操很容易相信黄盖是真投降，不是假的。因为，他的兵力比孙刘联军的兵力多四倍，黄盖不愿与周瑜同归于尽，是合乎常理的。曹操知道黄盖的情况：他曾经做过孙坚的部下，资格比周瑜老，屈居在周瑜之下，很可能心有不甘。加之十几年来各方的将领背弃原主而投降曹操的太多，曹操受降已成习惯。再说，黄盖降了之后，落入自己的手心，想处置随时即可，因此，曹操愿意接受黄盖投降。但是，曹操心思缜密，又多疑，所以，曹操对黄盖的“投降书”还是有怀疑的。《江表传》记载，曹操接到黄盖的降书后，“特见行人，密问之，口敕曰：‘但恐汝诈耳。盖若信实，当授爵赏，超于前后也。’”曹操告诉黄盖的代表，可以接受他的投降，叫他于指定的日期带自己的部队与兵器粮草，乘船由南岸到北岸来。

在《三国演义》第四十六回中，罗贯中为“诈降”添加了“苦肉计”一节，说周瑜为了使得曹操深信黄盖不是诈降，而是真降，先叫黄盖在举行军事会议的时候，公然冒犯周瑜。于是周瑜佯装大怒，叫左右把黄盖拖下去斩首。众将领纷纷求情，黄盖才幸免一死，改受了五十下“脊杖”，直至“皮开肉绽，鲜血迸流”。历史的真相是，黄盖不曾吃这个苦，他也不需要吃这个苦，因为没有东风，火攻依然可以实施。

一直以来，人们均认定，黄盖要火攻曹军沿江停靠的船队，必须借助东南风。如果没有东南风，则黄盖火攻绝不能成功。这实是只知其一，不知其二矣！

献密计黄盖受刑
（选自清光绪刻《图像三国志》）

在《三国志·周瑜传》中，黄盖在建议长途火攻突袭时，并没有提及风向问题，而只提到可趁曹军船只首尾相连而以火攻。中国造船工程学会理事席龙飞的《中国造船史》一书分析说，中国风帆技术出现在战国时期，而到汉代则已经很成熟了。据《太平御览》卷七百七十一记载的东吴万震所撰《南州异物志》，可利用外徼人的“四帆”技术——其帆乃用卢头木叶纤维织成；“其四帆不正，前向皆使邪移相聚，以取风吹。风后者激而相射，亦并得风力……邪张相取风气，而无高危之虑，故行不避迅风激波，所以能疾。”资料表明，当时东吴水军战船即装备有这种可利用侧风的卢兴四帆。所以，黄盖的四帆火攻船，并不是必须正好沿风向（即《江表传》及《三国演义》中讲的东南风）开进，而可以利用侧向风。加之周瑜、黄盖多次在长江流域进行水战，周瑜方面已经确认这个季节的风向均可以进行火攻。退一步说，即使没有风力的作用，火攻的计划依然可以实施：黄盖完全可以把装满了干草的船，由南岸的上游之处，斜对着北岸的下游之处行驶，倚仗水力，而不是风力。

中国古代战争历来重视情报工作。《孙子兵法》十三篇的最后一篇就是《用间》。到了三国时代，情报活动更有进一步的发展，手段五花八门，从而也产生出许多著名故事。

据研究，秦汉三国时期，军队中已建立起相当完善的军事情报系统，有负责通报战况、从事情报和信息搜集工作的专职人员，称为“斥堠”。《史记·李将军列传》说：“然亦远斥候，未尝遇害。”司马贞索隐引许慎注《淮南子》：“斥，度也。候，视也，望也。”指的就是侦察敌情的士兵。《三国志·吴书》的《诸葛恪传》说“远遣斥候”；《孙韶传》又说“常以警疆场，远斥候为务”。至于曹魏，对军事情报工作亦颇重视。蜀汉这边自不例外，据《三国志·蜀书·先主传》注引《典略》，刘备在攻取汉中后，为了加强成都与汉中前线的通信联络，“起馆舍，筑亭障，从成都至白水关，四百余区”；伐吴时，沿途派出许多“斥堠”，以保证前方和后方之间的联络畅通无阻。

《三国志·吴书·周鲂传》还记载有东吴方面著名的间谍周鲂。他“谲略多奇”，在吴、魏两方颇具影响。周鲂年少时好学，被推举为孝廉，任宁国县长、奋威长史，又转任怀安县长。钱塘盗寇大头领彭式等聚众作乱，周鲂被任命为钱塘侯相，一月之内，便斩杀彭式及其党羽。周鲂由是被提升任丹杨西部都尉。黄武四年（公元225年），鄱阳盗贼头领彭绮叛乱，拥有数万部众，攻陷鄱阳所属城池。孙权任命周鲂为鄱阳太守，与胡综协力攻讨，于黄武六年（公元227年）活捉彭绮，将其押送至武昌。周鲂因功升任昭义校尉。

之后，孙权派周鲂暗中寻找山里以前各聚落的有名头目并为曹魏知晓的人，意图让他们前去欺骗、挑唆曹魏的大司马、扬州牧曹休。周鲂认为这些人不足以成事，可能会使事情泄露，于是请求派自己的亲信前往送书信招诱曹休。黄武七年（公元228年），周鲂开始实施计划，向曹休提供七条精心编造的假情报，核心内容是说自己受到责难，害怕被杀，打算以鄱阳郡归降北方；并称双方打起仗来以后，将主动充当曹魏的内应，请求曹魏派兵接应。周鲂还说，吴方中心城市之一的武昌只有三千守兵，防务空虚，建议曹休举兵来袭，自己则里应外合，共建奇功。当时吴都不断有尚书郎奉诏到周鲂处查究各种事情，周鲂因而来到郎官驻地，剪下头发谢罪。曹休听说此事后，相信了周鲂“投降”的诚意，于是“帅步骑十万，辎重满道，径来入皖”，即向皖城进发接应周鲂，结果一头栽进周鲂与东吴大将陆逊安排好的口袋里。等到他发现中计之后，又自恃兵多，硬着头皮打到底，结果几乎全军覆没。曹休本人侥幸逃出，不久疽发于背而死。

战争结束后，孙权召集众将领大摆酒宴。宴饮正酣，孙权对周鲂说：“您落发载义，成就孤的大事。您的功名，一定记入史册。”加授周鲂为裨将军，赐爵关内侯。

《三国演义》第九十六回《孔明挥泪斩马谡，周鲂断发赚曹休》说，周鲂任东吴鄱阳太守，派人密言七事，诈降曹休，诱其率军接应。在皖城时，曹休有些怀疑周鲂，周鲂大哭之下用剑割发掷于地，才得曹休信任。但建威将军贾逵告诉曹休，周鲂断发为誓，是学要离断臂，刺杀庆忌。但曹休不信，结果被陆逊等大败。小说中周鲂在事后也被封爵关内侯。

曹魏方面吃了大亏以后，也打起了间谍战。这就是高级战略间谍隐蕃的入吴。据《三国志·吴书·胡综传》及《吴录》《吴历》的记载，隐蕃是青州人，只有22岁，却是一位天才的特工。隐蕃有口才，能言善辩，于是魏明帝曹叡秘密召见他，让他诈降打入吴国，命令他一定要想办法谋取吴国廷尉一职，伺机陷害、离间大臣，挑起吴国内斗。于是在黄龙二年（公元230年），隐蕃从曹魏“叛逃”，投奔吴国。

但事与愿违，虽然隐蕃被吴人认为是“归义”，但吴王孙权并没有召见他，没有给隐蕃一个陈述高见的机会。隐蕃见孙权只把他当作一般投降者对待，有些着急。为了完成使命，于是上书孙权：“臣闻纣为无道，微子先出；高祖宽明，陈平先入。臣年二十二，委弃封域，归命有道，赖蒙天灵，得自全致。臣至止有日，而主者同之降人，未见精别，使臣微言妙旨，不得上达。於邑三叹，曷惟其已。谨诣阙拜章，乞蒙引见。”（《三国志·吴书·胡综传》）

这封表达“不满”的书信上达后，因为言辞非常诚恳，孙权立刻请隐蕃入宫面谈。见面后，隐蕃先是陈谢，回答孙权的问题，接着向孙权陈述当前的局势，侃侃而谈，风采翩翩，很有独到见解。见面结束后，孙权询问当时在场的右领军、乡侯胡综的看法，胡综回答说：“从隐蕃的上书看，他语气夸大，很像东方朔；从刚才隐蕃的表现看，此人灵巧敏捷，擅长诡辩，很像祢衡，但是论起才干都比不上两人。”孙权又问可以任命隐蕃担任什么官职，胡综回答说：“不可以让他治理百姓，不过，可以在京城里给他安排一个小职位试试看。”孙权寻思隐蕃刚刚谈论刑狱时见解很深，于是任用隐蕃为廷尉监。

孙权之所以要询问胡综的看法，因为胡综不仅是一位反间谍的行家，他自己在秘密战线上也曾主动出击，颇有成效。在隐蕃事件之前不久，当他了解到曹魏方面镇守河北的振威将军吴质受到中枢的猜疑时，别出心裁地用吴质的名义写了一份向孙吴方面投降的信，又故意将此信散布出去，结果曹魏方面很快解除了吴质的兵权。东吴方没有费什么大事就把对方的部署打乱了。吴质既是元老级高官又是著名的老作家，而胡综模仿他的文字风格几可乱真，表现了很高的水平。将天才特工隐蕃之事记载于《三国志·吴书·胡综传》，是按同行归类吧！

隐蕃为廷尉监后，私底下凭借出众的辩才获得了东吴豪杰们的亲善。其中左将军朱据、廷尉郝普都称赞隐蕃有王佐之才，太常潘濬之子骑都尉潘翥也与他亲善，其中，郝普特别与他亲近，常常埋怨、叹息他被屈才了。更多的江东士人因为他当上了廷尉监，属于吴王新宠，加上左将军朱据、廷尉郝普都与他关系友好，于是亦纷纷靠拢他，以至隐蕃府前，每每车马云集，宾客盈门。隐蕃遂名气大振，从卫将军全综以下官员都与他交往。

但也有少数官员不和隐蕃来往，如杨迪、潘濬，外人都不理解他们为什么反感隐蕃。

其中，对隐蕃最反感的莫过于太常潘濬了。他听说儿子潘翥和隐蕃应酬交往，还送礼给他，勃然大怒。他写信责骂潘翥："我受到国家的宽厚对待，立志用生命来报答，你们这些小辈在京都，应当时刻谨记恭顺，亲近贤士，仰慕良善。可为什么要和隐蕃这样来历不明的魏国降人交往亲密，还送钱粮给他？我在远方听到这件事，心中震惊，气血上涌，惆怅了好几天。你收到信后，立刻去见信使，接受我对你的一百杖惩罚，然后去把赠礼取回来。"潘濬激烈的反应，让所有人都不理解，直到后来隐蕃果然反叛并被诛杀后，大家才明白过来，更加佩服潘濬了。

黄龙三年（公元 231 年）十月，孙权命令中郎将孙布诈降，以诱骗魏国上将王凌。王凌于是领军迎接孙布。孙权布下重兵伏击王凌。隐蕃见事态紧急，于是仓促谋反，在京都发动叛乱。不过叛乱事先就被察觉，隐蕃只好偷偷逃亡，但还是被捕捉回来。廷尉府拷问他的同党，隐蕃一言不发。隐蕃发动的叛乱引起了王凌的警觉。王凌于是撤军还魏，孙权大军无功而返。

回到京都后，孙权让人押隐蕃上殿，对他说："为什么要用自己的身体替别人受罚呢？"想要隐蕃招出同党。隐蕃说："君上，大丈夫图谋这种事，怎么可能会没有同伴！但烈士殉难，不能去牵连别人。"于是憋气身亡，时年 23 岁。

事后，受到隐蕃牵连的大臣特别多。首先遭殃的是与隐蕃关系最好的廷尉郝普。孙权召见他，问他说："你之前到处称赞隐蕃，又替他埋怨朝廷屈才，促使隐蕃反叛，都是你的原因啊！"郝

普因此畏罪自杀。另一个受到牵连的是左将军朱据。他被免官禁足在家中，过了四年才被重新启用。只有潘翥因为父亲的提醒及时疏远了隐蕃，这才逃过一劫。这件事后，胡综被升为偏将军，兼任左执法，暂时管理诉讼刑狱。

在当时三分天下的局面下，军事实力当然是曹魏最强，而单就间谍战这一端而言，则孙吴方面明显胜出一筹。所以《三国演义》写周瑜借蒋干来游说的机会巧施反间计并取得辉煌的战果，虽然是出于艺术虚构，倒也符合当时间谍战南强北弱的真实状况。

但是，曹魏在间谍与情报战中的胜利亦不少（上述隐蕃潜伏吴营便是一例）。最显著的例子是奠定曹操统一中国北方基础的官渡之战。这是东汉末年“三大战役”之一，也是中国历史上著名的以少胜多的战役之一。曹操之所以能取得此战的胜利，重要原因之一就是拥有正确的、关键的情报。

建安五年（公元200年），曹操军与袁绍军相持于官渡（今河南中牟东北），在此展开战略决战。经过约一左右年的对峙，双方互有胜负。此时，曹操已经处境艰难，前方兵少粮缺，士卒疲乏，后方也不稳固，曹操几乎失去了坚守的信心。经他的谋士荀彧的分析和建议，曹操决定调整部署，伺机出击。他命令负责后勤补给的任峻以十路纵队为一部，缩短运输队的前后距离，并用复阵（两列阵）加强护卫，防止袁军袭击；另一方面积极寻求和捕捉战机，击败袁军。不久，他即派曹仁、史涣截击、烧毁袁军数千辆粮车，增加了袁军的困难。

就在这年十月，袁绍又派车运粮，并令淳于琼率兵万人护送至袁军大营以北约二十公里的故市（河南延津县内）、乌巢（今河南延津东南）屯积。恰在这时，袁绍谋士许攸投奔曹操，建议曹操轻兵奇袭乌巢，烧其辎重。曹操立即付诸实行，留曹洪、荀攸守营垒，亲自率领步骑五千，冒用袁军旗号，人衔枚马缚口，各带柴草一束，利用夜幕走小路偷袭乌巢，到达后立即围攻放火。袁绍获知曹操袭击乌巢后，只派轻骑救援，主力则猛攻曹军大营。

哪知曹营坚固，攻打不下。而曹军则急攻乌巢，大破袁军，杀淳于琼等，将其粮草全数烧毁。袁军前线闻得乌巢被破，军心动摇，内部分裂，大军遂溃。袁绍仓惶带八百骑退回河北，曹军先后歼灭和坑杀袁军七万余人。官渡之战就这样以曹胜袁败而结束。

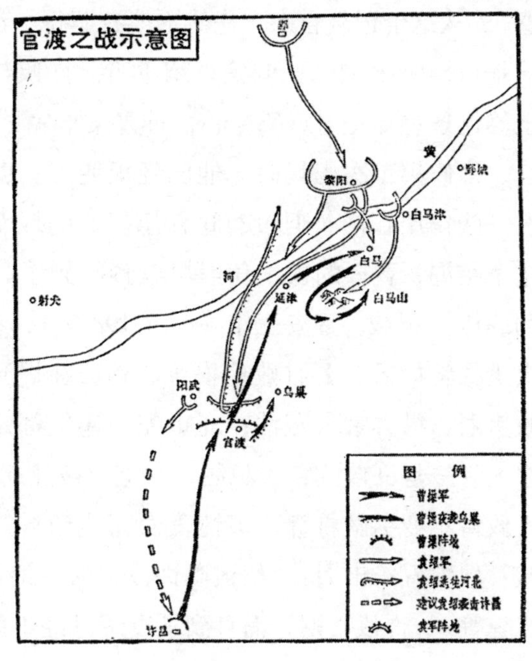

官渡之战示意图

许攸是曹操在官渡之战获胜的关键人物。但此人在《三国志》没有专传，其事迹散见于《三国志·魏书·武帝纪》及裴松之注引《曹瞒传》、习凿齿《汉晋春秋》，《三国志·魏书·袁绍传》及注引《英雄记》。许攸，字子远，年轻时与袁绍、曹操友善。他最初所干的是一件惊天动地的大事：“顷之，冀州刺史王芬、南阳许攸、沛国周旌等连结豪杰，谋废灵帝，立合肥侯，以告太祖，太祖拒之。芬等遂败。”《武帝纪》的这段记载说出了许攸是南阳人，而且很早就有气魄，敢于与人同谋废掉皇帝。在这个事件中，许攸想到了曹操，觉得有曹操参与胜算很大，但曹操没有参与，结果正如曹操预料的，这次废立失败了。

这次事件之后，许攸就一直沉寂，直到官渡之战爆发，他作为袁绍的一个谋士开始登场。在官渡之战中，许攸第一次亮相，是在袁绍久攻官渡不下之际，当时许攸向袁绍献计，从另外的道路到许都把天子接来。但袁绍没有听从许攸的建议，结果“许攸怒”。从这个记载看来，许攸不但有胆识，而且有头脑，计策也恰恰是曹操所害怕的，偏偏袁绍不听。许攸与曹操本有交情，他献上的这条毒计是对袁绍尽心，对曹操非常不利。

许攸第二次出场时，他已经叛变了。袁绍不听他的计策固然有一些作用在内，但没有这件事，他的叛变还是会发生的。对于这个结局，曹操的谋士荀彧早就预料到了。据《三国志·魏书·荀彧传》记载，建安三年（公元198年），孔融去见荀彧，说袁绍谋士猛将如云，要打败他很难。荀彧在提到袁营许攸时则说，许攸贪财，纵容家人犯法；而审配与逢纪都是刚直而无通变的无谋之人。一旦许攸的家人犯法，肯定会被抓起来。而家人被抓起来，许攸肯定要另做打算。事情正像荀彧预料的那样，《武帝纪》记载：建安五年十月，“绍谋臣许攸贪财，绍不能足，来奔，因说攻击琼等。”许攸贪财，而且到了袁绍已经不能满足的地步，所以离开袁绍投奔曹操，并献上烧掉袁绍粮草的计策。

这个被袁绍骂出去的许攸还带走了袁绍的若干军事机密，其中包括关于嗜酒无度而又疏于防备的将军淳于琼却去把守库乌巢的绝密情报。曹操当机立断，立即实施夜袭乌巢的军事行动，完全烧毁了袁绍大军的储备粮仓。兵无粮自乱。如此，袁绍怎能不失败呢！

许攸投降曹操后，向曹操和盘托出他曾向原来的主子袁绍献的挟天子之计。曹操听后大惊，几乎出了一身冷汗，说：“若袁绍用子言，吾事败矣。”可见许攸的计策是多么厉害。但就是这个良策却被颟顸的袁绍说成是：“汝与曹操有旧，想今亦受他财贿，为他作奸细，啜赚吾军耳。”这个看似庞然大物的袁统帅，真是好谋无断、色厉内荏的草包，就这样白白丧失了一个置曹操于死地的大好时机，又如何能避免失败！

《三国演义》说许攸因为查到曹操的信件才知道曹操没粮。但在《三国志》相关的注中，却没有提到许攸截获曹操信件的事情。许攸完全是按照自己的判断得出结论的。

无论是荀彧，还是许攸，之所以能在官渡之战中作出透彻的分析和正确的判断，都是因为掌握着对方的大量信息，情报很准确。而曹操，在表面上是己弱敌强的情况下敢于应战，也是因为还在战争未发起之前，就把主要精力集中在搜集袁军的情报上。他采取战斗侦察、用间、策反、捕俘等多种侦察手段，获得了袁绍的大量、准确的各类情报，并在此基础上，进行综合分析，作出准确判断：双方力量对比虽然敌强我弱，但袁绍方面存在着许多致命的弱点。他和谋士荀彧、郭嘉等人概括出袁绍有“十败”。他们在揆度了双方的主客观条件后认为，只要充分利用有利条件，扬长避短，与敌周旋，战胜袁绍就是有把握的。也就是说，这里曹操不仅做到了“知彼知己”，而且做到了“先知”，所以他取得了胜利。

在三国故事中，有所谓三张西川地图。地图就是情报，而且是非常重要的军事情报。《三国演义》说，为夺取西川，先后有诸葛亮、张松为刘备献上地图；而考诸文献，却难以断定为事实。献上西川地图的可能另有其人。

“三顾草庐”是《三国演义》中写得最精彩的部分（第三十七、三十八回），既淋漓尽致地刻画了刘备思贤若渴的心态，又浓墨重彩地勾画出一幅乱世中隐居生活的画卷。在这里，诸葛亮“隆中对策”后，命童子取出画图一轴，挂于中堂，指着它对刘备说：“此西川五十四州之图也。将军欲成霸业，北让曹操占天时，南让孙权占地利，将军可占人和。先取荆州为家，后即取西川建基业，以成鼎足之势，然后可图中原也。”

这个情节不见于史书记载。时因战乱，交通阻塞，年仅 27 岁的诸葛亮并没有去过“西川”。他高卧隆中，未出茅庐，按理说不会有西川地图。而《三国演义》作者也显然没有将诸葛亮献西川地图当一回事，因为后来又写了益州别驾张松向刘备献西川图的事。这前后两图是否重复呢？如是，则刘备已有诸葛亮的西川图在先，那么，张松的西川图便没有意义了。

或者可以这样解释：诸葛亮的图是略图，张松的图是详图。不过这也只是猜测。因为遍翻《三国志》及裴松之注，都找不到诸葛亮献地图的记载。看来，这只是《三国演义》作者为突出诸葛亮的才智，使“三顾茅庐”的内容精彩而随意增加的一个情节罢了。

定三分隆中决策
（选自清光绪刻《图像三国志》）

《三国演义》第六十回说，曹操在关中破了马超，威震天下，惊动了汉中的张鲁。后者唯恐在汉中难以立足，打算夺取益州，以为根本。刘璋闻知张鲁要兴兵取西川，遂派益州别驾张松到许都向曹操进献礼品，劝说曹操兴兵取汉中，打击张鲁。张松临行前，暗画西川地理图本藏于身中，准备献与曹操。张松到许都见了曹操，因言语不逊，曹操欲斩之。多亏杨修等人进谏，曹操方免其死，令乱棒打出。张松一怒之下，转到荆州见刘备。刘备对他礼遇甚隆。两人相别时：“（张）松于袖中取出一图，递与玄德曰：‘松感明公盛德，敢献此图。但看此图，便知蜀中道路矣。’玄德略展视之，上面尽写着地理行程，远近阔狭，山川险要，府库钱粮，一一俱载明白。”张松将西川地图献与刘备后回蜀。他与友人法正、孟达密谋献益州与刘备。张松劝刘璋邀刘备入川，以拒曹操和张鲁，刘璋从之。于是，刘备集团得到了取西川的机会。

《三国演义》所述张松献西川地图于刘备的事，大约是根据韦曜（韦昭）所撰《吴书》的记载：“（刘）备前见张松，后得法正，皆厚以恩意接纳，尽其殷勤之欢。因问蜀中阔狭，兵器府库人马众寡，及诸要害道里远近，（张）松等具言之，又画地图山川处所，由是尽知益州虚实也。”不过，对这个记载，古代许多史学家都认为是不可靠的。所以《三国志》没有采用（但裴松之在《三国志·蜀书·先主传》里有注引），《资治通鉴》也没有编入。《通鉴异考》针对此资料说：“按刘璋、刘备传，（张）松未尝先见（刘）备，《吴书》误也。”

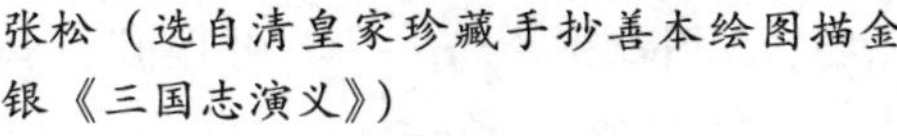
张松（选自清皇家珍藏手抄善本绘图描金银《三国志演义》）

陈寿和司马光都是很有历史责任心的学者，张松献地图这件事确实没有太大的可靠性。因为张松东行是在赤壁之战（建安十三年，公元 208 年）的前夕。刘备败走夏口，正是颠沛流离、惊魂未定之时，连一块站脚的地方也没有，怎能侈言取蜀？张松又怎能在兵荒马乱之中去寻找刘备？何况他东行的任务就是见曹操。他又怎能擅改行动路线绕行去见刘备？或许《三国演义》也觉得张松在那种情况下向刘备献图是不可能的，所以把事情改在三年以后（建安十六年，公元 211 年），即孙刘两家联合击败曹操，刘备获得了荆州的部分土地，终于有了一块立足之地的时候。

这一时间的改动，说起来似乎顺理成章，但却远离了史实。因为张松在这一年并没有出过川，又怎有献地图之事！

《三国演义》上所记载的诸葛亮、张松向刘备献西川地图之事，都不是历史事实。然而，《三国演义》没有详细描述、记载的一件事，倒很可能是献“西川”地图之事。这个献图人就是法正。

据《三国志·蜀书·法正传》记载，张松“于荆州见曹公还，劝（刘）璋绝曹公而自结先主（刘备）”，并举荐与其“相善”的法正去办这件事。法正于是两次衔命出使荆州，时间是在建安十六年（公元211年）。第一次是友好性的访问，使刘璋实现了“绝曹公而自结先主”的政策上的转变。法正回来以后，“为（张）松陈说先主有雄略”。从此张松和法正就进一步密谋，要把益州献给刘备，但一直没有找到合适的机会。恰好刘璋听说曹操要讨伐张鲁，怕曹操乘机进攻益州，心怀恐惧。张松便劝说刘璋迎接刘备入川，以讨伐张鲁，与曹操争夺汉中。于是刘璋派法正引兵四千前往荆州。

在出卖益州给刘备这件事上，法正和张松都起了很大的作用，而法正的作用要更大一些。《法正传》接下来说，法正第二次到荆州后，“阴献策于先主”。可见向刘备报告“蜀中阔狭，兵器府库人马众寡，及诸要害道里远近”，“又画地图山川处所”，使刘备“尽知益州虚实”的，倒不是张松，而是法正了。

遗憾的是，《三国演义》的作者却没有选取这一情节去进行铺陈，原因很可能是法正后来成为刘备的股肱大臣，作者不愿让他背上“卖主求荣”的恶名；而张松，在历史上是早就记载有“卖主求荣”劣迹的，即使再给他增加一项“献西川地图”的恶名，也没有什么关系。

《三国志·蜀书·先主传》载，刘备入川后，张松秘密致书刘备及法正，催促赶快夺取益州，被他哥哥张肃发觉。张肃怕连累自己，向刘璋作了揭发。张松及其一家因此被斩。这个或并没有见过刘备的张松，就这样为了刘备的发展，背着一个“卖主求荣”的恶名而送了命。而法正，因有大功于刘备，刘备自立为汉中王后，便以法正为尚书令。品秩是相当高的了。

第五节　自古知兵非好战

唐朝大诗人杜甫有诗："丞相祠堂何处寻，锦官城外柏森森。"杜甫在这里所写的"丞相祠堂"就是成都武侯祠。成都武侯祠初与刘备昭烈庙相邻，明初武侯祠并入昭烈庙，是全国唯一的君臣合祀祠庙。它位于四川成都南郊，是国内纪念蜀汉丞相诸葛亮的主要胜迹，也是成都市重要的旅游景点。

在成都武侯祠，有一副著名的楹联，就在诸葛亮殿正中，联为：

> 能攻心则反侧自消，从古知兵非好战；
> 不审势即宽严皆误，后来治蜀要深思。

这副楹联为清人赵藩撰并书。赵藩（1851－1927），字樾村，一字介庵，晚号石禅老人，白族，云南剑川县人。光绪二十八年（1902 年）冬十一月上旬，时任四川盐茶使的赵藩游览武侯祠，追思诸葛亮治军理政的成绩，并联想新任四川总督岑春煊使用武力镇压义和团的情况，遂书写此联。联语虽意在"讽谏"，但客观上却对诸葛亮一生用兵和施政的功业进行了高度概括和科学总结，发人深省，具有较强的现实意义。

上联的"攻心"二字出于《三国志·蜀书·马谡传》裴松之注引《襄阳记》。《马谡传》说，马谡被诸葛亮"每引见，谈论自昼达夜"。《襄阳记》则具体讲了马谡对诸葛亮南征方略的建议，其中有"用兵之道，攻心为上"的献策。马谡认为打仗最重要的是用心战瓦解敌人斗志，收服敌人之心。其意和《孙子·谋功》"上兵伐谋……其次伐兵，其下攻城"相近。"反侧"是不正直、不顺从、反复无常的意思。《诗·小雅·何人斯》："作此好歌，以极反侧。"陈子展先生的译文是："作了这篇善意的诗歌，未穷究

“攻心”联

（清·赵藩撰书，在成都武侯祠）

你的反复颠倒!”《诗经直解》，复旦大学出版社1983年版）《荀子·王制》有“遁逃反侧之民”句，王先谦集解：“反侧之民，不安之民也。”

赵藩撰的上联是言诸葛亮的军事成就，其主要特点是“攻心”。赵藩认为，自古以来那些真正懂得军事的人并不在于“好战”，而是注意从精神上或心理上摧毁敌人。也只有这样，才能有效地解除敌对双方的对立情绪，从而保持长久的安定局面。诸葛亮是真正做到了这一点。

下联言诸葛亮的“治蜀”，其特点是“审势”，即对形势的准确把握。经验证明，只有对形势的特点有了准确的判断之后，才能制定出与之相适应的政策，当宽则宽，当严则严。否则，不明形势随意施政，则政策无论“宽”或“严”，都是注定要失误的。赵藩认为，在“审势”以“治蜀”方面，诸葛亮也为后人做出了榜样。

儒家治国主张“刑罚世轻世重”，“宽以济猛，猛以济宽”，刑罚宽严，要根据时代和国情作辩证调节。诸葛亮之所以以严治蜀，不是他不懂得宽，正如他回答法正所说：“刘璋暗弱，自“刘”焉已来，有累世之恩，文法羁縻，互相承奉，德政不举，威刑不肃。蜀土人士，专权自恣，君臣之道，渐以陵替”（《三国志·蜀书·诸葛亮传》裴松之注引郭冲五事）。可见诸葛亮用重典治蜀，乃是对前代弊政的矫枉。所以赵藩警告后人，治国理政，要针对实际情况采取不同策略；不能盲目学诸葛亮而一味用严，也不能盲目反对诸葛亮一味用宽，而应当审时度势，实事求是，以决定用严还是用宽。

应该说，赵藩对诸葛亮的治国之术有透彻的理解。诸葛亮征南中战事可为注脚。

蜀汉的南中地区包括四郡：越巂、益州、永昌、牂牁，即今四川南部、云南东北部和贵州西北部一带。这里除了住有汉族外，还聚居着许多少数民族，统称“西南夷”。秦汉以来，由于汉族封建地主阶级的压迫和剥削，南中地区的民族矛盾十分尖锐，经常发生反抗活动。刘备占据益州后，为了稳定蜀汉政权，根据诸葛亮在隆中提出的搞好与西南少数民族关系的方针，采取了一些安抚措施。但是南中的豪强地主和一些少数民族的上层分子，却为了割据一方，利用民族矛盾，举行武装叛乱。

后主建兴元年（公元223年），益州郡大姓雍闿，杀死了益州郡太守王昂，又把接任的太守张裔抓起来送往东吴，正式与蜀汉决裂，以换取孙权的支持。孙权即任命雍闿为永昌太守，互为声援。雍闿又诱永昌郡少数民族头领孟获，使之煽动各族民众叛蜀。紧接着，越巂郡的叟族首领高定、牂牁郡太守朱褒，并皆响应，相继叛乱。高定杀死郡中将领焦璜，自封为王，率军北上攻打新道县，但被李严率犍为的救援军打败，退回南方。

南中叛乱是蜀汉于夷陵被孙吴打败之后面临的又一严峻局面。蜀汉新遭大败，兵力损失巨大，加之刘备刚刚去世，国内局面需要整顿，因此，已经“开府治事”的诸葛亮没有立即采取平叛的军事行动，而是采取招抚的措施，却没有取得什么效果。据《三国志·蜀书·吕凯传》记载，在北有曹魏大兵压境、东有孙权荆州军威胁，南有三郡叛乱的困难形势下，诸葛亮派都护李严书写了一封有六页纸的书信给雍闿，解释利害，但雍闿却只回了一页纸的信说：“盖闻天无二日，土无二王，今天下鼎立，正朔有三，是以远人惶惑，不知所归也。”语气十分傲慢。

在此情况下，诸葛亮采取“北抗曹魏，东和孙权”的战略，于建兴元年（公元223年）十月派邓芝到东吴进行修好，取得了外交上的成功。接着，在建兴二年积极进行兵力补充、整训等战役准备工作。

建兴三年初，蜀汉政权已经具备了南下平叛作战的条件。于是，这年三月，诸葛亮亲自率领蜀汉军队，由成都开始出发南征。据《三国志·蜀书·马谡传》注引《襄阳记》记载，参军马谡为诸葛亮送行数十里路，途中向诸葛亮提出建议说："南中恃其险远，不服久矣，虽今日破之，明日复反耳。今公方倾国北伐以事强贼。彼知官势内虚，其叛亦速。若殄尽遗类以除后患，既非仁者之情，且又不可仓卒也。"针对南中夷人反叛无常，而又不能用兵过度的两难局面，马谡又进一步献策说："夫用兵之道，攻心为上，攻城为下，心战为上，兵战为下，愿公服其心而已。"诸葛亮接受了这一正确意见，坚持军事镇压和政治攻心相结合的方针。诸葛亮亲自率军从水路由安上到越嶲进入南中，又派马忠进攻牂柯郡、李恢由平夷攻向建宁郡。

李恢军行至昆明，被敌军围攻。当时李恢兵少于敌人一半，又未得到诸葛亮军消息，便对夷人说："官军粮尽，欲规退还，吾中间久斥乡里，乃今得旋，不能复北，欲还与汝等同计谋，故以诚相告。"（《三国志·蜀书·李恢传》）夷人相信他，围困开始松懈。就在此时，汉军突然出击，大破敌军。李恢率军南至盘江，东接牂牁郡。而马忠军则顺利在且兰打败朱褒，与李恢军会合。另一方面，诸葛亮军在南行途中，雍闿已被高定部曲所杀，大军到达后数战皆胜，斩杀高定。与其他两军声势相连，准备迎战收拢了雍闿部众的孟获。

孟获作战勇猛，在当地少数民族中很有声望和号召力。《三国志·蜀书·诸葛亮传》注引《汉晋春秋》说，当诸葛亮得知孟获为当地人所信服，便想生擒他。五月，大军渡过泸水，与孟获军战，成功俘虏孟获。诸葛亮带他到营阵观赏，问他觉得蜀军如何，孟获回答他："向者不知虚实，故败。今蒙赐观看营陈（阵），若只如此，即定易胜耳。"诸葛亮的心意在北方，又知道夷人叛乱问题严重，便用马谡提出的“攻心为上，攻城为下，心战为上，兵战为下”的方针，要孟获心服口服，只是向孟获一笑，将他放走再战。经过七次擒纵，诸葛亮仍要继续放走孟获。孟获及其他夷人开始反思，不再离去。

《三国演义》则用从第八十七回“征南寇丞相大兴师，抗天兵蛮王初受执”至第九十回“驱巨兽六破蛮兵，烧藤甲七擒孟获”这样较大的篇幅详细描述诸葛亮“七擒七纵孟获”的故事。

烧藤甲七擒孟获
（选自清光绪刻《图像三国志》）

对诸葛亮“七擒七纵”孟获之事，历来有争论，有一种观点认为，为使孟获心悦诚服，诸葛亮擒孟获而不杀或擒而复纵是可能的，然而“七擒七纵”就难以令人置信了。实际上，诸葛亮也没有这样大的本事。当时亟待回师北伐，有限的时间也不容许诸葛亮如此拖延时间。《续云南通志稿》、四川大学缪钺教授、云南大学方国瑜教授和成都武侯祠博物馆谭良啸先生等均持此说。

其实，尽管诸葛亮“七擒七纵”由于《三国演义》的大篇幅、大渲染，使之显得虚构、附会太多，水分太重，可是，其基本史事却是确凿的。《三国志·蜀书·诸葛亮传》正文虽不记孟获事，但裴松之注引《汉晋春秋》却有记，只是比较简略，然关键事件均存，如记孟获为“夷汉所服”，既得而“七纵七禽（擒），而（诸葛）亮犹遣获，获止不去，曰：‘公，天威也，南人不复反矣!'" 常璩《华阳国志》说：诸葛亮南征，"生虏孟获……凡七虏七赦。"孟获心悦诚服，表示："公，天威也，边民长不为恶矣!"《三国志集解》载引张若骥《滇云纪略》还考证列出了七擒孟获的七个地方。《资治通鉴》"文帝黄初六年（公元225年）"条也有记载："孟获收闾馀众以拒亮。获素为夷、汉所服，亮募生致之，既得，使观于营陈（阵）之间，问曰：'此军何如?'获曰：'向者不知虚实，故败。今蒙赐观营陈，若只如此，即定易胜耳。'亮笑，纵使更战。七纵七禽而亮犹遣获，获止不去，曰：'公，天威也，南人不复反矣!'" 所有这一切，加上罗贯中《三国演义》的传播，所以人们一般都相信诸葛亮"七擒七纵"孟获真有其事，至今关于它的传说故事仍在西南少数民族中广为流传。

南中叛乱本是当地豪强大族和少数民族上层分子挑起的不义之战，没有群众基础，得不到人民的真正支持；而诸葛亮的平叛宽严相济，恩威兼施，措施得当，注意政治影响，因此进展顺利，春天出兵，秋天即告胜利，从而安定了蜀汉大后方。

在平定南中地区的叛乱后，诸葛亮认为沿袭秦汉对少数民族的统治方式有三不易，这就是《三国志·蜀书·诸葛亮传》裴松之注引《汉晋春秋》所记："若留外人，则当留兵，兵留则无所食，一不易也。加夷新伤破，父兄死丧，留外人而无兵者，必成祸患，二不易也。又夷累有废杀之罪，自嫌衅重，若留外人，终不相信，三不易也。"于是，他采取了"即其渠率而用之"的羁縻式的统治方式，不留兵，不运粮，这是他的"和夷"政策，也是他攻心政策的继续，从而达到"纲纪粗定，夷、汉粗安"的效果。

诸葛亮采取的加强对南中统治的具体措施，主要有以下几个方面：

一是调整南中原有郡县，任命重臣治理南中。诸葛亮对南中原有的郡县进行了大幅度调整，将益州郡改建宁郡，以李恢为太守；分建宁、牂牁置兴古郡，以马忠为太守；分建宁、越嶲置云南郡，以吕凯为太守。在南中的官吏任命上，诸葛亮及蜀汉朝廷

"多用重人"，除李恢、吕凯、马忠外，像张嶷、张翼、张表、杨戏、阎宇、霍弋等人，都是朝廷重臣，他们也大都能遵照诸葛亮"和夷"的既定方针管辖南中。这一措施实行后，蜀汉加强了对南中的控制。

二是调发士卒充实蜀汉军队。平定南中后，诸葛亮调发"南中劲卒青羌万余家"充实到蜀汉军队中，为五部，成为汉军中的一支劲旅。这支号为"飞军"的部队战斗力极强。诸葛亮第一次北伐失败后，唯一因出色表现而获得表扬的大将是王平。诸葛亮对他进行提拔重用，表彰他的办法之一就是拜他为参军，"统五部兼当营事"，由他率领这支少数民族部队。调发南中少数民族士卒到蜀汉军队，一方面减弱了南中少数民族的军事力量，削弱了大姓豪族的势力，另一方面又补充了蜀汉的军事力量，增强了军队的战斗力。

三是征调豪族入朝为官，任用渠帅统治地方。诸葛亮采取笼络南中豪族、少数民族首领，不留兵驻守少数民族聚居地区的管理办法，使夷汉安居。为在政治上加强对南中的控制，他将原南中大姓豪族俊杰如建宁爨习、朱提孟琰、孟获等调离南中，到蜀汉朝廷做官，又任用南中少数民族渠帅对本地、本族进行统治，对一些豪酋，诸葛亮还赠以"瑞锦、铁券"，作为保护他们权力的文书证明。这些措施，调整了民族关系，缓和了民族矛盾，增强了南中大姓豪族、少数民族对蜀汉政权的向心力。

四是加强对少数民族的思想控制。据《华阳国志·南中志》记载，诸葛亮曾"为夷作图谱"。他"先画天地、日月、君主、城府；次画神龙，龙生夷及牛、马、羊；后画部主吏乘马幡盖，巡行安恤；又画牵牛负酒、赍金宝诣之之象，以赐夷"。他大力宣扬华夷一家、君臣伦理、尊卑贵贱的观念。这幅图谱为南中各族广泛重视，此后，每当朝廷"刺史、校尉至，赍以呈诣"。诸葛亮在思想上对南中少数民族加强控制的策略，取得了很好的效果。

五是在南中兴办屯田，努力发展生产。由于蜀汉在北方与曹魏战事不断，地处蜀汉南部边疆的南中地区就成为支援前线的大后方。因此，诸葛亮平定南中后，于建宁郡设五部都尉，配以夷汉部曲，进行屯垦；又把少数民族渠帅领有的羸弱奴隶和依附民，分配给汉族大姓作部曲，并鼓励大姓出金帛收卖、招徕部曲，于是夷人“渐服属于汉，成夷汉部曲”。通过这些措施，云南郡出现了从事游牧的“上方夷”和从事农业的“下方夷”。事实证明，诸葛亮在南中地区实行屯田，开发了西南边疆，发展了当地经济。作为对诸葛亮统治南中方针政策的贯彻，建宁太守李恢还迁濮民数千落于云南、建宁界，充实二郡的人口。人口增加了，生产便得以发展。于是，李恢抽取叟、濮等族的耕牛、战马、金银、犀革为赋税，“充继军资，于时费用不乏”。

上述措施的实施，使南中成为蜀汉兵源与赋税来源的基地之一。《三国志·蜀书·诸葛亮传》就说，平定南中叛乱和上述措施实施后，“军资所出，国以富饶”。诸葛亮镇抚南中的成功，解除了蜀汉的后顾之忧，并从中得到物力和人力的支持，使他可以专心对付曹魏，开始了北伐曹魏的战争。尤其重要的是，诸葛亮在南中地区实施羁縻式的统治措施，开创了少数民族地区设置羁縻州府先声。从隋唐开始，中央政府便纷纷借鉴诸葛亮的成功经验，在少数民族地区设立羁縻州府，羁縻州府开始盛行起来。以后，这种羁縻式的统治方式逐渐成为古代中国中央政府对少数民族地区统治方式的主流，为我国统一的多民族国家的形成起到重要作用。

诸葛亮攻心为上的南中策略，让边境地带的少数民族心悦诚服，不致再谋反叛乱，都能像孟获一样发出“公天威也，南人不复反矣”的肺腑之言。诸葛亮的这个策略，确实比他的前人、他的同时代人高出了许多。当时的曹操在北方对地方少数民族，孙权在东南征百越，都是使威用武，虽然东征西讨，却是屡服屡叛，始终不得安宁。由此可见诸葛亮及后来一些采取攻心战略的人，从骨子里讲，并不喜欢打仗，而是想以战止战，止戈为武，铸剑为犁。

《孙子兵法》说："不战而屈人之兵，善之善者也。"不使用战争手段，而要使别国或者对方士兵屈服，那么就要拥有巨大的道德力量、或言道德感召力，这支军队也得是正义之师、仁义之师。在正义与仁义之师面前，临阵倒戈的战例在世界历史中并不少见。当然，也有使用其他谋略使人屈服的，但有一点，起码你去说服别人倒戈，得有道理，此里面就包含着道德力量。自然，也不排除个别贪生怕死的将官倒戈向邪恶一边；而此倒戈，是此将官的无道德所致，与正义仁义就无关了。"不战而屈人之兵"，无论是动用谋略还是道德感召力，里面都包含着深刻的礼义与"仁爱"，包含着对生命的尊重、关怀、保护与珍爱。

但是，为着正义事业的需要，有时候也须使用战争手段，譬如为了拯救人民于苦难，为了反抗外来侵略，为了结束战乱，实现国家统一。诸葛亮对"兴复汉室"理想的践行，也是如此。

"兴复汉室"，是诸葛亮为之奋斗终生的政治目标。他在《隆中对》和《出师表》中，都曾谈到这个问题："……诚如是，则霸业可成，汉室可兴矣。""……则汉室之隆，可计日而待也……今南方已定，兵甲已足，当奖率三军，北定中原，庶竭驽钝，攘除奸凶，兴复汉室，还于旧都。此臣所以报先帝，而忠陛下之职分也。"

诸葛亮之所以要坚持"兴复汉室"的政治理想，是因为他的青少年时代，正是东汉统治大崩溃、社会秩序大动乱的时代。由于家庭的原因，诸葛亮从山东流徙到荆州，亲身经历了黄巾起义、董卓之乱、天下分裂、军阀混战等造成社会秩序大动乱的变迁，因而对人民在动乱中所经受的苦难，有深刻的体会和理解。

诸葛亮从小就受着食君禄、报皇恩的封建正统观念的熏陶，再加之他在隆中十年间系统地学习经史子集，逐渐形成了他一整套忠君报国的政治主张。在封建时代，忠君和爱国，一般来说是很难分开的。君主是作为国家的象征而存在的，忠君必爱国，爱国亦必忠君。这虽有其时代的、历史的局限，却是不应指责的。

因此，诸葛亮在隆中时提出的“兴复汉室”这一要求，其实质是要求统一，要求重建正常的、稳定的社会秩序。

君臣鱼水
（选自明万历刻《帝代历鉴图说》）

诸葛亮的隐居地隆中，当时属荆州南阳，东汉光武帝刘秀正是从这里发祥而中兴汉室的。诸葛亮对此十分熟悉，曾专门写过一篇《论光武》的文章，表现了他对统一的渴望。在当时，要争取统一，诸葛亮完全可以去辅助曹操，也可以去辅助孙权。但是，由于诸葛亮具有很强烈的正统观念，把控制汉献帝的曹操视为“汉贼”。孙权虽为“人杰”，但缺乏一统天下的雄心，只是力图偏安江东保全父兄业绩。因此，曹操、孙权都不适合诸葛亮所要选择“明主”的标准。他隐居隆中，目的就是“待时凤翔”，等待“明主”。实际上他正是看到了荆州这块地盘所处的重要战略地位，才想辅助“明主”再走一次光武帝统一中国的道路。建安十二年（公元207年），他终于等到的这个“明主”，就是“三顾茅庐”的刘备。诸葛亮从此如鱼得水，开始为理想、为梦想而艰难跋涉。

作为一个政治家，诸葛亮在长达27年的人生旅途中一直坚持理想不动摇，不坠青云之志。当形势剧变之后，他全力以赴也未能实现其统一天下的抱负，但是，却在为“兴复汉室”而进行的不懈努力中，为后人树立了一个为理想而顽强拼搏的楷模。

不言而喻，要是诸葛亮没有为“兴复汉室”尽心竭力，而仅是纸上谈兵，空有抱负，却囿于形势，畏葸不前，偏安巴蜀，恐怕后世对他的称誉决不会如此之隆，评价也必将大为不同。人们对他的盛赞中，显然包含对他“兴复汉室”的政治理想以及为践行这个理想所表现出的锲而不舍、坚忍不拔的奋斗精神的充分肯定。

我们中华民族有着极其伟大的聚合力。维护国家的统一与安定，是我们民族一贯的政治目标，是一个牢不可破的优良传统。几千年来，由于种种原因，我们民族曾经屡次被“分”开，饱受分裂战乱之苦。但是，每遭受一次分裂，人民总是以惊人的毅力和巨大的牺牲，清除分裂的祸患，医治战争的创伤，促成重新统一的实现。在那“出门无所见，白骨蔽平原”的汉末大动乱时期，广大人民对国家安定统一的向往更是特别强烈。诸葛亮“兴复汉室”的理想和实践，正是广大人民追求国家统一的强烈愿望的鲜明表达。

第三章　锦瑟华年

——青春三国

第一节　少年英雄出三国

说到三国时的少年英雄，人们首先想到的是东吴的周瑜以及苏轼歌吟他的那首《念奴娇·赤壁怀古》：

> 大江东去，浪淘尽，千古风流人物。故垒西边，人道是，三国周郎赤壁。乱石穿空，惊涛拍岸，卷起千堆雪。江山如画，一时多少豪杰。
>
> 遥想公瑾当年，小乔初嫁了，雄姿英发。羽扇纶巾，谈笑间、樯橹灰飞烟灭。故国神游，多情应笑我，早生华发。人生如梦，一尊还酹江月。

词中周郎、公瑾，即指挥赤壁大战的周瑜。他字公瑾，24 岁时即出任孙策的中郎将，军中皆呼之为“周郎”。是词将年轻有为、儒雅风流、才华横溢、意气风发的周瑜刻画得栩栩如生，跃然纸上，让人们看到了一个活生生的壮志干云的少年英雄，而不是《三国演义》中被歪曲了的那个事事、处处都处于诸葛亮下风，气量狭小，容不得人，甚至被当场气死的猥琐小人。

《三国志·吴书·周瑜传》记载："周瑜字公瑾，庐江舒人也。从祖父景，景子忠，皆为汉太尉。父异，洛阳令。瑜长壮有姿貌。""瑜"和"瑾"，在古汉语当中的意思都是美玉，人如其名，周瑜正如一块绝世美玉。他的出身称得上是名门望族，本人又"长壮有姿貌"，确为英俊之士。

汉献帝初平二年（公元 191 年），在周瑜 16 岁时，遇到了一生当中最为重要的人——孙坚之子孙策。孙坚和周瑜的父亲周异有旧，是很好的朋友。在孙坚讨伐董卓的时候，孙坚将全家迁徙到舒城，托付给了周异。于是，孙策和周瑜这两个年龄相仿的少年走到了一起。两人"独相友善"。周瑜将自家朝南的正房让了出来，供孙策的母亲居住，同时"升堂拜母，有无通共"。在汉代，"升堂拜母"的含义就是结义成为兄弟。孙策比周瑜大一个月，周瑜"拜策为兄"。在舒城居住的这段日子里，周瑜利用家族的关系帮助孙策结交淮泗方面的名士，为孙策后来能够率领淮泗集团打下江东基业奠定了基础。

孙坚死后，孙策继承父亲遗业，不得已而屈事袁术。不久，孙策率军脱离袁术，当时的他并没有多少可以自由统率的兵马，于是想到了自己的结义兄弟，便派人前往知会周瑜。周瑜毫不犹豫地"将兵迎策"，令孙策非常高兴。兄弟二人齐心协力，破笮融、败薛礼、走刘繇……在孙策兵力达到万人规模的时候，周瑜被孙策委以重任，镇守大后方，足食足兵。建安三年（公元 198 年），周瑜被"授建威中郎将，即与兵 2000 人，骑 50 匹。瑜时年 24，吴中皆呼为周郎。"

24 岁的年龄在"二十而冠"的汉代还是很年轻的，而周瑜已经成为国家高级官员了。要知道与周瑜同时代的三国著名人士，当他们 24 岁时，诸葛亮还在家中读书，荀彧还未举孝廉，郭嘉则在山中苦读，"阴交英豪"……

建安五年（公元 200 年），孙策去世，孙权继承了孙策的地位。而孙权年仅 18 岁，还未成年，又没有立下功勋，威德均不能

周瑜（选自清光绪刻《图像三国志》）

服众。当地士族和一些边远地区因为孙策的故去蠢蠢欲动。在东吴集团危急存亡的关口，周瑜“将兵赴丧”，立刻稳定了东吴内部的情势，同时“首行臣礼”，将孙权扶上君位。他自然就成为孙权和东吴集团的支柱。安顿了内部之后，周瑜立刻率军出击，讨麻保、擒邓龙，平息了东吴内部叛乱和外部入侵，威名远播。

孙策去世前交代孙权：“内事不决问张昭，外事不决问周瑜。”这个“外事”，并不仅仅表现在军事、战略方面，更加体现在政治和外交政策上。建安七年（公元 202 年），曹操命令孙权派遣人质赴许（都）。张昭、秦松等大臣“犹豫不能决”。孙权想起了“以兄事之”的周瑜，于是领着周瑜去拜见母亲，周瑜掷地有声地说出了如下的话语：

昔楚国初封于荆山之侧，不满百里之地，继嗣贤能，广土开境，立基于郢，遂据荆扬，至于南海，传业延祚，九百余年。今将军承父兄余资，兼六郡之众，兵精粮多，将士用命，铸山为铜，煮海为盐，境内富饶，人不思乱，泛舟举帆，朝发夕到，士风劲勇，所向无敌，有何逼迫，而欲送质？质一人，不得不与曹氏相首尾，与相首尾，则命召不得不往，便见制于人也。极不过一侯印，仆从十余人，车数乘，马数匹，岂与南面称孤同哉？不如勿遣，徐观其变。若曹氏能率义以正天下，将军事之未晚。若图为暴乱，兵犹火也，不戢

将自焚。将军韬勇抗威，以待天命，何送质之有！（《三国志·吴书·周瑜传》注引《江表传》）

这一番话，真正称得上是有理有利有节，从政治上、经济上、军事上分析了东吴的局势，气魄宏大，英姿勃发。如此可见，周瑜的外交手段和战略眼光强过了同为托孤重臣的张昭。孙权之母听罢即称是，说："公瑾议是也。公瑾与伯符（孙策）同年，小一月耳，我视之如子也，汝其兄事之。"这样周瑜先以弟弟的身份辅佐孙策建立了江东的基业，又以兄长的身份辅佐孙权，挑起江东基业安全的重担，成为东吴军事集团的擎天巨柱。

建安十三年（公元208年），荡平北方的曹操率军南下，准备一股荡平江东。刘表之子刘琮投降。江东人心惶惶。身负托孤之重的张昭竟然大倡投降论调。孙权"寝食具废，忧心忡忡"。在鲁肃的建议下，孙权立刻召回身在前线的周瑜，询问周瑜对此事的态度。周瑜侃侃而谈，毫无惧色，先安孙权之心，接着仔细剖析了曹军南下的四大弊端：

操虽托名汉相，其实汉贼也。将军以神武雄才，兼仗父兄之烈，割据江东，地方数千里，兵精足用，英雄乐业，尚当横行天下，为汉家除残去秽。况操自送死，而可迎之邪？请为将军筹之：今使北土已安，操无内忧，能旷日持久，来争疆埸，又能与我校胜负于船楫间乎？今北土既未平安，加马超、韩遂尚在关西，为操后患。且舍鞍马，仗舟楫，与吴越争衡，本非中国所长。又今盛寒，马无藁草，驱中国士众远涉江湖之间，不习水土，必生疾病。此数四者，用兵之患也，而操皆冒行之。将军禽操，宜在今日。瑜请得精兵三万人，进住夏口，保为将军破之。（《三国志·吴书·周瑜传》）

于是，孙权拔刀斫几案，说："诸将吏敢复有言当迎操者，与

此案同!”周瑜心知孙权这一表现激动的成分多些，于是夜见孙权，详细分析了曹操军中的情况，让孙权安心的同时，也让孙权有了信心。

按《三国演义》的说法，赤壁之战中功劳最大的乃是诸葛亮，是他力主孙刘同盟，并且劝服了孙权参战，同时借东风、草船借箭、三气周瑜等等。这些要不就是子虚乌有，要不干脆就是小说家为突出诸葛亮而歪曲了历史。

历史的真实情况是：由于周瑜、鲁肃的主战和对孙权的支持，孙权坚定了与曹操抗衡的决心。在鲁肃的建议下，孙权派鲁肃去与刘备结成联盟，合力抗拒曹操，刘备派诸葛亮随鲁肃到江东。周瑜率领军队在樊口与刘备会合。然后两军逆水而上，行至赤壁，与正在渡江的曹军相遇。曹军当时已遭瘟疫流行，而新编水军及新附荆州水军难以磨合，士气明显不足，因此初战即被周瑜水军打败。曹操不得不把水军“引次江北”与陆军会合，把战船靠到北岸乌林一侧，操练水军，等待良机。周瑜则把战船停靠南岸 赤壁一侧，隔长江与曹军对峙。

当时曹操因为北方士卒不习惯坐船，于是将舰船首尾连接起来，人马于船上如履平地。周瑜部将黄盖于是建议：“今寇众我寡，难与持久。然观操军船舰首尾相接，可烧而走也。”(《三国志·吴书·周瑜传》按《江表传》的说法，至战日，黄盖准备了十艘轻利之舰，满载薪草膏油，外用赤幔伪装，上插旌旗龙幡。当时东南风急，十艘船在中江顺风而前，黄盖手举火把，离曹军二里许，黄盖遂令点燃柴草，同时发火，火烈风猛，船往如箭，烧尽北船，延及岸上各营。顷刻之间，烟炎张天，曹军人马烧、溺死者无数。在对岸的孙刘联军横渡长江，趁乱大败曹军。曹操见败局已无法挽回，当即自焚剩下的战船，引军沿华容小道，向江陵方向退却。周瑜、刘备军队水陆并进，一直尾随追击。

赤壁之战中曹军伤亡过半。此战的失利使曹操失去了在短时间内统一全国的可能性，而孙刘双方则借此大胜开始发展壮大各自势力，初步形成三分天下的局面。

赤壁之战后两年，周瑜因病去世，年仅36岁。

周瑜自然是少年英雄。而东吴可以说是少年英雄辈出的土壤，诸如孙坚、孙策、周瑜、太史慈、孙权、凌统、陆逊、陆抗……史学家多指东吴以长江天险为天然屏护；其实，真正起屏护作用的是东吴那许许多多的青年才俊。

据《三国志·吴书·孙破虏传》记载，孙坚“容貌不凡，性阔达，好奇节”，据传为孙武的后代。他在17岁时，遇海盗抢掠商人财物，即提刀大步向前，一面走，一面用手向东向西指挥着，好像正在分派部署人众对海盗进行包抄围捕似的。海盗们远远望见这情形，错认为官兵来缉捕他们，惊慌失措，扔掉财货，四散奔逃。孙坚不肯罢休，追杀一海盗才回，因此声名大振，郡府里召他代理校尉之职。

孙坚（选自清光绪刻《图像三国志》）

当时会稽郡人许昌在句章兴兵作乱，自称阳明皇帝，与其子许韶四处煽动诸县，聚集起同伙数以万计。孙坚以郡司马的身份召募精良勇敢的壮士千余人，会同州郡官兵，协力讨伐，击溃了这股势力。这一年，正是汉灵帝熹平元年（公元172年）。刺史臧旻向朝廷呈报了孙坚的功劳，于是，孙坚被任命为盐渎县丞，数年后，又相继改任盱眙县丞和下邳县丞。孙坚历任三县县丞，所到之处，甚有声望，官吏百姓也亲近顺服。同他往来的人，常常

达到数百。其中有乡里耆旧名人，也有任侠好事的少年。孙坚对他们，像对待子弟亲友一样，接待抚养，尽心尽力。

孙坚后来参加征讨黄巾有功，拜为长沙太守。董卓乱政之际，孙坚为“十八路诸侯反董卓”中的一路，作为诸侯联军的先锋，表现得十分活跃。后来，因为袁术存在私心，拒不发粮，而董卓的大将华雄又杀了孙坚的大将祖茂，孙坚遂败。以后董卓迁都长安，孙坚进驻洛阳，意外发现传国玉玺，遂起私心，藏匿玉玺返回，不料事情泄漏，与袁绍、刘表结仇。孙坚因官至破虏将军，史称“孙破虏”。

《三国志·吴书·孙破虏传》在记载孙坚的同时也记载他的被称为“小霸王”的大儿子孙策。初平二年（公元191年），孙坚因攻打荆州牧刘表而被刘表的部下黄祖设伏遇害，17岁的孙策因此继承父业。因袁术在讨伐董卓时与孙坚友好，并禀告朝廷将孙坚升为破虏将军，孙策就率领父亲旧部投靠寿春的袁术。孙策容貌俊美，且性格开朗、直率、大度，善于听取部属的意见，很会用人，说话又爱开些玩笑，有幽默感，因此赢得士人、百姓的拥戴。士民都愿意为他效忠。孙策不久就离开袁术向江东发展，流露出英雄本色，引起人们的注意。

初平四年（公元193年），21岁的孙策在周瑜、程普和黄盖等人的支持下，从历阳渡江，首先打败了牛渚营（今采石矶）的刘繇，夺得仓库中所有粮食和兵器战具，势力开始强大。

当时，彭城相薛礼、下邳相笮融都依附刘繇，奉他为盟主。薛礼占据秣陵城，而笮融驻扎在县南。孙策首先攻打笮融，斩杀5万多人。笮融惊恐，紧闭营门，不敢妄动。孙策转而挥师攻打薛礼，薛礼突围逃走。这时樊能、于麋等人，又纠集兵士来夺牛渚。孙策立即回军，打败他们，俘获万余人，然后重新进攻笮融。战斗中，孙策腿部中箭，无法乘马，部下抬他回营疗伤。有人对笮融说：“孙郎被箭射死了！”笮融闻孙策死讯，大喜，派将士与孙策部队对垒。孙策先派几百兵马挑战诱敌，而在后面设好伏兵。

敌兵出击，孙策部假作溃败，引敌进入包围圈中，然后一声号令，伏兵尽起，斩杀一千多敌人。孙策乘胜进攻笮融营地，声撼敌营，地动山摇，吓得不少敌兵连夜奔逃。

孙策（选自清光绪刻《图像三国志》）

一开始，百姓们听到孙策兵到，都胆战心惊，魂消魄散，避之唯恐不及；长官们也往往丢弃城池，窜伏草莽之中。后来，人们渐渐发现，孙策大军所到之处，军士们严遵将令，不敢掳掠百姓，鸡犬菜茹，秋毫无犯。于是，百姓十分喜悦，争着用牛、酒犒劳部队。

建安元年（公元 196 年）孙策平定江东，任命吴景为丹阳太守，朱治为吴郡太守，自己兼任会稽太守。建安三年，孙策派张纮向汉廷贡献礼物。曹操想要利用孙策安定江东，与之结纳，上表奏准任命他为讨逆将军，封为吴侯。两年后，孙策在一次狩猎中为刺客所伤，不久后身亡，年仅 26 岁。在前后不足 9 年的时间里，他大小数十战，横扫江东，奠定了东吴基业。他既是执政君主，要治理国事；又是统帅，要指挥诸将三军；同时他自己也亲力亲为，冲锋陷阵，所以人称“小霸王”。

据《三国志·吴书·太史慈传》记载，太史慈字子义，美须髯，猿臂善射，弦不虚发，是真正的神射手，还在 21 岁时，就已天下闻名。

太史慈自少就十分好学，后担任本郡奏曹史。当时本郡与本州之间有嫌隙纠纷，是非曲直不能分，但先告者显然会占据上风。其时本州的奏章已在去朝廷的路上。郡守恐怕落后不利，于是求取可为使者的人。太史慈时年 21 岁，被选为使。他日夜兼程抵达洛阳，先到公车门前等候，才见州吏亦至。太史慈假意问州吏：“君也是前来欲求通章的吗？”州吏答是，太史慈又问：“奏章在哪里？”州吏说在车上。太史慈便说：“奏章题署之处确然无误吗？可否取来一视。”州吏便取出奏章相与。谁知太史慈先已藏刀于怀，取过奏章，便提刀截而毁之。州吏大惊高呼，叫道：“有人毁坏我的奏章！”太史慈便将州吏带至车上，对他说：“假使你没有取出奏章给我，我也不能将其损坏，我们的吉凶祸福已经联在一起了，不见得只有我独受此罪。与其坐而待毙，不若我们一同逃亡，至少可以保存性命，也不必无谓受刑。”州吏疑惑地问：“你为本郡而毁坏我的奏章，已经成功，怎么也要逃亡？”太史慈便答：“某初时受本郡所遣，只是负责来察知你们的奏章是否已经上通而已。但我所做的事却太过激烈，以致损毁奏章。如今即使回去，恐怕也会因此受到谴责刑罚，因此希望与你一起逃走。”州吏相信太史慈所言，乃于即日俱逃。但太史慈与州吏出洛阳后，却暗自重返京城，奉上本郡奏章，出色完成使命。太史慈由是知名于世。

太史慈（选自清光绪刻《图像三国志》）

太史慈后被孙策收降，自此为孙氏大将，助其扫荡江东。孙权主事后，因太史慈长于剿寇，便将管理南方的要务委托给他。建安十一年（公元206年）太史慈逝世，死前遗言道：“丈夫生世，当带三尺之剑，以升天子之阶。今所志未从，奈何而死乎！”（《三国志·吴书·太史慈传》注引《吴书》）言讫而亡，年41岁。

据《三国志·吴书·凌统传》记载，凌统年少时即有美名而被人谈及，加上其父凌操为孙吴战死，15岁的凌统便被孙权拜为别部司马，兼代破贼都尉，统领其父遗兵，屡建战功。赤壁之战中，凌统跟随周瑜大败曹操，再乘胜进攻曹仁于南郡，因功迁为校尉。凌统虽在军旅之中，却“亲贤接士，轻财重义，有国士之风”。

凌统后从孙权往合肥，为军中右部督。时全军出阵，前部已发，魏将张辽等却忽在津北出现，孙权遭围。凌统便率领亲随300人攻入敌阵，护卫孙权突围，自身虽身受重伤，仍杀敌数十人，待孙权无事方还。孙权大为感动，拜他为偏将军。凌统49岁时病死。《三国志》本传说：“（孙）权闻之，拊床起坐，哀不能自止，数日减膳，言及流涕，使张承为作铭诔。”

孙吴有名的少年英雄还有陆逊、陆抗及“二陆”。《三国志·吴书·陆逊传》载，孙权为将军时，陆逊年仅21，即进入其幕府参谋，不久就任东西曹令史，出为海昌屯田都尉，并管理海昌县政务。该县连年大旱，陆逊便打开官仓放粮，赈济贫民，同时劝导农桑，得到百姓拥戴。他又先后平定会稽山贼潘临、鄱阳贼帅尤突的骚扰作乱，更是赢得一片欢呼。由于他年轻有为，虎虎有生气，很得孙权欢心，将侄女（孙策女）许配给他为妻。前面说过，建安二十四年（公元219年），陆逊与吕蒙定计袭取荆州，并攻杀关羽时，年36岁。吴黄武元年（公元222年），陆逊出任大都督，与刘备大军在长江对峙七八个月，待其疲惫，利用顺风放火，大破蜀汉四十余营。刘备惨败之余，大惭悔说：“吾乃为逊所折辱，岂非天邪！”这就是三国史上以少胜多的三大战役中的最后一役——彝陵之战。是役，刘备尽失舟船器械、水步军资，狼狈

陆抗（选自《中国历代帝王名臣撩真迹》）

逃至白帝城（今重庆奉节东北），次年病死。陆逊取得上述成绩，均在其40以前。

赤乌八年（公元245年），陆逊死于丞相任上。其子陆抗即拜建武校尉，统领陆逊子弟兵5千人。稍后几年，陆抗接连迁升，至元兴元年（公元264年）孙皓为帝时，官拜镇军大将军，都督西陵、信陵、夷道、乐乡、公安诸军事，驻乐乡（今湖北江陵西南），镇守今湖北沔阳以西地区。其时陆抗38岁。

凤凰三年（公元274年），陆抗死于大司马、荆州牧任上。其子陆晏、陆景、陆玄、陆机、陆云各自统兵守护吴地武昌以西长江沿线。其中陆景续领陆抗之兵，拜偏将军，《三国志·陆逊传》说他“澡身好学，著书数十篇”。陆机、陆云兄弟入晋后，于太康末同至洛阳，文采飞扬，倾动京城，时称“二陆”。他们成名时年纪均未过30岁。从陆逊、陆抗到“二陆”，祖孙三代都是儒将，能文能武，而为人谦逊，忧国忘身，家风代传，成绩卓著，奕世载美。他们的青春亮色，成为东吴后期江东土地上的一处新绿。

在整个三国时代，以东吴的少年英雄阵容最为华丽，东吴军队里“白马银枪”式的将领非常多。像孙策这样二十出头的少年就能撑起整个家族，并且展露出非凡的王者之气。南宋词人辛弃疾有《南乡子·登京口北固亭有怀》吟道：

何处望神州？满眼风光北固楼。千古兴亡多少事？悠悠。不尽长江滚滚流。

年少万兜鍪，坐断东南战未休。天下英雄谁敌手？曹刘。生子当如孙仲谋。

“生子当如孙仲谋”本是曹操说的一句话。《三国志·吴书·吴主传》：“（建安）十八年正月，曹公攻濡须，权与相拒月余。曹公望权军，叹其齐肃，乃退。”裴注《吴历》：“……权行五六里，回还作鼓吹。公见舟船器仗军伍整肃，谓然叹曰：‘生子当如孙仲谋！若刘景升儿子若豚犬耳！’”

辛弃疾在《南乡子·登京口北固亭有怀》中有三次发问：何处望神州？千古兴亡多少事？天下英雄谁敌手？都是作者自问又自答。对“天下英雄谁敌手”这一问，问的是天下英雄谁配称拥有长江的“他”的敌手呢？这个“他”就是孙权。作者的回答是“曹刘”，唯曹操与刘备！这是据《三国志·蜀书·先主传》记载：曹操曾对刘备说：“今天下英雄，惟使君（刘备）与操耳。”辛弃疾便借用这段故事，把曹操和刘备请来给孙权当配角，说天下英雄只有曹操、刘备才堪与孙权争胜。我们知道，曹、刘、孙三人，论智勇才略，孙权未必比曹操、刘备强。辛弃疾在《美芹十论》中对孙权的评价也并非称赞有加，然而，在这首词里，他却把孙权作为三国时代第一流叱咤风云的英雄来颂扬，这也是有依据的。

孙权画像
（选自明弘治十一年刻《历代古人像赞》）

据《三国志·吴书·吴主传》及裴松之注引《江表传》《吴历》，赤壁之战前，曹操因为“新得表众，形势甚盛”，故打算一鼓作气，拿下江南。他给孙权写信说：“近者奉辞伐罪，旄麾南指，刘琮束手。今治水军八十万众，方与将军会猎于吴。”尽管“八十万众”有可能是虚张声势，但二三十万是肯定有的，较之东吴军力，肯定是数倍，所以底气很足。孙权“得书以示群臣，莫不向震失色”，“诸议者皆望风畏惧，多劝（孙）权迎之”。只有周瑜、鲁肃等人反对。孙权就是在周瑜、鲁肃等人的支持下，不畏强敌，他作书回答曹操说：“春水方生，公宜速去”；又另附纸言：“足下不死，孤不得安。”这几句话说得不卑不亢，可见孙权刚毅而又幽默的性格。当时的孙权只有三十岁，小曹操二十七岁，所以曹操说“生子当如孙仲谋”，应是发自内心的真正称赞。

东吴的少年英雄在之所以多，有两个因素在起作用：

其一，英年早逝太多，时势造英雄。孙坚死得早，作为长子的孙策，继承了父亲的血统，性格极其相似，包括骁勇。再加上父亲当时几乎是名震天下，孙策注定是不甘平凡的。所以他得到机会，就一飞冲天。谁料天不眷顾，孙策也早逝，东吴政权又交到一个更加年轻的人手里。虽然孙权此前就已经证明了自己管理一方的贤能，但要作为一方诸侯，显然还是措手不及。不过，此后的实践证明，孙策的眼光是犀利的，东吴也在孙权的带领下更加强大。凌操的死，造就了他儿子凌统 15 岁即领父兵。赤壁之战收官阶段，周瑜率众将倾巢而出，要一人镇守本部，众人皆推凌统可担此任。算算时间，他当时也不过 20 岁左右。周瑜去世，38 岁的鲁肃被推上长江上游军事总指挥的位置；鲁肃死，吕蒙担任总指挥，时年也不过 39。这些都是时势赋予年轻人的机会。

其二，领导层年轻，更愿意用年轻人。孙策、孙权和瑜周在 20 来岁时就在江东掀起了大浪，充分显示出年轻人的冲击力。所以他们自己也敢于用年轻人，非常喜欢年轻人，相信年轻人能够像他们早年一样担当大任。这便给许许多多年轻才俊以发挥本领的空间。

与曹操、刘备老谋深算的世故相比，东吴的少年英雄们就显得单纯多了。他们一不背负“恢复汉室”的道统，二没有篡汉夺权当皇帝的野心，三没有消灭曹魏、蜀汉，把天下一统在自家手里的企图，四没有假仁假义沽名钓誉的虚伪。他们的思想也许很简单，也很本分，就是守护和发展父兄割据的江东，和老百姓一起过上富庶的日子。所以这帮年轻人用不着在政治上搞那么多阴谋诡计勾心斗角，也用不着在军事上野心勃勃穷兵黩武。他们只是在别人要来掠夺自己家园的时候，奋起抗争自卫，保家卫国，表现出一种淳朴自然的正义和血性。所以把三国的领导班子相比较，我们反倒觉得东吴这拨年轻人可爱一点，他们具有英雄本色，却较少被世俗污染。

东吴少年英雄的可爱，当然也得到历代文学家和诗人的着意渲染，为他们描画出“美人如玉剑如虹”的美好形象。用美女衬托英雄，自古而然。对于曹操、刘备这样的枭雄老男，文学在意的乃是他们的使性好色——在花前柳下之处而夺人妻妾、玩弄少妇。可对孙吴的少年英雄，文学则柔情万种，让他们的爱情惊天地，动鬼神，为男主人公们配之以绝世美女如“二乔”一类，让曹操馋得不行。苏轼那几句“遥想公谨当年，小乔初嫁了，羽扇纶巾、雄姿英发……”把人们感动得泪涕涟涟，成为千百年来最美妙动人的英雄赞歌，也是把东吴少年的风流形象推向三国英雄的顶峰，成为三国历史和文学最靓丽的看点。

较之东吴，蜀汉的少年英雄不多，但比较突出。其中关键人物——刘备参与镇压黄巾起义，任安喜尉、鞭杖督邮、起兵讨董卓，都是29岁之前的事；诸葛亮在隆中向刘备奉献三分天下之策，旋出任蜀汉军师时，也只有27岁。至于关羽、张飞追随刘备起兵之际，也是二十多岁的年纪。此外蜀汉的两员大将——赵云、马超也是年少成名。

据《三国志·蜀书·赵云传》及裴松之注引《赵云别传》等记载，赵云字子龙，常山真定（今河北正定南）人，汉末三国名将，初从公孙瓒，后归刘备。曹操取荆州，刘备败于当阳长阪，赵云则拼死力战救护甘夫人和刘备之子刘禅。刘备得益州，任其为翊军将军驻守汉中。建兴六年（公元228年），赵云从诸葛亮攻关中，分兵拒曹真主力，以众寡不敌，退回汉中，次年卒。他曾以数十骑拒曹操大军，被刘备誉为“子龙一身都是胆也”。

在史籍中，没有赵云的出生时间，但是，从他在初平二年（公元191年）就能为“本郡所举”，带领一支部队追随公孙瓒，之后又跟随刘备、诸葛亮征战四十余年来看，他跟随刘备时当然是少年将军。所以，在《三国演义》中，赵云是以一个英气少年的形象出场的：“忽见草坡左侧转出个少年将军，飞马挺枪，直取文丑。公孙瓒爬上坡去，看那少年：生得身长八尺，浓眉大眼，阔面重颐，威风凛凛……”

赵云一登场即和河北名将文丑大战，救了公孙瓒。后来他和多名三国名将对战，冲锋陷阵罕见败绩，长坂坡救阿斗时，连续杀死曹营名将五十余员。智取桂阳时，更是展现了他过人的机智和出众的谋略。随诸葛亮吊祭周瑜时，因赵云带剑相随，吴将无人敢动诸葛亮。汉水救黄忠时，让魏国名将张郃、徐晃心惊胆战，不敢迎敌。刘备去世之后，曹魏五路犯蜀，赵云把守阳平关，一将当关，万夫莫开。七十几岁时仍为蜀军前锋，阵前力斩被作者称为“有万夫不当之勇”的西凉大将韩德一门五将。

据《三国志·蜀书·马超传》及裴松之注引记载，马超字孟起，西凉太守、征西将军马腾长子。当时的西凉辖今甘南、宁夏及陕西大部，幅员广阔，为羌汉杂居之地。马超身上就有羌人血统。建安元年（公元196年），在马腾帐下为将的马超从马腾与韩遂相攻击，那时的马超刚刚20岁。父兄被曹操诱杀后，马超与韩遂起兵反曹，咬牙切齿，“誓杀曹贼”，在狼烟滚滚的乱世开始了他的历史演出。书上形容马超“狮盔兽带、剑眉星目、彪腹狼腰”，其俊美在三国人物中无出其右，故称“锦马超”。

马超被公认为三国时代最勇猛的武将之一。潼关城下匹马搦阵，连败曹营上将，渭水之滨同“虎痴”许褚赤膊大战二百余合，葭萌关与张飞秉火夜搏。曹操叹曰：“马儿之勇，不减吕布当年。”

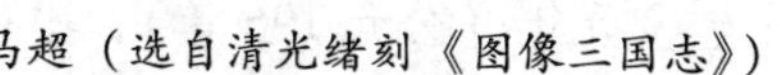
马超（选自清光绪刻《图像三国志》）

马超的勇力自出道以来处处凸显，当世能与之争短长者，不出四五人。《三国演义》第五十八回是“马孟起兴兵雪恨，曹阿瞒割须弃袍”，写曹操率军与马超在潼关交兵，曹军被打败后马超追击曹操。曹操为了不被认出来，把胡须割掉，把长袍丢弃……“割须弃袍”也因此成为一个成语。马超后投奔刘备，刘备称帝，拜马超为骠骑将军，领凉州牧，封斄乡侯。次年马超病逝，终年 47 岁。

至于曹魏集团，以曹氏父子为首，都是青少年时代就崛起于乱世，以少年英雄的大群体而称誉黄河上下。《三国志·魏书·武帝纪》讲“太祖（曹操）少机警，有权数”，被当时名士桥玄、何颙、许劭、王儁、李瓒等看重。许劭曾预言少年曹操为“清平之奸贼，乱世之英雄”（《后汉书·许劭列传》），但此话在《三国志·武帝纪》裴松之注引孙盛《异同杂语》中则改为“治世之能臣，乱世之奸雄”，曹操恶名遂由此流播近两千年。汉灵帝熹平四年（公元 175 年），曹操年方二十，即以“孝廉”被皇帝任命为洛阳北部尉。他上任伊始，就大刀阔斧地整顿社会秩序，还百姓一个清平世界。当时法令规定京师（洛阳）宵禁。《三国志·武帝纪》注引《曹瞒传》说，曹操其时“造五色棒，县（悬）门左右各十余枚，有犯禁者，不避豪强，皆棒杀之”。过后数月，灵帝最为宠幸的宦官蹇硕的叔父公然犯禁夜行，曹操当即下令抓来杀掉，从此权贵都知晓这个初出茅庐的北部尉身上的那股虎劲，再不敢以身试法了。光和三年至五年（公元180年—182年），曹操在议郎任上，两次上书抨击宦官势力，但均未果。曹操知朝政积弊太深，“不可匡正，遂不复献言”。中平六年（公元189年）冬十二月，曹操拒绝董卓拉拢，集合义兵五千众，在全国首倡讨伐董卓，令天下震动。曹操从此走上自立、自强的发展道路，时年仅34岁。当时追随他起兵的曹氏—夏侯子弟，如夏侯惇、夏侯渊、曹仁、曹洪、曹休、曹真以及李典、于禁等也都在二三十岁上下。以后郭嘉、荀彧、荀攸、枣祗、任峻、毛玠、陈琳等，也均以二三十岁、青年才俊的形象陆续加入曹操集团，为其出谋划策。郭嘉从曹操十一年，死时年仅37岁。战功卓著却行事低调的儒将李典，初平（公元190年—193年）中即追随曹操，死时也才36岁。两位为曹操主持屯田的谋士枣祗、任峻死时也是三十六七岁的年龄。……建安元年（公元196年），枣祗在许下（许都周围）屯田，春播时提出“分田之术”（颇类今天的“包产到户”），秋收时便获大丰收，政府竟“得谷百万斛”。可惜他在建安六年即死于任上。是年，任峻接替枣祗，并将枣祗经验推行于曹魏控制的各州郡。《三国志·魏书·任峻传》说任峻治理全境屯田仅三年，“所在积粟，仓廪皆满”，“军国之饶，起于祗而成于峻”。只是任峻于建安九年也撒手人寰。两位实干家的过早辞世，让曹操难以承受，特别是任峻之死，令他“流涕者久之”。前面提到的郭嘉，生前曾是曹操的头号谋士，任司空军师祭酒。与袁绍官渡之战（公元200年）前一年，缺兵少粮的曹操信心不足。郭嘉则为其分析绍有十败，操有十胜，断定曹操必胜。果然曹操仅以三万余人马，即击败袁绍十余万大军，一举奠定了统一北方的基础。《三国志》郭嘉本传载，曹操初见郭嘉时，便被其论见折服，曰：“使孤成大业者，必此人也。”建安十三年（公元207年）郭嘉死后，曹操在向献帝上表中说：“军祭酒郭嘉……每有大议，临敌制变。臣策未决，嘉辄成之。平定天下，谋功为高。不幸短命，事业未终。追思嘉勋，实不可忘。”一年后曹操在赤壁之战中遭受惨败，不禁怀念起郭嘉来，叹道：“郭奉孝（郭嘉字）在，不使孤至此。”

在魏、蜀、吴三国之中，曹魏集团是真正称得上谋士如云，猛将如雨。而他们做大贡献，出大成绩时，多在二三十岁，最多四十岁左右的年纪。像郭嘉、枣祗、任峻、李典等的早死，则因尽力过度，积劳成疾，可谓“天妒英才矣！”

第二节 读书热与发明潮

三国时期是秦末以来的又一个乱世，一切都以战争为先。没完没了的战争把东汉王朝的江山撕扯成了碎块。即便如此，也挡不住文教的勃兴和接踵而至、炽热发烫的读书热与发明潮。

三国时期首先令人耳目一新的是东吴土地上的“孙权劝学”。《资治通鉴》“献帝建安十五条（公元 210 年）”条记载：“初，权谓吕蒙曰：‘卿今当涂掌事，不可不学！’蒙辞以军中多务。权曰：‘孤岂欲卿治经为博士邪！但当涉猎，见往事耳。卿言多务，孰若孤？孤常读书，自以为大有所益。’蒙乃始就学。及鲁肃过寻阳，与蒙论议，大惊曰：‘卿今者才略，非复吴下阿蒙！’蒙曰：‘士别三日，即更刮目相待，大兄何见事之晚乎！’肃遂拜蒙母，结友而别。”

吕蒙（选自清光绪刻《图像三国志》）

此事更多地见载见于《三国志·吴书·吕蒙传》注引《江表传》，只是文字详细而近乎罗唆，不及《资治通鉴》简略得当。不过，《江表传》提到关羽“长而好学，读《左传》略皆上口，梗亮有雄气”，当是一条重要资料。后来三国戏曲中描绘关羽护二嫂千里走单骑，夜宿馆驿秉烛待旦读《春秋》，即从这条资料生发开来。

《三国志》吕蒙本传则讲吕蒙是东吴名将，少依孙策部将邓当，邓当死，代领其部属，从孙权攻战各地，任横野中郎将。后随周瑜、程普等大破曹操于赤壁。其初不习文，后听从孙权劝告，多读史书、兵书，鲁肃称其“学识英博，非复吴下阿蒙”。鲁肃卒，吕蒙代领其军，袭破蜀将关羽，占领荆州，年42即病死。吕蒙本传记载孙权与陆逊论周瑜、鲁肃及吕蒙，孙权说：“……子明（吕蒙）少时，孤谓不辞剧易，果敢有胆而已；及身长大，学问开益，筹略奇至，可以次于公瑾，但言议英发不及之耳。图取关羽，胜于子敬。”

陈寿在吕蒙本传末赞孙权之论允当，云：“吕蒙勇而有谋，断识军计，谲郝普，禽（擒）关羽，最其妙者。初虽轻果妄杀，终于克己，有国士之量，岂徒武将而已乎！”“吴下阿蒙”转变为智勇双全的国士的故事，说明读书的重要性；亦可见孙权重视部下文化水平的提高，善劝学，而部下也热心向学，有决心改变自己，难怪江东多才俊，在三国鼎立下能左右腾挪，多次化险为夷，顽强地坚持到入晋十五年后方政息灯灭。

《江表传》提到的关羽“好学”，善读《左传》，其实也是受蜀汉蓬勃开展的文化教育的影响，而引导蜀汉文化教育浪潮者，不用说是作为蜀汉军师、丞相的诸葛亮了。

诸葛亮出身于官宦之家，从小就接受传统文化的熏陶，熟读儒、法、墨、道诸家典籍。其中作为中国文化的主流，维护封建纲常和忠义道德的儒家正统思想对他影响最大。儒学十分强调自强不息的奋斗精神。孔子自称是“发愤忘食，乐以忘忧，不知老之将至”；还说“三军可夺帅也，匹夫不可夺志也”。孔子的弟子曾子也说：“士不可以不弘毅，任重而道远。”当然，先秦“显学”

之一的墨家也强调积极有为的思想，如“赖其力者生，不赖其力者不生”；“强必治，不强必乱”；“强必荣，不强必辱”；“强必富，不强必贫”诸说，就显示了一种自强精神。他们强调人生负担沉重，路途遥远，读书人当胸怀大志，辅佐危国，负阻不宾，以立德、立言、立功，为国家尽职尽忠。诸葛亮在隆中的时候，除参加部分田间耕作外，更多的时间是在草堂内掩门攻读典籍及其他有用之书。《诸葛亮集》载有他学习《三才秘录》《兵法阵图》《孤虚相旺》的故事，说他得到这些专讲治国安邦之道的书时，兴奋不已，不分白天黑夜地边读边琢磨，越读越有兴味，直到把这三本书读得滚瓜烂熟且还能“致其粤妙”，即对它们有自己比较精辟独到的见解。诸葛亮说：“学须静也，才须学也，非学无以广才，非志无以成学。”（《诫子书》）诸葛亮深知读书的重要性，所以，当他成为刘备集团的主要成员后，在繁重的军政要务之外，还亲自主持文化教育工作。

《三国志·蜀书·尹默传》记载：“先主定益州，领（益州）牧，以（尹默）为劝学从事。”劝学从事这一官职仅见蜀汉所置，具体负责学校的管理和教学的安排。而这一官职，应是诸葛亮建议设置的，以此作为他的助手，贯彻、践行他的教育思想和措施。经过几年努力，蜀中各级学校已普遍恢复开办，《三国志·蜀书·先主传》载有章武元年（公元 221 年）时官员们劝刘备称帝的“劝进表”，其中竟有张爽、尹默、谯周等三人一齐担任劝学从事这一官职。这是由于州郡各级学校迅速恢复开办后，若劝学从事仅一人必难以适应，故而需同时设置三人。

刘备死后，诸葛亮担任益州牧，仍以劝学从事为教育的实际主管。蒋琬执政时，另置典学从事主管教育。《三国志·蜀书·谯周传》记载说：“大将军蒋琬领（益州）刺史，徙（谯）周为典学从事，总州之学者。”《三国志集解》载胡三省注释说：“典学从事，典学校及部（巡视）诸郡文学掾。”郡文学掾即管理郡办学校的官员。即是说，典学从事不但要管理州学，还要巡行视察各郡的学校，督察郡一级管理教育的官吏。“总州之学者”也就是负责整个益州的教育。由此可见，此时益州的教育已走上正常发展的轨道。

自汉武帝时开始设立太学后，太学即作为国家一级的官办学校，在太学中教授课业的则是博士。蜀汉亦在成都设立太学，在太学中设立博士。据《三国志·蜀书》记载，许慈、尹宗、许勋等人均担任过蜀汉博士，许慈担任博士还早在刘备称帝前，可知蜀汉早在建国之初即已在筹办或已有太学了。

两汉在太学中设立的博士基本上是经学中的今文经学派。西汉末年以后今文经谶纬化，内容空虚迷妄荒诞，同时解释经文徒重章句推衍，于是反对谶纬之学的古文经学兴起。蜀汉在东汉后期以来古文经学兴起的影响下，在太学中设立古文经博士。博士之一的尹宗是尹默之子。尹默在汉末时曾由蜀中到荆州“从司马德操、宋仲子等习古学”，后来“专精左氏《春秋》”，能记诵古文经各派大师对《左传》的解释。刘禅当太子时就曾跟着尹默学习《左传》。尹默死后，其“子（尹）宗传其业，为博士”。博士许慈“善郑氏学”。“郑氏学”指东汉后期经学大师郑玄的学说，其熔今文、古文经学于一炉。许慈死后，“其子（许）勋传其业，复为博士”。许慈、许勋父子在太学中教授的当然是郑玄的学说。

荟萃蜀中的学者们学派互异，各有师承。在经学方面，与今文经学派相颉颃而更有生气的古文经学派，在蜀汉占有较重要的地位，如尹默、来敏、李譔、向朗等均为古文经学派学者，许慈等人则是郑学学者。秦宓不盲信前人和古文献的疑古精神，影响较为突出。各派学者之间不时辩争，有益学术空气的活跃。刘备、诸葛亮兼用各派学者，并注意维护学术论争中的正常气氛，从而使蜀中学术空气异常活跃。对学者们在论争中的过激举动，刘备、诸葛亮注意将之引导向正常的途径，处理得比较妥帖。据《三国志·蜀书·许慈传》记载，许慈和胡潜各持己见，争论时经常容易动怒，以至“形于声色，书籍有无，不相通假，时寻楚挞，以相震撼”。刘备则于“群僚大会，使倡家假为二者之容，效其讼阋之以状”，“初以辞义相难，终以刀杖相屈”，以艺术的形式夸张地再现他们在争论中的错误做法，用以感悟他们。这种策略非常高明，有益于维护学术讨论的正常空气。

由于蜀汉统治者尤其是诸葛亮对读书、教育、文化的重视，使在三国中最小最僻远的蜀汉国，在教育与文化方面却特色鲜明，成果显著。此外当时蜀汉的社会秩序比较稳定，不少中原学者因汉末大乱而避难入蜀。诸葛亮十分注意从中网罗人才，从而使蜀中人才并不逊于中原与江南，文化科技也花开烂漫。

在学术文化方面，蜀汉拥有相当数量的学者，其中不少人直接担任教育方面的官职，为其教育文化的发展奠定了较好的基础。如谯周就是蜀汉有名的学者、史学家和经学家，长期担任劝学从事、典学从事，前后长达20年，门人弟子极多。《晋书·文立列传》记载：“文立……师事谯周，门人以立为颜回，陈寿、李虔(即李密）为游、夏，罗宪为子贡”；《华阳国志》记载谯周的学生中著名的还有杜轸等人。这些由蜀汉教育培养出的人才，在当时都担任要职，如文立在蜀汉官至尚书，罗宪在蜀汉末期领兵镇守白帝。其中的佼佼者陈寿、李密在中国史学史、文学史上的地位则是有目共睹的。

蜀汉学者在史学方面的成就最大，胜于魏、吴。三国两晋是中国史学发展史上的一个高潮，这个高潮的核心圈就在蜀汉，其中来敏的《本蜀论》，是记蜀地古史的专门志籍中最早者之一。秦宓的学说和治学思想，对其后的蜀汉学者产生了较大的影响，他提出“禹生石纽”的见解至今仍有重要影响。他不盲信古人、古文献的治学思想是难能可贵的。谯周著有《古史考》《蜀本纪》《巴记》《益州记》等，均是极其重要的史学著作，对后世影响很大。陈术著有《益都耆旧传》、杨戏著有《季汉辅臣赞》、王崇著有《蜀书》，均对蜀汉史实进行了搜集和整理。被称为“良史”的陈寿正是在谯周等蜀汉史学家的影响下出现的。他著有《古国志》

《益部耆旧传》等，而更著名者当然就是《三国志》了。生为蜀人，陈寿却能承袭《史记》《汉书》的纪传体例，又因事置体，将魏、蜀、吴三国并列载入史书，在断代史中自创一格。他撰著的《三国志》被视为与《史记》《汉书》《后汉书》齐名的“前四史”，其史学观和文笔受到后代的推重。

少时师事谯周的李密也是蜀汉著名学者。他在蜀汉担任大将军主簿、太子洗马等职，曾几次出使吴国，为汉吴盟好效力。入晋后，李密以祖母年老无人供养为理由推辞晋武帝的征召，上《陈情表》倾诉衷情。表文词意恳切，不假雕饰而直抒真情，极富感染力，堪称古代散文的名篇佳作。表文中的“日薄西山，气息奄奄，人命危浅，朝不虑夕”数句，至今脍炙人口。

在经学方面，蜀汉学者也取得了相当的成就，其中的佼佼者尤推李譔、谯周。李譔读书广博，“五经、诸子无不该览”，还留意实用科技，《三国志·蜀书·李譔传》说他“算术、卜数、医药、弓弩、机械之巧，皆致思焉”。他著述甚丰，“著古文《易》《尚书》《毛诗》《三礼》《左氏传》《太玄指归》”。谯周“研精六经”，著有《五经论》《法训》《论语注》等，加之门人亦多，影响很大。除李譔、谯周外，蜀中还荟萃着一批古、今文经学派学者，他们也做出了极大的成就。据《三国志·蜀书》各本传所载，尹默“皆通诸经史，又专精于左氏《春秋》”，张裔通“《公羊春秋》”，孟光“好《公羊春秋》而讥呵左氏”，许慈“善郑氏学，治《易》《尚书》《毛诗》《论语》”，杜琼“著《韩诗章句》十万余言”，等等。

教育与文化的繁荣总是会为社会服务的，教育与文化又总是和科技连在一起的，教育与文化的繁荣也必定会带来科技的繁荣，从而更好地为社会服务。

诸葛亮在主持蜀汉教育文化工作并极力使之发展的同时，还根据他自己对科技的认识以及在实践中的体会，制定了一套进步的科技政策，促进了蜀汉经济的发展。

诸葛亮视科技为立国的不可缺少一环，大力促进科学技术的发展。蜀汉初立时，益州已被刘璋弄得“民贫国虚”。其应对的根本措施，当然是狠抓教育，培养人才，但教育的效益不会立刻显现，经济的困难却在眼前。对此诸葛亮认为：“今民贫国虚，决敌之资，惟仰锦耳。”（《今民贫国虚教》）于是一手大力发展教育，一手发展经济，重点发展蜀锦，并增设锦官以专门管理。他还带头在自己的15顷薄田上种桑八百株。张华《博物志》还载诸葛亮视察“临邛火井……以盆盖井上，煮盐（水）得盐”。这表明诸葛亮十分重视对事涉国计民生的井盐及天然气的开发和利用。

诸葛亮十分重视科技人才。他认为“治国之道，在于举贤”，要“尽时人之器用”。他在成都之南筑高台，以延接“四方之士”，并根据每位人才的专长予以不同的使用。有“神刀匠”之称的蒲元，“胜多巧思”，制出的刀削铁如泥，诸葛亮任其为西曹掾，专门负责造刀。阆中周群，专志气候业，长于天文，“所言多中”，被诸葛亮任命为儒林校尉。诸葛亮注意把有真才实学的人安排在科技领导部门，如对被称为“益州学士”，令吴国使者大为敬服的秦宓，委任其为大司农；“十理敏捷”的张裔为司金中郎将。对于在科技和经济管理方面取得突出成绩的人，诸葛亮也总是注意加以及时提拔。

诸葛亮注意有重点地发展科学技术。当时三国鼎立，以耕战为上。因此，诸葛亮多次强调“务农殖谷”。他重视对都江堰、成都九里堤等水利工程的利用和保护，特置规模达千人的专业部队常年守护和维修，亦在汉中和渭水之滨进行屯田，以支持前方作战，还减轻人民负担。诸葛亮十分重视武器的质量，亲作《作斧教》《作匕首教》《作钢铠教》等关于军工生产的指示，对武器制造技术的改进、武器质量的提高，具有重大意义。

诸葛亮还积极推广科技成果。蜀汉统治区内，成都平原经济文化发达，边远地区则相对落后。诸葛亮十分注意把内地的先进技术与文化推广到边远地区。在平定南中之后，他教少数民族用牛耕田，改变落后的“力耕”；把蜀锦的制作技术介绍到边远地区，使少数民族妇女掌握了织锦技术。至今在云南、贵州的一些地方，还存有“诸葛井”“武侯锦”“孔明老爹”“诸葛堰”等胜迹及传说，生动地反映了诸葛亮推广科学技术的业绩。

中国历来以政治军事为重心，对科技重视不够，但诸葛亮却在蜀地推行进步的科学技术政策，以推动社会经济的发展。当时，曹魏“已拥百万之众，挟天子而令诸侯”，孙吴“据有江东，已历三世，国险而民附”；而仅占当时九分之一土地和人口的蜀汉却能在三国鼎立的斗争中常常掌握主动权，即使与强悍的魏军对峙，也每每处于上风，使司马懿也只好“各自保全自己”。这其实得力于蜀汉科学技术蓬勃的发展，增强了蜀汉经济实力和军事实力。诸葛亮还以科学技术促进了西南少数民族地区的开发，使南中也成了蜀汉政权的一个重要后勤基地。

诸葛亮本人还是科技发明创造的热心实践者。《三国志·蜀书·诸葛亮传》说：诸葛亮“性长于巧思，损益连弩，木牛流马，皆出其意；推演兵法，作八阵图，咸得其要云”。他的科技发明主要有：

诸葛连弩。这是诸葛亮出山后发明的第一种作战兵器。以往

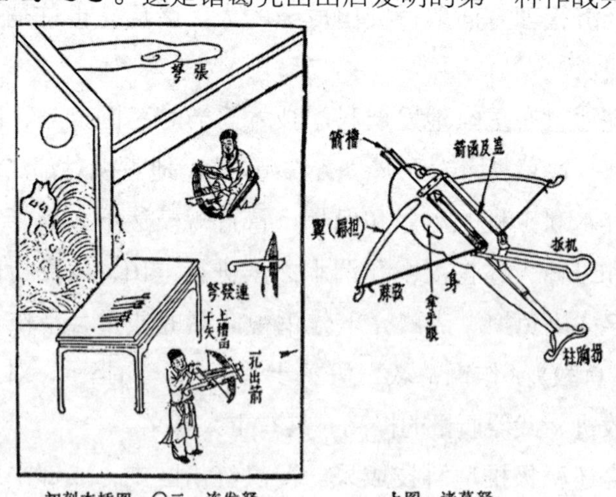

三国连发弩（左图）及诸葛弩（右图）
（选自明崇十年刻《天工开物》）

的弩一次只能发一支箭，十分不便。诸葛亮发明的连发弩一次竟能发十支。连发弩比一般的弩稍宽，射箭时平射，杀伤力极高。《魏氏春秋》记载：“损益连弩，谓之元戎，以铁为矢，矢长八寸，一弩十矢俱发。”

八阵图。这是诸葛亮自己创造的兵阵。蜀汉多山，汉军以习于在山林作战的步兵为主，一旦北上中原，便很难与魏国的骑兵抗衡。诸葛亮为了提高汉军的战斗力，将古代的“八阵”加以变化，成了后世所说的“八阵图”。八阵图纵横各八行，用辎车作为主要掩体，以鼓声和旗帜等指挥军队，可以变化许多阵法。

火兽。诸葛亮平定南中时，少数民族首领孟获以兽为兵，利用象、虎、野牛、狼等野兽大败赵云和魏延的兵马。诸葛亮则想到了野兽怕火，发明了一种外型似兽，朱红色，能喷火的武器来对付孟获的兽兵。

搭桥枪。诸葛亮北伐时，通往北方的道路极其艰难，山多河多。每次渡河，士兵们都要花很长的时间搭桥。诸葛亮联想到古人造镰钩的工艺，发明了搭桥枪。搭桥枪的枪杆和红缨枪一样长，枪头呈螺状，有点像现在的螺丝刀。

孔明灯。诸葛亮北伐时曾被司马懿困于阳平，危难中设计出可以组合的、用来向救兵传递信息的空飘灯。在科技尚不发达的三国时代，诸葛亮在世界上第一个发现热气球空飘的原理，这自与他读书多、视野开阔有关。

木牛今人仿制，为诸葛亮发明，用来动送军用物资、适于山地使用

木牛流马。诸葛亮北伐时为了方便运输粮草，发明出一种奇妙工具，即木牛流马。木牛流马善于上坡下坡，特别利于山区运输。揣摩《诸葛

亮集·作木牛流马法》的记载，木牛流马当是像牛、马形状的自动机械车，腿由粗木制成，内有一绳，绳头接舌，绳尾接腿。每扭转舌头一次，可自行二十里。

扎马钉。诸葛亮发明的扎马钉（铁蒺藜）不管怎么扔都是三尖着地，一尖竖起，这是对付曹魏骑兵的有效武器，在勉县定军山出土较多。

水位标尺。为便于都江堰清淤维护，诸葛亮设计出一种石标尺，一直使用到 20 世纪 80 年代，才被按原样仿制的钢标尺替换。而诸葛亮为都江堰维修和保护立下的法规，直到今天仍在发挥作用。

诸葛锦。诸葛亮为了提高蜀锦的质量和产量，改善了织机和制锦工艺。南征时，他把改进后的织锦方法传授给云贵地区的少数民族，所以苗族把自己织的五彩锦称为“武侯锦”，而侗族妇女织的侗锦亦以此相称。

孔明锁。诸葛亮发明的这种锁，能在没有钉子、绳子的情况下将六根木条交叉固定在一起。这是使用榫卯咬合的方式，以三组木条垂直相交而固定的智慧锁。后人按此原理制成称为“孔明锁”的玩具，曾广泛流传于民间。

在诸葛亮推动下，蜀汉军民还有蒲元神刀、五折刚铠 、云梯、冲车 、诸葛鼓 、馒头、诸葛环等多种发明。

诸葛亮和蒲元等军民的发明，除了用于军事目的外，也有利于发展经济，方便或丰富百姓生活。这些发明直接影响了后世。例如：

诸葛连弩解决了弓箭不能连发的问题，从而加大了杀伤力。1851 年，比利时工程师加特林发明了世界上第一挺机枪，在两次世界大战中发挥了决定性作用。所以直到 20 世纪，步兵中还设有机枪连。无论是连弩还是机枪，其中最重要的环节就是连发。所以说诸葛亮连弩原理对现代常规武器和兵种设置都具有巨大影响。

诸葛亮发明的八卦阵，按休、生、伤、杜、景、死、惊、开，设八门。中间加指挥台，由步兵、骑兵配合，可以演绎六十四种阵法。可以说，在冷兵器时代八卦阵以逸待劳，较难攻破。今天打仗有电子信息指挥平台，陆、海、空三个兵种配合，飞机、舰艇、坦克、远程导弹及火炮等常规武器综合使用，乃是建立在现代科技基础之上的“八封阵”，其渊源似可追溯至诸葛亮的八卦阵。

诸葛亮利用动物怕火的原理，用兽型器喷火，吓退敌军的象军、牛军等，这火兽可以说是今天火焰喷射器的雏形。

今天的热气球应用的乃是孔明灯的基本原理。

今天的舟桥工程兵则可能借鉴了诸葛亮搭桥枪可以组合的原理，以迅速搭建行军桥。

孔明锁把三组木条垂直相交固定的咬合方式，在建筑上被广泛应用，也解决了旅途中行军中搭建帐篷的问题。

在吴、蜀之北的曹魏，读书与发明的浪潮也堪称波澜壮阔。曹丕在《典论·自叙》里称颂父亲“雅好诗文书籍，虽在军旅手不释卷”。曹植《武帝诔》回忆父亲“既总庶政，兼览儒林，躬著雅颂，被之琴瑟”。《三国志·魏书·武帝纪》引王沈《魏书》则讲曹操“御军三十余年，手不舍书，昼则讲武策，夜则思经传，登高必赋”。曹操由于谙熟经史，其诗文引经据典皆信手拈来，而又恰到好处，令人叹服。他的25个儿子，也大多能以他为榜样，饱读诗书，好舞文弄墨，其中曹丕、曹植更是建安文人集团中继曹操之后的伟大作家。王沈《魏书》讲曹丕“年八岁，能属文，有逸才，遂博观古今经传诸子百家之书”。《三国志·魏书·陈思王》则述曹植“年十岁余，诵读《诗》《论》及辞赋数十万言，善属文”。其时曹操看他的文章，很为讶异，以为是请人代作。曹植朗声回应父亲：“言出为论，下笔成章，顾当面试，奈何倩（请）人?”南朝宋时的大诗人谢灵运佩服地说：“天下才有一石，曹子建独占八斗，我得一斗，天下共分一斗。”（宋无名氏《释常谈》）“才高八斗”典故即因曹植而生。在曹氏父子的带动下，当时的北部中国读书、属文、赋诗竟成时尚。钟嵘《诗品》说：“降及建安，曹公父子，笃好斯文。平原兄弟（曹植曾封平原侯），郁为文栋。刘桢、王粲，为其羽翼。次有攀龙托凤，自致于属车者，盖以百计。彬彬之盛，大备于时矣。”这讲的是当时邺都（建安十八年，曹操为魏公，定都于邺——今河北临漳邺镇）的情形。至于其他地区，也因曹操“唯才是举”的用人政策，并受首都圈的文气漫浸，而以读书奋发为道。黄河流域的科技文化热潮接踵而来，包罗数学、机械、医学、地图诸门类。

曹植（选自清光绪刻《图像三国志》）

数学：割圆术。割圆术的发明者是刘徽。他大致生活在魏晋之交，是中国古代杰出的数学家，也是中国古典数学理论的奠基者之一。他针对东汉前期的《九章算术》仅有术文（公式）和具体数字运算的情形，对许多重要数学概念给出严格定义，并提出“析理以辞，解体用图”，运用棋验法或图验，对《九章算术》中的一些重要公式作出证明。他针对圆面积与圆内接多边形面积的相关情况提出：“割之弥细，所失弥少，割之又割，以至于不可割，则与圆合体而无所失矣。”（《九章算术·方田注》）这是在数学史上创造性的认识。此前，孙吴的王蕃推算出圆周率为3.1555。刘徽按照割圆术理论和勾股定理，得出更精确的圆周率值——3.1416，后人称之为“徽率”。中国数学的成长，刘徽可以说是一个标志性的人物。他的主要著作有：《九章算术注》九卷，《重差》

1卷（唐代易名为《海岛算经》），《九章重差图》1卷。可惜后两种都在宋代失传。后来祖冲之算圆周率，在刘徽的基础上，得到两个近似值，即3.1415926和3.1415927。刘徽为解决圆周率问题所运用的初步的极限概念和直曲转化思想，在1700多年前的古代，十分先进，也十分可贵。刘徽的工作，不仅对中国古代数学发展产生了深远影响，而且在世界数学史上也确立了崇高的历史地位。鉴于刘徽的巨大贡献，有不少科技史著作都把他称作“中国数学史上的牛顿”。

机械：水车。中国一直以农业立国。农业方面的科技发展，其造福的对象是天下大众。而灌溉则是农业中极重要的环节。中国传统的灌溉机械，最早便是三国时代出现的“翻车”或“龙骨车”，这也是最早的水车——说起来，这种造福于民的工具，其最初是为了用来洒水洗路，而其创造者，是东汉末年一个叫毕岚的宦官。到了三国曹魏时期，曾任博士和给事中的马钧大力改进毕岚翻车，使它成为用于农业灌溉的有效的提水机具，能连续提水，“灌水自复，更入更出，其巧百倍于常”。马钧的发明还不仅于此。《三国志·魏书·杜夔传》注引傅玄序说，当时丝棱机构造繁复，效率较低，“五十综者五十蹑，六十综者六十蹑。先生（指马钧）患其丧功费日”，都改为十二蹑，提高生产效率四五倍。马钧见到诸

龙骨水车（选自明崇祯十年刻《天工开物》）

葛亮所造连弩，以为“巧则巧矣，未尽善也”，又加以改进，使一弩五十矢俱发，提高效率五倍。他还将传说中黄帝发明的指南车，真地造了出来；还复原出失传的记里鼓车。后者内部装有一套相当于现代减速齿轮组的齿轮系统，车子走一里，车上的立轴就会带动木偶击鼓告示。这种装置，应是现代车辆里程表的先驱。曹魏的大发明家马钧，在当时被称为“天下之名巧”。

医学一：心肺复苏术。汉末魏晋时代，战争频仍，疾疫流行，医学内外科也迅猛发展。内科的代表人物是张仲景，外科代表为华佗。张仲景（约公元160—218？）的医学代表作叫《伤寒杂病论》十六卷（今本分为《伤寒论》《金匮要略》两种），影响中医学历史近两千年。张仲景是世界上第一个记载心肺复苏术的人。其《金匮要略》卷下《杂疗方》叙述说：“救自缢死，旦至暮，虽已冷，必可治；暮至旦，小难也，恐此当言阴气盛故也。然夏时夜短于昼，又热，犹应可治。又云：心下若微温者，一日以上，犹可治之方。徐徐抱解，不得截绳，上下安被卧之，一人以脚踏其两肩，手少挽其发，常弦勿纵之；一人以手按据胸上，数动之；一人摩捋臂胫，屈伸之。若已僵，但渐渐强屈并按其之，并按其腹。如此一炊顷，气从口出，呼吸眼开而犹引按莫置，亦勿苦劳之。须臾，可少与桂枝汤及粥清，含与之，令濡喉，渐渐能咽，及稍止。若向令两人以管吹其两耳，罙好。此法最善，无不活也。”这段文字应是对张仲景本人创造的心肺复苏术的真实记录。后世的医书经常引用此法，影响很大。这样一种救命的方法，实在是这位医学大家为众生做出的最大贡献之一。张仲景的医著，不言鬼神，只谈治病救人。他创立的不少治疗原则和方药，千百年来为医家所宗，至今仍行之有效，故被后世尊为“医方之祖”及“医圣”。他不仅是中医临床辨证理论体系的开创者，据传还首开中医坐堂的先河；今天中医药店“××堂”（均有医生坐堂）的店招模式，也由他发轫。

医学二：全身麻醉术。外科手术很重要的一个过程是麻醉，这个过程直接影响着手术的成败。而麻醉中风险更大的一般来说是全身麻醉。最早被记载使用全身麻醉术的可能是扁鹊，但是史籍关于扁鹊的那则记载神话色彩相当浓，不能完全当做历史看待。而《三国志·魏书·华佗传》记载华佗给人开刀，使之“饮其麻沸散，须臾便如醉死无所知”云云，则令人信服。华佗（约公元145—207）是世界上被权威典籍明文记载的第一个使用麻醉剂进行手术的医生。有了麻醉剂，很多在清醒状态下做不到的手术，都变得可能，这是一个跨越时代的创造。华佗使用麻醉剂比西方医学的使用要早上一千六百多年。这说明我国古代外科医学曾有过辉煌时期。文献记载华佗用全身麻醉进行腹腔手术有二次，所用麻沸散可能以蔓陀萝花、草乌为主药。他不仅擅长外科，对妇科、儿科、内科亦颇有研究，医术高明，针灸汤药很独到，还以善驱虫闻名；并精于养生，创“五禽戏”，在本草学方面也有成绩。《三国志》本传载华佗不愿为曹操治病，被曹操杀头。他临死时，“出一卷书与狱吏，曰：‘此可活人。’”可惜狱吏害怕，不敢接受，华佗怅而焚之。华佗外科术及麻沸散配方的失传，或与此书被焚有关。论者以为：“华佗之死，毕竟堵死了中医外科手术发展的道路。后虽有零星发展，但终未

治风疾神医身死

（选自清光绪刻《图像三国志》）

占据主导地位，外科疾病遂多以内治之法处理了。”① 清人陆以湉《冷庐医话》说：“张仲景，医中之圣也；华元化（即华佗），医中之仙也，二人同时。”中医史上的医圣、医仙并现于魏晋时代，说明这个时代虽陷于战乱纷扰，但文化风气很盛，具有发展科学技术的基本环境。

地图：制图六体。“制图六体”是裴秀（公元223—271）的发明。裴秀在《三国志·魏书》里附于《裴潜传》后，只有九个字，裴松之注引《文章叙录》补写了二百余字。其更详细的资料保存在《晋书·裴秀列传》里。《文章叙录》讲裴秀自幼好学，小有才名，年长仕魏。高贵乡公（曹髦）甘露二年（公元257年），34岁的裴秀随司马昭到淮南征讨诸葛诞，因他出谋划策有功，被任为尚书，不久又升为尚书仆射。他除在朝廷中负责其他政务外，还负责管理国家的地图和户籍人口。由于职务上的关系，他得以接触更多的地理和地图知识，有机会对古代地理和地图进行仔细整理和精心研究。他感到“《禹贡》山川地名，从来久远，多有变易”，遂主持编绘《禹贡地域图》18篇。这是中国见于文字记载的最早的一部地图集，惜已失传，但其序言中的“制图六体”却保存了下来。“制图六体”是建造舆图的六条准则。所谓六体，即一要选好比例尺（比率），二要确立彼此间的方位（准望），三要了解两地间的步行距离（道里），四要了解其高下，五要了解其方邪，六要了解其迂直。人的行程与高下、方邪、迂直“三者”有关，要求得两地的水平距离，就必须高取下，方（直角三角形的两正角边）取斜（直角三角形的斜边），迂（曲线）取直。“制图六体”是我国古代的一项杰出科学成就，在中国地图学史上具有划时代的意义。它除了经纬度和地图投影未涉及外，其他各项制图重要原则都扼要地提了出来，从而为我国传统的制图学理论奠定了科学基础。其影响所及，直到明末清初西方的舆图投影要领

① 马伯英：《中国医学文化史》，上海人民出版社1994年版，第291页。

传入中国，中国的制图学才再一次被刷新。

魏晋之际，造纸术也得到广泛发展。纸虽发明于西汉，两汉之交也有纸书出现，但真正开始普及，还是曹魏时期。《初学记》卷二载，建安时期，曹操下令："自今诸掾属侍中别驾，常以月朔各进得失，纸书函封，主者朝常给纸函各一。"《艺文类聚》卷五十八则载，陈寿刚死，西晋朝廷就"诏下河南，遣吏赍纸、笔，就寿门下，写取国志。"1924 年、1965 年，在我国新疆地区先后发现了两份晋人抄写的《三国志》纸本残卷。这说明晋代纸张已经普及，造纸业发展迅猛。到东晋，纸终于完全代替竹简，成为书写的主要工具。

曹魏时期，以水力鼓风也用于冶铸实践。水力鼓风即水排，原是东汉初南阳太守杜诗的发明。此前，冶铁铸铜普遍采用"人排""马排"鼓风吹炭。《三国志·魏书·韩暨传》说，曹操的监冶谒者韩暨"因长流为水排，计其利益，三倍于前。在职七年，器用充实"。韩暨既开了头，各地即纷纷效仿，于是，东汉初发明的水排，终在黄河南北大规模地推广开来。

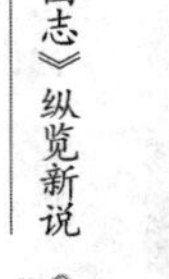

第三节　挡不住的时尚新风

魏晋之际的最大时尚首推魏晋风度。其核心表现形式则为清谈。东汉两次"党锢之祸"（公元 166 年，公元 169 年及 176 年）皆由士林讥议时政、品核公卿、裁量执政的清议引起。此后，因为血的"教训"（两次"党锢之祸"，士人被杀、被流徙和囚禁者达千人以上），清议的政治性内容转为对人物的品德、性格、才能、容止、风度的鉴赏，转为对乡土山川景物的赞叹。政治化的论题变为名副其实的清谈。

清谈一作清言，又称玄言、玄谈、谈玄。这种风气据说始自曹魏何晏而贯穿于两晋南北朝。史称何晏"好老庄言"，"善谈易老"，"能清言"。他同王弼、夏侯玄等同开玄学清谈之风。因为他们主要活动于魏齐王曹芳正始年间（公元 240 年—249 年），故世称“正始之音”。而之前的魏明帝时代（公元 227—239 年）的所谓“四聪八达”集团，则为“正始之音”作好了人才准备。魏明帝太和（公元 227—233 年）初，一大批年轻官僚或出身于官僚世家的翩翩少年先后聚集京师洛阳，仿汉末清议而品评人物，互相标谤，批评时政，影响舆论，令朝廷不安，目之为“浮华”少年。太和六年（一说四年），魏明帝接受董昭建议，惩办“浮华”案，将“浮华”少年中的十五名佼佼者，或本人或父辈“皆免官废锢”。这十五名佼佼者中的十二名曾互相题表为“四聪”“八达”。其中“四聪”以散骑常侍夏侯玄领衔，“八达”以尚书诸葛诞为首。时何宴也名列“四聪”“八达”之中。景初三年（公元 239 年），魏明帝驾崩，八岁的齐王曹芳由宗室曹爽和太尉司马懿辅政坐上龙骑。在曹爽的支持下，被压制达八年的“四聪八达”集团得以恢复生机，纷纷加入新政权；同时在思想学术领域又开谈玄论儒、自由论辩的新风，将更多的富有才气的少年思想家裹挟进来。这之中，就有王弼以及卫瓘、裴秀和钟会等。他们多在十五六岁间，思想敏锐，眼光前卫，领一代风气之先，遂有尔后“正始之音”震响士林。

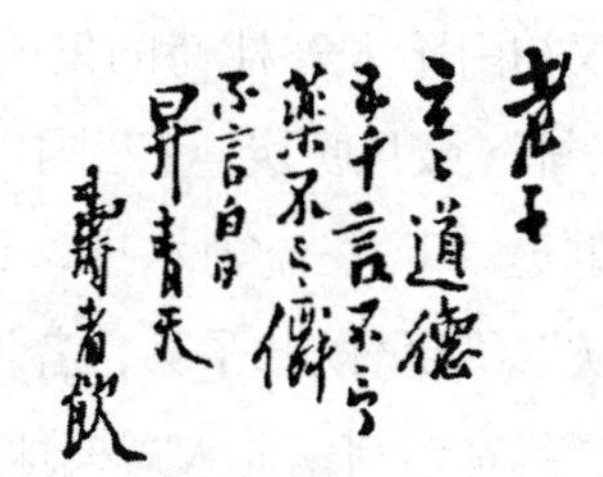

老子（清·任熊绘，选自《列仙酒牌》）

历史进入曹魏以后，政局复杂多变，名士达官祸福无常。士大夫不满现实，又无勇气去正视它。在多数时候，他们（不包括“四聪八达”）为避免灾祸，言谈极力空泛而不着边际，不敢评讥人物、臧否时事。于是，他们从《老子》里发现了消极无为，鄙夷仁义礼法；从《庄子》里发现了知足逍遥，摈弃世务；从《周易》里发现了神秘玄妙，幽微莫测。他们因此有了研讨、寄托的对象。魏晋玄学也便应运而生。

魏晋玄学的基础是老庄。老庄特别是庄子的重感情、重个性，主张自然任性的思想，必然会与经学、名教发生剧烈的冲突。那些置身于动乱、险恶环境中的士子从这种冲突中发现了生命的意义，并在此基础上予以苦苦思索、热烈追求，从而形成了体现玄学思想的一大批哲学著作和文学作品。

玄学的前期代表（也是“正始之音”的代表）是何晏、王弼，还有前面提及的“四聪”“八达”；后期代表则是嵇康、阮籍等“竹林七贤”。清谈之风经他们提倡，知识分子们争相慕效。他们摈世务，专谈玄理，即“三玄”——《老子》《庄子》《周易》的奥妙。人们首先是对这三部著作中涉及的哲学概念进行深入细致的讨论；然后再用老、庄思想去解释儒家经典，形成所谓以道注经、援道入儒。此外，清谈家还将佛理融入玄谈，以助谈兴。

当时清谈者多手执麈尾。这是一种用驼鹿尾毛制成的掸帚。清谈时一般坐于胡床，执着麈尾，不时甩扬轻拂，很是潇洒飘逸。西晋大臣王衍常执玉柄麈尾，玉柄的颜色和手指的肤色相同；当义理谈得不妥当时，便挥动麈尾，以示否定。魏晋之际的知识分子十分珍惜自己的麈尾，视如生命。《晋书·王濛传》说，王濛病重临死时，还在灯下一边转动麈尾，一边盯着它悲哀地说：“像这样的人竟然没能活过四十岁。”后来王濛死了，他的朋友在安葬他时，把麈尾也郑重地放进棺材，然后大家痛哭而归。

《世说新语·文学篇》还讲了这么一个故事，说有个叫孙安国的，有一天去找朋友殷浩辩论玄理，两人越谈越有兴致，连午饭都忘记吃了。手下人没办法，只好把冷了的饭菜一次一次地热，一共热了四次。他俩辩论激烈时，双方不断挥动麈尾，由于挥动得太厉害，使饭菜碗里落满了尾毛。就这样从早上一直谈到晚上，他俩都没有想到要吃饭。可见手执麈尾是魏晋之际清谈的标志，是魏晋风度的一个符号，当然也是当时最时髦的风尚。

魏晋风度在中国历史上一直是文人士大夫们所津津乐道的话题和追崇的典范。在很多人看来，魏晋风度是一种真正的名士风范，引领着时尚生活。在“真名士”的排行榜上，排名第一的明星当是何晏。鲁迅先生在《魏晋风度及文章与药及酒之关系》里写到：“何晏的名声很大，位置也很高……第一，他喜欢空谈，是空谈的祖师；第二，他喜欢吃药，是吃药的祖师……他吃的不是寻常的药，是一种名叫‘五石散’的药。”何晏是当时的神童。《世说新语》记载：何晏七岁的时候，聪明过人，曹操特别喜爱他。因为何晏在曹操府第里长大，曹操想要认他做儿子。何晏便在地上画个方框，自己待在里面。别人问他是什么意思，他回答说：“这是何家的房子。”曹操知道了这件事，随即把他送回了何家。

据《三国志·魏书·何晏传》注引《魏略》，何晏容貌俊美，而且喜欢修饰打扮，面容细腻洁白，无与伦比。因此魏明帝疑心他脸上搽了一层厚厚的白粉。一次，大热天之时，魏明帝着人把他找来，赏赐他热汤面吃。不一会儿，他便大汗淋漓，只好用自己穿的衣服擦汗。可他擦完汗后，脸色显得更白了，明帝这才相信他没有搽粉。后人把“傅粉何郎”作为典故，用来形容人的面容白净漂亮，

何晏说过：“服食五石散（寒食散），不只能治病，也觉得精神很清爽。”许多学者认为，是何晏带动时人服食“五石散”。所谓“五石散”，是用石钟乳、紫石英、白石英、石硫磺、赤石脂五味石药合成的一种中药散剂，又被称为“寒食散”，有壮阳、温肺肾，主治阳痿等症的效果。这种散剂据说是张仲景发明的。张仲景发明这个药方，原本是给伤寒病人吃的，因为这个散剂性子燥

热，对伤寒病人有一些补益。谈论魏晋风度时，必定会说到这个“五石散”，因为两者几乎是联系在一起的。长期服用“五石散”，皮肤便会变得白嫩细致。魏晋以降的六朝美男子，肤色皆以白皙闻名。西晋大臣王衍“手白更胜玉柄”，何晏则因此引来魏明帝汤饼之宴。服食“五石散”的风气自被何晏倡导并开始流行后，由魏晋至唐，名士们趋之若鹜，历整整五六百年而未有间断，且颇有发展。但“五石散”终究是毒物，长期服用会有很大的副作用。魏晋之际的士人爱穿宽袍大袖，亦为时尚。但这样的装束，乃是因服药后体热发烧，以此散热宣汗而已。

魏晋间人还爱使羽扇纶巾。苏轼《念奴娇·赤壁怀古》中就有“遥想公瑾当年，小乔初嫁了，雄姿英发。羽扇纶巾，谈笑间、樯橹灰飞烟灭”之句。其中“羽扇”指用鸟羽制成的扇子，“纶巾”指古代用青丝带做的头巾，又名诸葛巾，为古人扎头的常用装饰。拿着羽毛扇子，戴着青丝绶的头巾，是那时从容不迫，儒雅睿智的一般形象。看过《三国演义》的人都知道，那气宇轩昂、运筹帷幄的诸葛亮一出场就是羽扇纶巾。《太平御览》卷七百二引晋人裴启《语林》：“诸葛武侯与宣王（司马懿）在渭滨将战，武侯乘素舆，葛巾，白羽扇，指挥三军。”南朝梁代的《殷芸小说》则载：“武侯与宣王治兵，将战，宣王戎服位事，使人密见武侯，乃乘素舆葛巾，自持白羽扇指麾，三军随其进止。宣王叹曰：‘真名士也’。”不过，羽扇纶巾既

诸葛亮
（选自清光绪刻《图像三国志》）

不是诸葛亮的首创，更不是诸葛亮的“专利”。魏晋时代，上层人物竞相表现风度潇洒、举止雍容之美，而“羽扇纶巾”的装束则能够显出这样的美、这样的“名士”派头，即使亲临战场也往往如此。后因以“羽扇纶巾”谓大将指挥若定，潇洒从容。如《晋书·顾荣列传》载，顾荣与陈敏作战，“麾以羽扇，其众溃散”。苏轼为了刻画周瑜的形象，从裴松之注引《三国志》里蒋干拜访周瑜时后者“布衣葛巾”而进行艺术升华，想象周瑜一定是“羽扇纶巾”，方符合一代风流的形象。

史籍与文学作品中，三国时代以“羽扇纶巾”亮相的军事主帅，除了诸葛亮、周瑜、司马懿外，还可以举出许多，如：鲁肃、陆逊、李典、钟会、羊祜、陆抗等等。这大约是与当时重视读书、紧跟时尚的社会环境分不开的。

三国魏晋时代，爱音乐，好琴瑟，喜歌咏，赏舞蹈也是一种文化时尚。引领这个高雅时尚风气之先者则是曹氏父子。据《三国志·魏书·武帝本纪》注引《魏书》，曹操在日常生活中，几乎时刻都离不开音乐。他“御军三十余年……登高必赋，及造新诗，被之管弦，皆成乐章”。

曹操的儿子们也都喜爱音乐，十分欣赏古筝。我们看曹丕《善哉行》：“齐倡发东舞，秦筝奏西音。有客从南来，为我弹清琴。五音纷繁会，拊者激微吟。”曹植《箜篌引》：“秦筝何慷慨，齐瑟和且柔。阳阿奏奇舞，京洛出名讴。”《赠丁翼》：“吾与二三子，曲宴此城隅。秦筝发西气，齐瑟扬东讴。”《元会诗》：“笙磬既设，筝瑟俱张。悲歌厉响，咀嚼清商。”曹氏兄弟自身还是技艺高超的古筝演奏家。郭茂倩《乐府诗集》卷三十载《古今乐录》引王僧虔《技录》说：“《短歌行·仰瞻》一曲，魏氏遗令使节、朔奏乐。魏文制此曲，自抚筝和歌。歌者云‘贵官弹筝’。‘贵官’即魏文也。此曲声制最美，辞不可入宴乐。”所谓“魏氏遗令使节、朔奏乐”，是指曹操临终遗嘱，凡节气朔奠演奏哀乐。

曹丕还在京城洛阳专设清商署的机构，管理清商乐。曹操、曹丕、曹叡祖孙仨都创作有大量清商曲辞，通过清商署传播全国。清商曲辞是清商舞伴奏歌曲。曹操当年在邺都所建铜雀台，就是清商乐舞的表演舞台。清商舞中的《巴渝舞》采自蜀汉三峡地区，《白纻舞》《前溪舞》则出自东吴。曹魏将来自黄河上下、大江南北的歌舞汇聚一堂，表明曹魏政权文化一统的宏大情怀，同时也反映出三国时期从民间到宫廷，尽管战乱不断，但却未阻挡住音乐歌舞艺术的发展势头。

曹操大宴铜雀台
（选自清光绪刻《图像三国志》）

蜀汉的刘备也颇好音乐。《三国志·蜀书·先主传》说："先主不甚乐读书，喜狗马，音乐，美衣服。"《三国演义》虽未谈刘备喜音乐，但却有不少与刘备有关的音乐活动，如徐庶"狂歌于市"，借以引刘备对他注意；司马德操用清幽的琴声，迎接刘备的造访……如果刘备不好音乐，徐庶们的琴、歌就不啻对牛弹琴。

诸葛亮也是音乐的行家里手。《三国志·蜀书·诸葛亮传》注引《魏略》讲，他高卧隆中时，"每晨夜从容，常抱膝长啸"，每歌古曲《梁父吟》。在他的感染下，附近的农夫也跟着加入歌唱。这个史实，被罗贯中发挥得淋漓尽致。在《三国演义》里，刘备"三顾茅庐"，到处都能听见诸葛亮创作的歌曲。诸葛亮密友石广元、孟公威还"击桌而歌"，使隆中成了音乐的天堂。这实际是在烘托诸葛亮的儒雅高洁，也说明音乐是诸葛亮的一大爱好。《三国

空城计，清末年画。据《三国演义》，魏军夺得街亭后，长驱直至西域。时诸葛亮仅数千兵士，无法与司马懿相拒，遂下令偃旗息鼓，大开四门，每个城门派兵士扮成百姓模样洒扫，自己则于城楼上焚香弹琴。司马懿见此阵势，心下疑惑，惧有埋伏，竟自撤军。

演义》第九十五回有《武侯弹琴退仲达》一节，写他在司马懿15万大军面前，独上城楼，焚香操琴，使司马懿摸不清虚实，知难而退。这就是脍炙人口的“空城计”。后人有诗赞曰：“瑶琴三尺胜雄师，诸葛西城退敌时。十五万人回原处，土人指点到今疑。”

《三国志·吴书·周瑜传》则说周瑜：“少精意于音乐，虽三爵之后，其有阙误，瑜必知之，知之必顾，故时人谣曰：‘曲有误，周郎顾’。周瑜不仅是东吴年少有为的军事将领，而且也是审音权威，所谓“曲有误，周郎顾”，即此。

再回到曹魏，建安时代的著名女诗人蔡文姬也堪称一代音乐大家。《后汉书·董祀妻列传》里有着明白的记载：“陈留董祀妻者，周郡蔡邕之女也，名琰，字文姬。博学有才辩，又妙音律。”对此，唐李贤太子引刘昭《幼童传》注曰：“邕夜鼓琴，弦绝。琰曰：‘第二弦。’邕曰：‘偶得之耳。’故断一弦问之，琰曰：‘第四弦。’并不差谬。”弦断竟能夜辨，且回回都不差，这说明少女时代的蔡文姬对音律的敏悟与运用，已是十分到家。当然，蔡文姬的这种音乐造诣，首先得力于其父的精心培养。《后汉书·蔡邕列传》等典籍即称蔡邕（他是曹操的挚友）通经史、音律、天文。他能从琴音里听出“杀心”，又能做焦尾琴，所以郭沫若在历史话剧《蔡文姬》第一幕里特意安排了曹操托董祀向蔡文姬转送他亲自监制和调音的焦尾琴，并交待是仿照蔡邕的焦尾琴而制作的。东汉三国时代，可以说是一个音乐分子活跃上扬的时代，是一个音乐人才频出迭涌的时代。这样的时代，自然会造就出蔡文姬这样一位杰出的女音乐家，推拥出她的《胡笳十八拍》这篇脍炙人口的音乐华章来。

至于三国魏国的嵇康，更是一个集创作、演奏和评论于一体的大音乐家。他善鼓琴，以弹《广陵散》而著名，并曾作《琴赋》，对琴的奏法和表现力，作了细致而生动的描写。他撰写的《声无哀乐论》，认为同一音乐可以引起不同的感情，称音乐本身无哀乐可言，试图从理论的角度去否定当时统治者推行的礼乐教化思想；虽则他自己的这个理论也是唯心主义和形而上学的。

与嵇康同时代的阮籍的音乐才华也不输嵇康。现存古琴曲《酒狂》就是他的代表作。我国最早琴曲集、明初朱权（朱元璋之子）所编《神奇秘谱》认为“籍叹道之行，与时不合，故忘世虑于形骸之外，抚兴于酗酒，以乐终身之志。”这是阮籍谱《酒狂》的动因。他将其时的思考与情感都融进了音乐里，从那里去巡游自由的天地。

实际上，无论是建安文人还是正始清谈家，抑或“竹林七贤”，甚至整个三国时期的文士诗人，大多谙熟音乐歌舞。那是那个时代的风尚。文人们不论其动机如何，都借这个时尚包装自己，解脱自己，放松自己，这反过来又促进了音乐歌舞艺术在三国时代的发展与繁荣。

第四节　连环计里的貂美人

三国时代是英雄辈出的时代，也是政治纵横捭阖、军事斗争激烈的时代，所以在三国故事中出现的女性很少，而且大多属于无足轻重的人物。只有一个例外，那就是被列为中国古代四大美女之一的貂蝉。她是三国故事中的重要人物，而且是英雄人物。

“貂蝉”这个名字及其参与的连环计在《三国志》等史籍中并无记载，是在宋元以后的诗歌、历史小说、戏剧中才出现的。但是，因为三国故事深入人心，而王允巧施连环计又是三国故事中最精彩的故事之一，因而人们对貂蝉是否确有其人一直充满了探索的兴趣。关于貂蝉的身份，有几种说法。

一说是王允的歌伎。此说因《三国演义》的影响而流传最广、影响最大。民间传说多如是说。王允是汉献帝时的司徒，属“三公”之一，因不满董卓专断朝纲，祸国害民，欲以剪除之。董卓好色，王允遂定下美人计，只因一时找不到行计之人，故而闷闷不乐。貂蝉自幼被王允收养，教以歌舞，如亲生女待之。貂蝉极美，又温柔体贴，感王允之恩，见王允有心事，愿为之效劳。王允遂让貂蝉按“连环计”的部署，以美色挑起董卓、吕布矛盾，使“父子”反目，自相残杀，从而铲除了董卓。此说虽然影响最大，但是因为在《三国志》等史书中既无貂蝉之名，也无王允使用连环计的记载，故而很可能只是小说家言。

王司徒巧使连环计

（选自清光绪刻《图像三国志》）

一说她是董卓的婢女。此说根据《后汉书》《三国志》董

卓、吕布本传关于吕布与董卓的婢女私通的记载，确有源头。如《三国志·魏书·吕布传》说：“（董）卓常使（吕）布守中阁，布与卓侍婢私通，恐事发觉，心自不安。”因为董卓自己作恶多端，十分害怕遭人暗算，便让膂力过人的吕布充当保镖。但是，董卓脾气暴躁，并不善待吕布，有次竟因区区小事大发雷霆，拔出手戟向吕布掷去；幸亏吕布身手敏捷，未被击中。从此，吕布便对董卓心怀不满了。同时，吕布因常常受命出入内闱，保卫董卓安全，时间一长，便与董卓的侍婢好上了。因害怕奸情败露，吕布惶惶不安。王允利用董卓、吕布已有嫌隙的情况，说服吕布杀了董卓。按照《后汉书》《三国志》的记载，那名与吕布有私情的婢女，在董卓、吕布矛盾中所起的作用，与貂蝉有几分相似，因而有人认为就是貂蝉的原型。不过，由于正史既没有记载吕布与这名婢女私通前后的情况，也没有讲明董卓“侍婢”姓啥名谁（虽然《三国志平话》据此认定这个“侍婢”就是貂蝉），所以“原型”之说仍属推测。

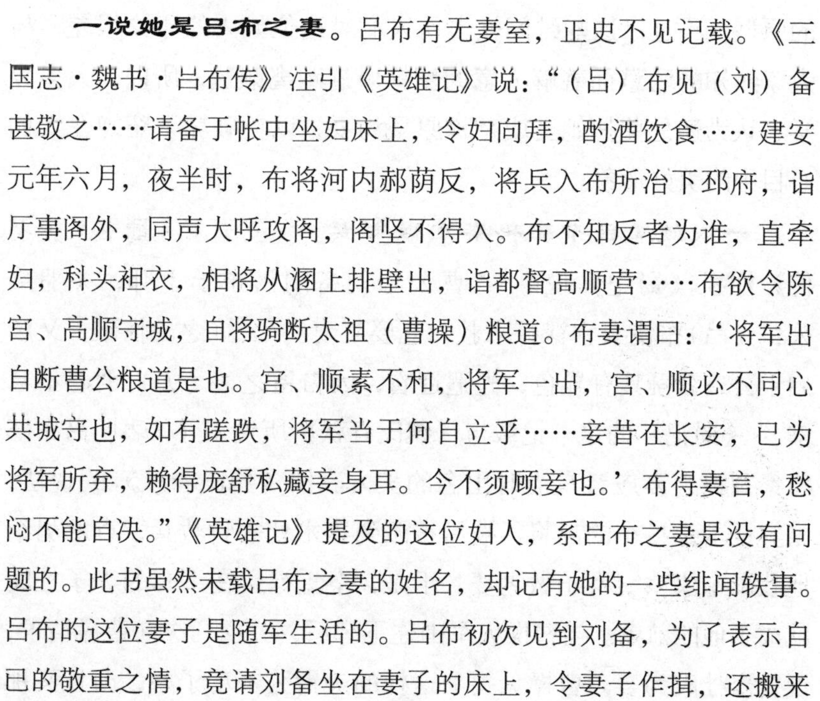

一说她是吕布之妻。吕布有无妻室，正史不见记载。《三国志·魏书·吕布传》注引《英雄记》说：“（吕）布见（刘）备甚敬之……请备于帐中坐妇床上，令妇向拜，酌酒饮食……建安元年六月，夜半时，布将河内郝萌反，将兵入布所治下邳府，诣厅事阁外，同声大呼攻阁，阁坚不得入。布不知反者为谁，直牵妇，科头袒衣，相将从溷上排壁出，诣都督高顺营……布欲令陈宫、高顺守城，自将骑断太祖（曹操）粮道。布妻谓曰：‘将军出自断曹公粮道是也。宫、顺素不和，将军一出，宫、顺必不同心共城守也，如有蹉跌，将军当于何自立乎……妾昔在长安，已为将军所弃，赖得庞舒私藏妾身耳。今不须顾妾也。’布得妻言，愁闷不能自决。”《英雄记》提及的这位妇人，系吕布之妻是没有问题的。此书虽然未载吕布之妻的姓名，却记有她的一些绯闻轶事。吕布的这位妻子是随军生活的。吕布初次见到刘备，为了表示自己的敬重之情，竟请刘备坐在妻子的床上，令妻子作揖，还搬来

吕布（选自清光绪刻《图像三国志》）

酒食，称刘备为弟。刘备当时就对这种乌七八糟的款待很不高兴。有一次，吕布部将造反，半夜里围攻吕布住所。吕布慌忙牵着妻子，从猪圈上破墙而出。其妻这时“科头袒衣”，不堪入目。最后，又是这位妻子，以自己不能被抛弃为由，坚决拖住吕布的后腿，不让他听陈宫的计策。吕布竟毫无办法，卒至兵败就擒。《英雄记》所记吕布之妻在吕布生活中占有重要地位是可以肯定的，因而有人以为她就是貂蝉的原型。不过，这些绯闻轶事使人们对这位妇人的印象很差，与大家熟知的聪慧而善解人意的貂蝉事迹距离颇远，所以，大多数学者认为还是莫把她当成貂蝉原型为妥，以免破坏了貂蝉在人们心目中的美好形象。

一说她是吕布部将秦宜禄之妻。《三国志·蜀书·关羽传》注引《蜀记》说：“曹公与刘备围吕布于下邳，关羽启公：‘(吕)布使秦宜禄行求救，乞娶其妻。’公许之。临破，又屡启于公，公疑其有异色，先遣迎看，因自留之，（关）羽心不自安。”《蜀记》的这一记载与《魏氏春秋》所说无异，表明吕布部将秦宜禄之妻应该是当时出名的美人。按《魏氏春秋》的说法，秦宜禄本是吕布的部将，被吕布派到袁术处去讨救兵，袁术另给他找了个汉宗室女子做老婆。于是，秦宜禄留在下邳的妻子杜氏就成了他的前妻。当曹操大军围住下邳后，关羽几次向曹操请求，说要娶杜氏为妻。曹操见关羽这样的美髯公都动了心，而且又那么急迫，猜想杜氏一定是位绝色佳人。不过，为了使关羽肯为他冲锋陷阵，曹操还是答应了关羽的请求。后来关羽又三番五次地向曹操恳求此事，好色的曹操多了个心眼，破城之后也就不客气了，派人先将杜氏带来，一看果是绝色佳人，于是不惜违背诺言而自己金屋藏娇。不过仔细揣想，这位杜氏大概应当是一位风流人物，而且与吕布可能也有一些关系。她既然饶有姿色，又正好被丈夫遗弃，一个人住在下邳城内，好色的吕布（当时已臭名远扬）当然是不会放过这个机会的。所以当吕布兵败被擒后，不服气地说："我待部将很不错，可他们却在危急关头背叛了我。"而曹操也不客气地奚落他说："你背叛自己的老婆，却爱部下将领们的妻子，这算待他们不错?"吕布被说得哑口无言。事实上，与吕布有关系的女人还真不少，他的背弃董卓及最后的失败，均多少与女人有关。在吕布所爱的诸部下之妻中，显然包含有杜氏。根据以上资料，有人猜测貂蝉的原型即为杜氏，并将杜氏的故事移植到貂蝉身上，宋元"说三分"的民间艺人即是这么做的。可是，说貂蝉本为吕布部将之妻，与董卓之死这个最让貂蝉出彩的故事并无联系，因而不大令人信服。

一说她是董卓少妻。《后汉书·董卓列传》载："时王允与吕布及仆射孙瑞谋诛（董）卓……（初平）三年四月，（献）帝疾新愈，大会未央殿，卓朝服升车，既而马惊堕泥，还入更衣。其少妻止之，卓不从，遂行。"如果像《三国演义》所说，貂蝉是先"侍寝"董卓，称"少妻"未尝不可。不过，此记载中，"少妻"与王允、吕布也没有联系；再说她后来又劝阻董卓入朝，与秘藏诛杀之心机的貂蝉形象相隔太远，不大可能是貂蝉原型。

一说貂蝉是实有其人。许多人都不希望貂蝉是文学人物而是史有其人。遗憾的是，支持这一愿望的资料太少，惟一的依据就是一本叫《汉书通志》的佚书记载有貂蝉之事。因为是佚书，所以这一记载是在前人的笔记里。清人梁章钜《浪迹续谈》说："《开元占经》卷三十三，荧惑犯须女占，注云：'《汉书通志》：

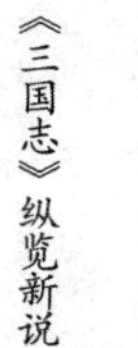

曹操未得志，先诱董卓，进刁蝉以惑其君。’此事异不可考，而刁蝉即貂蝉，则确有其人矣。”鲁迅先生对这条资料持怀疑态度。他在《小说旧闻钞》中引用这条资料后，又加按语说：“今检《开元占经》卷三十三，注中未有《汉书通志》之文。”梁章鉅为清嘉庆时著名文学家和考据家，官至江苏巡抚，综览群书，熟于掌故，喜作笔记小说，著有《文选旁证》《制义丛话》《楹联丛话》《称谓录》《归田琐记》等多种著作。他是一位严谨的学者，当不会在《浪迹续谈》中杜撰一条自己并未见过的关于“刁蝉”的资料。鲁迅在《开元占经》中没有见到此条注文，则可能是版本不同之故。须知，从唐代瞿昙悉达撰《开元占经》到鲁迅时，已经有上千年的历史，一种书有不同的版本很正常。

对这条资料稍加分析，“刁”与“貂”同音，故貂蝉也可写作刁蝉。说曹操而不是王允献刁蝉于董卓，从史料上看，曹操与王允都是反对董卓的；要谋诛董卓，至少先要有去“惑”董卓者，史料未有王允的记载，那么曹操也就有这个可能。另外，《三国志》说：当时王允为游说吕布杀董卓，对吕布曾“厚接纳之”。在那个时代，“厚接纳”是可以包括金钱女色在内的。从曹操进刁蝉以“惑”董卓及王允“厚接纳”吕布来看，应该说当时确实是使用了美人计。当然，这是一条关于貂蝉的孤证，治史者一般不宜采用。但是，面对貂蝉这样一位广为后人传颂的传奇女子，即使只有一条资料，又怎能轻易放弃呢？何况这条资料加上《后汉书》《三国志》中出现的种种蛛丝马迹，也可以说明貂蝉这个人在唐代民间传说中就已存在，并不是像现在某些人所说是在元代的《三国志平话》里才出现的。在北宋，士人邵雍也有“力斩乱臣凭吕布，舌诛逆贼是貂蝉”的诗句；在金代院本和宋元南戏的曲目中，还有以貂蝉为主角的戏曲《刺董卓》《貂蝉女》。

综合以上诸种说法，可以这样认为，“三国”故事中所讲的貂蝉故事，虽未见于正史，但也未必全属虚构，它在史书中是有一些若隐若现的痕迹的。不过，应该承认，仅根据这些痕迹而创作出来的有血有肉的奇女子貂蝉，终归是文学虚构的艺术形象。

人们对美人貂蝉的兴趣和敬仰，是与“连环计”故事联系在一起的。“王司徒巧使连环计”是三国故事中一个十分出彩的情节。《三国演义》第八、九回，写王允“连环计”的施计方式是：先请吕布赴宴，令“义女”貂蝉把盏，以美色相逗引，吕布上钩，王允即以貂蝉许配吕布；数日后，又请董卓赴宴，请“府中歌妓”貂蝉把盏，董卓为其歌舞美色所迷，王允即将貂蝉送给董卓充作侍妾。待吕布向王允讨要说法时，王允哄骗吕布说是董卓主动表示代义子娶妇；吕布苦等数日不见董卓为他娶貂蝉。董卓、吕布“父子”由此产生了矛盾。貂蝉又巧行妙计于其间：有意让吕布看见她紧蹙双眉，暗自垂泪，忧思不乐，寻机与吕布约会，假称被董卓淫污并非所愿，私心爱慕的是吕布，挑唆吕布除去“老贼”；又公开与吕布眉目送情，让董卓心中生疑，还暗自在董卓面前哭诉吕布调戏她。一边是色心莽汉神魂飘荡，一边是老色鬼心存疑忌。吕布思之愈切，董卓益发不肯松手。当董卓亲信李儒意识到这种潜在危机时，以“女人如衣服”劝董卓为保有心腹猛将而舍去貂蝉，董卓犹豫不决，貂蝉又哭说：“妾身已事贵人，今忽欲下赐家奴，妾宁死不辱！”并掣壁间宝剑作自刎状。董卓怜爱之情顿生，遂将貂蝉带到距长安二百五十里之遥的郿坞居住，从此“父子”分开。与此同时，王允等人外围配合，使吕布对董卓的不满步步升级，化为仇恨，进而发誓要杀掉董卓。于是，王允与人定计，诈称汉献帝欲禅位，诱董卓入朝，吕布即将其杀死。

罗贯中笔下的貂蝉在“连环计”故事中所发挥的作用十分突出。这一情节可谓构思精巧，迭宕起伏，行文痛快淋漓，令人拍案叫绝。其实，罗贯中在《三国演义》中所写的“连环计”故事，在元代《三国志平话》中已有较完整的描写（尽管貂蝉形象不够丰满）；元代无名氏作《连环计》杂剧，故事情节与《三国志平话》基本相似。《三国演义》在前人创作的基础上，用两回篇幅对王允以貂蝉为主角巧施“连环计”的故事进行了加工创作，不仅

将貂蝉角色由过去被动参与的配角，变成了深明大义、有心计有胆识，积极参与的主角，而且写她置安危于度外，竭尽全力投入谋诛董卓的政治斗争，形象丰满且个性鲜明。那么小说中以貂蝉为主角所施行的“连环计”于史有据吗？

貂蝉（选自清·王翙绘《百美新咏图传》）

首先，王允与孙瑞、吕布共谋诛杀董卓，并由吕布亲手刺杀董卓，史有其事。《三国志·魏书·吕布传》记载：“（董卓）性刚而褊，忿不思难，尝小失意，拔手戟（吕）布……由是（吕布）阴怨卓……先是，司徒王允许以布州里壮健，厚接纳之。后布诣允，陈卓几见杀状，时允与仆射孙瑞密谋诛卓，是以告布使为内应……布遂许之，手刃刺卓。”

其次，所谓王允、貂蝉巧施“连环计”的故事，正史无载。考《三国志》吕布本传，吕布确曾与董卓侍婢私通，且事后“恐事发觉，心自不安”。但史载董卓对此事根本蒙在鼓里，“父子”间因此而闹矛盾并且仇杀的可能性很小。况且董卓侍婢叫什么名字，是不是貂蝉，也史无明记。

由此可见，《三国演义》所谓王允、貂蝉巧施“连环计”的故事，是依据《三国志》吕布本传的记载，再加上一些民间传说而进行的大幅度的艺术虚构。正如前面所述，宋元以来，通俗文艺已虚构出貂蝉其人和“连环计”故事，元代出现的《三国志平话》有《王允献董卓貂蝉》《吕布刺董卓》两节，元代杂剧有《锦云堂美女连环计》，均言吕布与貂蝉原系夫妻。罗贯中创作《三国演义》时，对史书中王允、吕布谋杀董卓和吕布曾与董卓侍婢私通的史实，以及宋元以来文史作品中的“连环计”故事，进行了大胆的想象和发挥，将吕布、貂蝉的关系改为原来不相识，又增加李儒劝董卓等笔墨，使故事情节更为合理，更有波澜。

特别须要指出的是，无论是平话或杂剧，它们都有一个共同点：就是肯定貂蝉与吕布原是夫妻，因战乱失散而流落在王允府中；她焚香祷告主要是为了“要得夫妇团圆”。这与后来《三国演义》中忧国忧民的貂蝉相比较，境界差了很远。

总之，罗贯中创作的《三国演义》，从根本上改变了貂蝉的身份：她不再是流传故事中的吕布的妻子，而是“自幼选入府中”的歌女；她关心天下大事，主动积极地参与政治斗争，并做出了重大贡献。罗贯中以某些史实为基础，通过对流传故事的取舍和加工，塑造了貂蝉这个具有卓越胆识和斗争智慧的完美的女性形象，这个将青春无私奉献给为消灭残暴的腐朽势力而进行的正义斗争的美丽女性。不过，这只是貂蝉在《三国演义》中的前期形象。到了董卓被诛，貂蝉的历史使命完成，她在《三国演义》中的美好形象立即丧失，成为可有可无的人物。诛杀董卓后，书中这样交待了一句：“吕布到了郿坞，先取了貉蝉，送回长安。”像吕布这样一个好色之徒，这行为是说得通的。貂蝉作为一个弱女子，这时除了自杀之外，恐怕也就只有供吕布作玩物了。小说中的王允本来就是把她当作工具使用的，这时当然也不会再来关心她的命运了。

到了《三国演义》第十九回《白门楼吕布殒命》一节中，貂蝉虽然再次露面，但却仿佛变成了另外一个人：“（陈宫建议吕布率精兵断曹操粮道，解除围困，吕布）愁闷不决，入告貂蝉，貂蝉曰：‘将军与妾做主，勿轻身自出。’布曰：‘汝无忧虑。吾有画戟、赤兔马，谁敢近我！’乃出谓陈宫曰：‘操军粮至者，诈也。操多诡计，吾未敢动。’宫出，叹曰：‘吾等死无葬身之地矣！’布于是终日不出，只同严氏、貂蝉饮酒解闷。”

在这段描写中，貂蝉完全变成了一个毫无见识的普通妇人。她不仅不支持陈宫的正确意见，反而拖吕布的后腿；不仅拖吕布的后腿，而且终日陪吕布饮酒消愁（成了一个十足的以色相供人玩乐的标准侍妾，哪里还有连环计中的那个有胆有识的貂蝉的半点影子）；不仅没有了以前的美丽心灵和豁达气质，而且也没有了以前那般青春活力。所以到最后，连吕布自己也都发觉“吾被酒色伤矣”！可是已经晚了，下邳被攻破，吕布一命呜呼。貂蝉的故事也就自此结束了。

关于貂蝉的下落，明嘉靖刻本《三国志通俗演义》说曹操杀了吕布后，将“吕布妻小并貂蝉”载回了许都。现今流行的《三国演义》是清康熙年间毛宗岗的评改本。这个本子只说曹操将吕布“妻女”载回许都，删去了“貂蝉”二字，看来毛宗岗并不赞同将貂蝉的结局安排为曹操的妻妾。这恐怕就算是貂蝉——这位绝代佳人没有下落的下落了。

貂蝉的下落究竟如何？清人梁章钜在《归田琐记》中说：“貂蝉事，隐据吕布传。”我们可以据史书猜想，假如貂蝉就是与吕布私通并被发现的董卓侍婢（甚或是少妻），那么她肯定是没有好结果的。因为董卓能对吕布掷戟，必然也会对侍婢（少妻）飞刀；即使私通之事是在吕布诛杀董卓之后才暴露，董卓的部属也不会轻饶她。既如此，貂蝉的性命焉能保全？若以貂蝉系吕布之妻而推之，她过的更是一种危险的军营生活，吕布不得好死，貂蝉最后也可能命丧敌手。如果貂蝉是秦宜禄之妻，她的美貌先引起吕布之欲，后引起曹操与关羽的矛盾，且不说给曹操或关羽作玩物是可怕的，就说依关羽刚烈性子来看，他火冒三丈，如戏剧中说的那样，一刀把貂蝉给斩了，也是完全可能的。总之，即便按生活逻辑推理，貂蝉的结局也不会太妙。

三座所谓貂蝉墓，可为作为文学人物的貂蝉结局提供一点想象的空间。

甘肃临洮县梁家村的貂蝉墓。

在离甘肃兰州不远的洮水沿岸有临洮县。该县的新添镇梁家村附近有一个貂蝉湖，湖畔有一土丘被称为貂蝉墓，附近还有貂蝉崖等名胜古迹。临洮之所以有貂蝉墓，当地强调，因为临洮是董卓的家乡。看来有人认为，董卓是貂蝉的第一任“丈夫”，不管她后来如何，她的归宿都应该在董卓故里。这一说法的明显破绽是对临洮古今不分。临洮古县为秦所置，治所在今甘肃岷县，在洮水中游沿岸，以临洮水而得名。西魏大统十六年（公元 550 年）临洮改名为溢乐县，并置岷州；隋大业初（公元 605 年）恢复旧名，义宁二年（公元 618 年）又改为溢乐县；南宋绍兴九年(1139 年）置岷州（州治在西河）；1913 年降为岷县（辖境复为今岷县一带），秦筑长城西起即于此处。董卓故里是东汉时的“临洮”，《三国志》董卓本传讲董卓“陇西临洮人也”，这就是今之岷县。今天甘肃的临洮县，在秦汉时叫狄道县，为陇西郡治处。它并非董卓故乡，与貂蝉更拉不上关系。

山西忻州木芝村的貂蝉墓。

山西忻州的南郊也有一所建筑规模不算太小的非常完备的貂蝉陵园。据传统貂蝉戏介绍，貂蝉本名任红昌，出生在忻州的木耳村，15 岁被选入宫，专司看管貂蝉冠，后即被称为“貂蝉”。木耳村今名木芝村，在忻州东南方向约三公里处。貂蝉陵园处于木芝村的西南部，坐北朝南，四周是红砖黄瓦波浪起伏的龙行式的仿古围墙。园门呈穹窿形，上有二龙戏珠装饰。门楣上方悬挂着“貂蝉陵园”的醒目匾额，两侧是“闭月羞花堪为中国骄傲，忍辱步险足令须眉仰止”的楹联。当地故老说貂蝉在吕布败亡后潜回忻州隐居老死，故存此墓。这个传说符合情理。既然貂蝉没有其他归宿的记载，作为那时的一个弱女子，在完成那传奇似的经历后，又不得不接受“丈夫”董卓和吕布先后死去的事实，或许潜回故乡是一种最好的选择。而当地出现了这么一位曾星耀三国的奇女子，自然该引为骄傲，为她修建陵园（哪怕是纪念性的衣冠冢）是顺理成章的事。

四川成都北郊青龙乡的貂蝉墓。

据2000年6月成都《蜀报》的报道，1971年，成都铁路局某工程队在成都北郊青龙乡修铁路时，挖出了一个长约八米，宽约六米，深有4米的大坑，四周都有彩色壁画；又挖出了两块合在一起的墓碑，一块刻隶书，一块刻篆文。据碑文记载，这个墓的主人就是貂蝉或貂蝉的长女。此事当时有许多人目击，曾闹得沸沸扬扬；现今又有多人出来证明此事，其中有中学退休历史教师、杂志的编辑、读过私塾的乡人等。由于当时是“文革”时期，没有重视文物保护，致使墓碑未能保存下来。当他们背诵依稀记得的碑文时，为是“貂蝉墓”还是“貂蝉长女墓”产生了分歧。不过，据报章的记载，成都当年的确发掘出过这么两块与貂蝉归宿有关的墓碑。从现今人们的描述看，此碑已流失在民间。找到此二碑有重要意义，因为也许它们或可提供关于貂蝉仅是一个传说或是史有其人的相关佐证。

第五节　孙小妹与“借荆州”

孙小妹是三国时期的主要上层女性人物之一，为孙权之妹，也是刘备之三夫人——孙夫人。因为孙小妹作为“乱世枭雄”刘备的妻子，且志胜男儿，便被人们称为“枭姬”。《三国志·蜀书·法正传》记载：“初，孙权以妹妻先主，妹才捷刚猛，有诸兄之风，侍婢百余人，皆亲执刀侍立，先主每入，衷心常凛凛 。”这是说：当初，孙权把他的妹妹，也就是孙小妹，嫁给了刘备，即孙夫人。孙夫人身手敏捷、刚强勇猛，具有其各位兄长的风格，身边的一百多个侍婢，个个都执刀守卫在她身边，刘备每次进入内房时，都惴惴不安。

孙夫人

（选自清·王翙绘《百美新咏图传》）

《三国志》中并没有提到孙小妹的真实姓名。《汉晋春秋》载："孙夫人者，汉破虏将军（孙）坚之女也，名仁献。"而在小说《三国演义》中最初提及孙坚之女名曰孙仁，而后文出现的孙夫人则显然就是这位孙仁了。然而这样的推论并不准确，因为裴松之在给《三国志》作注时说"孙仁"乃是孙坚庶子孙朗的别名，也就是说，孙仁其实是一位男子。显然，《三国演义》对于这一点是误记了。在戏曲里孙小妹被称为"孙尚香""孙安"。孙尚香这个名字据说最早出现在戏剧《甘露寺》（又名《龙凤呈祥》）和《别宫·祭江》中，按理她就当是《三国志》和《三国演义》中的孙夫人。《三国演义》在第七回"袁绍磐河战公孙，孙坚跨江击刘表"中是这样提到孙小妹的：

> 却说孙坚有四子，皆吴夫人所生：长子名策，字伯符；次子名权，字仲谋；三子名翊，字叔弼；四子名匡，字季佐。吴夫人之妹，即为孙坚次妻，亦生一子一女：子名朗，字早安；女名仁。坚又过房俞氏一子，名韶，字公礼。坚有一弟，名静，字幼台。坚临行，静引诸子列拜于马前。

这里的孙仁就是所谓的孙小妹，她在父亲出征的时候并没有出场。从文字来看，孙坚的弟弟孙静引诸子列拜于马前。孙小妹之所以没有出场，或因为她系女性，在江东的地位不及几位兄长或者弟弟。

孙小妹的第二次出场是在《三国演义》第五十四回“吴国太佛寺看新郎，刘皇叔洞房续佳偶”。孙小妹之所以再次被提及，是因为刘备刚刚丧妻，东吴的君主孙权和手下的谋士商量决定让孙小妹嫁过去，使用美人计将刘备羁留在东吴，意图夺回荆州。而这个主意正是孙小妹的哥哥孙策、孙权的好朋友周瑜所出。

《三国演义》讲，最初孙权看到鲁肃带回的刘备“暂借荆州”的文书（刘备、诸葛亮均画了押）后，还很错愕，说：“你好糊涂，这等文书，要它何用?”但在听说周瑜能够用美人计夺回荆州后，点头暗喜，立即差人去荆州商议联姻的事情。可见在孙权眼中，荆州的地位远比他的那个异母妹妹重要得多。

赤壁之战后，刘备占有长江以南荆州四郡。《三国志·蜀书·先主传》记载：“（刘）琦病死，群下推先主为荆州牧，治公安。（孙）权稍畏之，进妹固好。”

当年刘备 49 岁，孙权 28 岁，孙权的妹妹当然更小了。古代女子有早婚之风，没有出嫁的姑娘年龄不会太大，假定是 20 左右，那么孙小妹与刘备就相差 30 岁左右；如果她再大一些，至少也相差 25 岁左右。这种婚姻当然谈不上有什么爱情基础，纯属一种政治行为，一种婚姻与政治的交易而已。诚如《三国志·吴书·周瑜传》载周瑜给孙权的建议：“愚谓大计，宜徙（刘）备置吴，盛为筑宫室，多其美女玩好，以娱其耳目。”

只是这位孙夫人并不是什么温柔典雅的淑女，而是一位很有尚武精神和男子气概的女人。她身边侍婢百余人，都在新房中执刀侍立。刘备和这样一位妻子在一起生活，心情不会舒畅，而为了政治的原因，又不能不接受这种婚姻，正如诸葛亮所说：“主公（刘备）之在公安也，北畏曹公之强，东惧孙权之逼，近则惧孙夫人生变于肘腋之下。”（《三国志·蜀书·法正传》）这真是所谓“不是姻缘是孽缘”了。

据《三国志·蜀书·赵云传》注引《（赵）云别传》记载：

孙小妹嫁到荆州来时，还带来许多东吴的“吏兵”。他们在荆州横行霸道，违犯法纪；再加上这位“刚猛”“骄豪”的孙小妹在内室里还有执刀侍立的婢女百余人，刘备怎能不怕“孙夫人生变于肘腋之下”呢？所以他在入蜀以前，特任赵云掌管内事，从而将孙夫人和她在东吴带来的“吏兵”“侍婢”等，都置于赵云的监控之下，可谓用心良苦了。

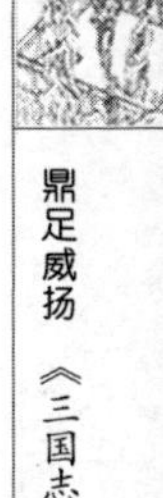

明明就是一桩视女人为工具的政治交易，而《三国演义》却非要将它写成是美好婚姻，所以，它就必须让孙小妹嫁于刘备后，去努力适应刘备、维护刘备，就是说，孙小妹是想当好贤妻的。小说里讲，孙小妹“极其刚勇，侍婢数百，居常带刀，房中军器摆列遍满，虽男子不及”。结亲当晚，“两行红炬，接引玄德入房。灯光之下，但见枪刀簇满；侍婢皆佩剑悬刀，立于两傍，唬得玄德魂不附体。正是：惊看侍女横刀立，疑是东吴设伏兵。”管家婆告诉刘备：“贵人休得惊惧：夫人自幼好观武事，居常令侍婢击剑为乐，故而如此。”当孙小妹得知刘备惧怕刀剑之后，说出一句足以让她的郎君汗颜的话：“厮杀半生，尚惧兵器乎？”如果说她嫁的不是刘备，绝对会将刘备藐视死掉，然而孙小妹却命尽撤去刀杖，令侍婢解剑服侍。真是体贴备至啊！有这样的老婆，还真够幸福的。于是这才有了后面“当夜玄德与孙夫人成亲，两情欢洽”。

刘备娶到如花似玉而又善解风情的妻子，爽得连荆州都忘记了。周瑜“徙（刘）备置吴，盛为筑宫室，多其美女玩好，以娱其耳目”的计划眼看就要实现了，赵云却拆开了诸葛亮所授锦囊，之后就和刘备商议回荆州之事。刘备假情假意，暗暗落泪；而孙小妹则深明大义：“你休瞒我，我已听知了也！方才赵子龙报说荆州危急，你欲还乡，故推此意。”又说：“丈夫休得烦恼。妾当苦告母亲，必放妾与君同去。”在刘备还在为回荆州找借口时，孙小妹又“沉吟良久”（可见她相当有智慧，思维缜密）。果然由她想出了借口，刘备一行终得以回荆州。

在刘备回归途中，孙权令陈武、潘璋选五百精兵，无分昼夜，务要赶上拿回。但是程普说："郡主自幼好观武事，严毅刚正，诸将皆惧。既然肯顺刘备，必同心而去。所追之将，若见郡主，岂肯下手?"孙小妹居然让诸将皆惧，实在令人感佩。再往后，徐盛、丁奉与潘璋等先后受周瑜命令追上来时，孙小妹两通大骂，将追兵骂退，尽显大义。《三国演义》第五十五回于此有诗赞曰：

吴蜀成婚此水浔，明珠步幛屋黄金。
谁知一女轻天下，欲易刘郎鼎峙心。

尔后刘备进了益州，引起孙权极大的不满，孙、刘两家关系开始紧张起来。在这种情况下，孙小妹果"生变于肘腋之下"了。事情的前后经过是这样的：在刘备入蜀以前，孙权曾邀刘备共同取蜀，受到刘备的拒绝与阻挠。到了建安十六年（公元211年），孙权听说刘备竟自已率兵入蜀，不禁勃然大怒，派出舟船把妹妹接了回来，中止了和刘备的这段婚姻关系，于是便发生了有名的"截江夺斗"的事件。据《三国志》注引《（赵）云别传》和《汉晋春秋》的记载：其时孙权派遣船队来迎孙小妹归吴，孙小妹是带着幼主阿斗（刘禅）乘船而去的。留守荆州的诸葛亮得知消息，立即命赵云和张飞率水军在江中拦截，夺回了幼主。（前面说过，当时赵云"掌内事"，孙小妹的活动完全在他的监控之下。）

孙小妹企图带走幼主是很严重的事件，因为幼主刘禅不是她生的。刘禅是甘夫人所生，甘夫人是刘备屯兵小沛时纳的妾。刘备在半生戎马中，几个正妻都先后死了。甘夫人虽然是妾，却代行正妻的职责，总管内事。甘夫人具体死年不详，从各种记载来推断，应该是死于赤壁之战以后、刘备娶孙小妹之前。赤壁之战那一年，刘备在当阳县长坂一带被曹兵击溃，丢弃了甘夫人和幼主，赖赵云保护，得免于难。看来甘夫人在脱难不久便死了，孙权才有借刘备丧偶的机会"进妹固好"。孙小妹要抱走阿斗，其目的是要把阿斗留在东吴，实际上等于扣留人质，以加重孙权在政治、军事等方面向刘备讨价的筹码。如果年仅五岁的阿斗真的被孙小妹带回东吴去，以后的麻烦就大了，刘备在对吴关系方面便被动了。

《三国演义》第六十一回前半段就是“赵云截江夺阿斗”，叙述这件史事。小说讲，东吴利用孙小妹的孝顺，采纳了张昭之计，由周善率五百人乘船潜入荆州，下一封密书与孙小妹，只说国太病危，欲见女儿与外孙阿斗。孙小妹要告知诸葛亮，但因为周善的催促，又因为听说母病危急，心中慌忙，便带上阿斗，随周善回吴；途中被赵云、张飞抢回阿斗，单放孙夫人五只船回了东吴。

孙小妹此次回吴后，就再也没有回到刘备的身边，她以后的情况怎样？史书上没有任何记载。孙小妹回吴不返，标志着孙、刘两家婚姻关系的终结，所以刘备不久又另娶了吴夫人。《三国志·蜀书·二主妃子传》是这样记载的：

> 先主穆皇后，陈留人也。兄吴壹，少孤，壹父素与刘焉有旧，是以举家随焉入蜀。焉有异志，而闻善相者相后当大贵。焉时将子瑁自随，遂为瑁纳后。瑁死，后寡居。先主既定益州，而孙夫人还吴，群下劝先主聘后。先主疑与瑁同族，法正进曰：“论其亲疏，何与晋文之于子圉乎？”于是纳后为夫人。建安二十四年，立为汉中王后。章武元年夏五月，策曰：“朕承天命，奉至尊，临万国。今以后为皇后，遣使持节丞相亮授玺绶，承宗庙，母天下，皇后其敬之哉！”建兴元年五月，后主即位，尊后为皇太后，称长乐宫。壹官至车骑将军，封县侯。延熙八年，后薨，合葬惠陵。

《三国志·蜀书·二主妃子传》记载了刘备的甘夫人、吴夫人，却没有为在《三国演义》中有充分表现的孙小妹立传。看来在陈寿眼里，对刘备与孙小妹的这段政治婚姻颇有不屑。以后的三国戏剧还说刘备兵败夷陵之后，时孙小妹在吴，因传闻先主死于军中，遂驱车至江边，望西遥哭，投江而死。后人立庙江滨，号曰“枭姬祠”。后人眼中的孙小妹是真个地有情有义。有论者作诗叹之：“先主兵归白帝城，夫人闻难独捐生。至今江畔遗碑在，犹著千秋烈女名。”

孙夫人（选自清皇家珍藏手抄善本绘图描金银《三国志演义》）

前面说过，孙权对刘备“进妹固好”，与刘备结成姻亲，其最终目的是为了夺回荆州。但在陈寿笔下，荆州是孙权借给刘备的，《三国演义》也是按此铺衍的。说到这里，很佩服罗贯中的大手笔，他把各种繁纭的事件，各种复杂的矛盾，都置于刘备“借荆州”的关目之下，于是借荆州、分荆州、索荆州、还荆州、夺荆州……在这一“借”之下，演出了“三气周瑜”“过江招亲”“拦江截斗”“单刀赴会”“白衣渡江”“败走麦城”“火烧连营”“白帝托孤”等一幕幕惊心动魄的历史活剧。这一串串环环紧扣的情节之链，构成了荆州争夺战生动的历史画面，为人物性格的刻划、伦理倾向的表达，提供了广阔的舞台。设若抽掉借荆州这一极其丰富和精彩的篇章，《三国演义》的艺术大厦或许会坍塌，充其量不过是一座低矮平房而已。

只是，对刘备“借荆州”事件的真实性，一直以来，都有争议。笔者认为，从史料学的角度看，在《三国演义》所依据的《三国志》中，陈寿对刘备“借荆州”之事确有数处明白记载——

《鲁肃传》载：“（刘）备诣京见（孙）权，求都督荆州，惟

（鲁）肃劝（孙权）借之，共拒曹操。曹公闻（孙）权以土地业（刘）备，方作书，落笔于地。”

《鲁肃传》又载：“（刘）备既定益州，（孙）权求长沙、零（陵）、桂（阳），（刘）备不承旨，（孙）权遣吕蒙率众进取……（鲁）肃因责数（关）羽曰：‘国家区区本以土地借卿家者，卿家军败远来，无以为资故也。今已得益州，既无奉还之意，但求三郡，又不从命。’……（刘）备遂割湘水为界，于是罢军。”

《程普传》载：“周瑜卒，（程普）代领南郡太守。（孙）权分荆州与刘备，（程）普复还领江夏。”

《吕蒙传》载：“孙权与陆逊论周瑜、鲁肃及（吕）蒙曰：‘……（鲁肃）后虽劝吾借玄德地，是其一短，不足以损其二长也。’”

惜《三国志》叙事简略，南朝裴松之博采前人著述达二百余种为之作注，注文中又有三条资料对刘备“借荆州”之事加以肯定。

在《鲁肃传》中，引习凿齿《汉晋春秋》注说：“吕范劝留（刘）备，（鲁）肃曰：‘不可。将军虽神武命世，然曹公威力实重，初临荆州，恩信未洽，宜以借（刘）备，使抚安之。多操之敌，而自为树党，计之上也。’（孙）权即从之。”

在《鲁肃传》中，引韦曜《吴书》注说：鲁肃曾与关羽会晤，关羽说赤壁之战刘备出力不少，鲁肃反驳说：“不然。始与豫州观于长阪，豫州之众不当一校，计穷虑极，志势摧弱，图欲远窜，望不及此，主上矜愍豫州之身，无有处所，不爱土地士人之力，使有所庇荫以济其患，而豫州私独饰情，愆德隳好。今已藉手于西州矣，又欲翦并荆州之土，斯盖凡夫所不忍行，而况整领人物之主乎！”关羽竟无言以答。

在《先主传》中，引虞博《江表传》注说：“周瑜为南郡太守，分南岸地以给（刘）备。备别立营于油江口，改名为公安。刘表吏士见从北军，多叛来投备。备以瑜所给地少，不足以安民，

关羽（选自清光绪刻《图像三国志》）

（复）从（孙）权借荆州数郡。”

以上资料，足证刘备向孙权“借荆州”之事是于史有载的。《三国演义》的作者不是凭空杜撰，而是确有所本，只不过根据基本史料开拓了广阔的想象空间而已。

不过，尽管陈寿素有“良史”之誉，但对“借荆州”事件的记述，却是失察。换言之，他将历史上并未出现过的“借荆州”当作信史而载入了《三国志》，以致引来后学者的困惑及争讼。

最早对“借荆州”事件提出疑问的，是清代著名的史学家赵翼。赵翼精于考据。他在其名著《廿二史札记》有《借荆州之非》一节，断定“借荆州”决非信史，而是一桩错案。赵翼根据《三国志》中的诸葛亮、鲁肃、程昱、刘备、关羽、张飞等人的传记，以及裴松之注引的《山阳公载记》等提供的大量资料，经过详细考释，提出了如下的论证与分析：

“借荆州之说，出自吴人事后之论，而非当日情事”。正如最早记“借荆州”的《江表传》等书所言，“借荆州之说……皆出吴人语”。

“借者，本我所有之物而假与人也，荆州本刘表地，非孙氏故物”，怎么可能将别人的东西借给刘备呢？

“迨其后三分之势已定，吴人追思赤壁之役，实藉吴兵力，遂谓荆州应为吴有，而备据之，始有借荆州之说”。

“抑思合力拒操时，备固有资于权，权不亦有资于备乎。权是时但自救危亡。岂早有取荆州之志乎……其后吴、蜀争三郡，旋即议和，以湘水为界，分长沙、江夏、桂阳属吴，南郡、零陵、武陵属蜀，最为平允。”

“而吴君臣伺羽之北伐，袭荆州而有之，反捏一借荆州之说，以见其取所应得。此则吴君臣之狡词诡说，而借荆州之名遂流传至今，并为一谈，牢不可破，转似其曲在蜀者。此耳食之论也。”

笔者以为《借荆州之非》理清了赤壁之战前后荆州易主的来龙去脉，从而断定刘备之得荆州，并非“借”自于江东孙权，而是通过艰苦的征战攻伐，从赤壁败北的曹操和据守江南的刘表旧部手中夺来的。从汉献帝初平元年（公元 190 年）诏刘表为荆州牧，到建安十四年（公元 209 年）刘备领荆州牧为止的时段里，东吴的孙坚、孙策、孙权父子二世三主，从未占有过荆州七郡之中的任何一郡。据此而言，荆州本非孙氏所有之物，又何来借与他人之事？

东汉时的荆州共辖七郡。南阳、南郡、江夏为“江北三郡”。长沙、武陵、零陵、桂阳为“江南四郡”。荆州的战略地理位置极为重要——《资治通鉴》说是“江山险固，沃野万里，士民殷富，若据而有之，此帝王之资也”。孙权、刘备、曹操三大集团都对处于交接处的荆州怀有野心，赤壁之战实质上就是对荆州的争夺战。

东汉末年，荆州七郡原为荆州牧刘表所据。《后汉书·刘表传》记载，献帝初平元年“以（刘）表为镇南将军、荆州牧，封成武侯”。自初平元年至建安十三年的十八年间，荆州七郡尽在刘表的掌握之中；直到赤壁之战前，曹操剿灭袁绍，南向略地，才夺得南阳郡而据有之。刘备虽于建安六年（公元 201 年）即因遭曹操“南击”而到荆州依附刘表，“屯新野”；但因处于客居地位，在赤壁之战前并未实际占有荆州之地。

江东孙氏父子二世三主对荆州更未能染指。《三国志·吴书·吴主传》载：建安“五年，（孙）策崩，以事授（孙）权……是时惟有会稽、吴郡、丹杨、豫章、庐陵，然深险之地犹未尽从。”至建安七年，曹操责令孙权“任子”，周瑜献拒质之策，中有“今将军承父兄余资，兼六郡之众”的说法。所言六郡”，指会稽、吴、丹阳、豫章、庐陵、庐江诸郡，与荆州七郡毫无牵涉。但此时的孙权，因为江东政权的巩固及荆州刘表内部的衰危，对荆州已产生了觊觎之心，颇有侵夺之志，遂于建安八年、十二年、十三年三次西征刘表部将、江夏太守黄祖。建安十三年春天的这次西征，终将黄祖击杀并“屠其城”。不过，到了本年七八月间，因为曹操已南征刘表，席卷江北，孙权为自保，不得不火速撤兵，退出江夏。至此时，荆州“江北三郡”暂时易主，归于曹操；而“江南四郡”，则仍在刘表的部将之手。

建安十三年，赤壁之战爆发，曹操惨败，从长江一线和江北华容两路溃退，孙、刘联军亦从水、陆两路追击。周瑜、刘备各率其主力沿江西进，两军各自为战，攻城略地，扩充实力。但周瑜在决策上大失一着——把两三万大军摆在围攻江陵的主战场上，与曹仁统率的留守大军拼死决战。曹仁据城死守，寸土不让。周

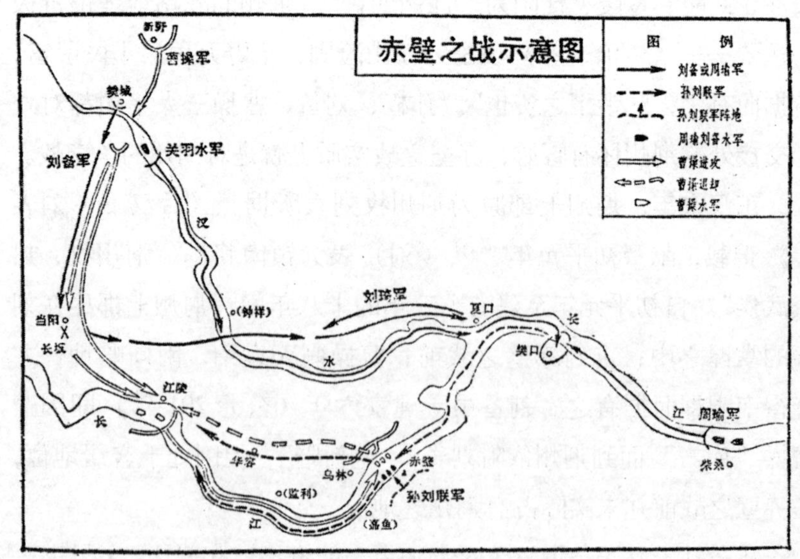

赤壁之战示意图

瑜久攻不克，损失惨重，被牵制在江陵城下，进退两难。周瑜的失着却给刘备提供了纵横驰骋，攻城略地的大好时机。他采取避实击虚，灵活机动的战略战术，挥师南下，一举攻占了刘表部将所镇守的“江南四郡”。对此，《三国志·蜀书》的“先主传”“诸葛亮传”“赵云传”以及《三国志·魏书·武帝纪》均有确凿记载，甚至在《三国志·吴书》的“吴主传”“周瑜传”中也是记载清楚的。

至于“江北三郡”，在赤壁战后，曹操仍一直占据着其中的南阳郡，并派重兵把守，使孙、刘两家均不可得；江夏郡被孙权捷足先登；南郡则仍在周瑜与曹仁反复争夺中……

据《资治通鉴》记载，建安十四年十二月，经过长达一年多的拉锯战，周瑜终于从曹仁手中夺得江陵，孙权即委周瑜“领南郡太守，屯据江陵；程普领江夏太守，治沙羡”。

至建安十四年十二月，刘备攻占“江南四郡”已达一年多。他以诸葛亮、赵云留守，无后顾之忧；他本人则乘曹仁北归之机，率主力回师江滨，“立营于油口，改名公安”，与周瑜隔江相望。刘备又“以（关）羽为襄阳太守、荡寇将军，驻江北”。刘备与关羽其时是隔江相望，互为犄角，于无形中对周瑜造成夹击之势。孙、刘两家为争夺荆州的南郡而兵戎相见的兆头已经显现。

周瑜在刘备军事实力的夹击威胁下，对刘备畏惧日甚，故于临终前上疏孙权说：“刘备寄寓，有似养虎。”孙权对此亦有相同认识，以刘备为心腹大患。只是鉴于刘备的实力已经今非昔比，十分强大，不敢贸然造次，因而被迫采取妥协政策，与刘备结亲，“进妹固好”，并亲约刘备至京口相会，承认刘备为荆州牧。但这种承认既然是妥协的产物，必是有交换条件的。《三国志·吴书·吴主传》载：建安十四年“刘备表（孙）权行车骑将军，领徐州牧。（刘）备领荆州牧，屯公安。”

建安十五年，孙权与刘备在京口会盟不久，周瑜病死。孙权以程普领南郡太守。但是，由于刘备、关羽之军对南郡的威胁，再加之既已承认刘备为荆州牧，又“进妹固好”，自当践约，孙权遂于是年十二月间“复以程普领江夏太守”，主动撤离南郡。自此，南郡归刘备所有。

建安十六年，刘璋引刘备入蜀北击张鲁；建安十九年，诸葛亮率张飞、赵云入蜀增援，以关羽留守荆州。此时，对荆州早有侵夺之心的东吴遂乘刘备荆州军力削弱之机，制订了夺取荆州的基本战略目标。建安二十年，孙权进兵荆州，“取长沙、零陵、桂阳三郡”；而此时曹操又率兵攻略汉中，刘备为全力对付曹操，被迫与孙权签订和约，议以湘水为界，中分荆州，以“长沙、江夏、桂阳以东属权，南郡、零陵、武陵以西属备”。但孙权并不以此满足。建安二十四年，孙权又乘关羽倾师北伐，后方空虚之机，派吕蒙率大军暗渡长江，袭取江陵，截杀关羽，遂定荆州，实现了既定的战略目际。

东吴截杀关羽，夺取荆州后，关于“借荆州”的说法不胫而走，并被载入《三国志》《资治通鉴》等史书。但自赵翼《廿二史札记·借荆州之非》刊布后，关于“借荆州”为错案的说法也为大多数人接受，认为这是东吴编造出来的，是为了显示孙权出兵夺取荆州的正义性：既为借，当归还；因为拒还，所以才出兵夺之——是东吴将这一说法授之于史官，载入《吴书》等吴人所撰史书，后来陈寿等史家未能详辨，遂载入正史。

不过倘再作进一步分析，如果不说“借荆州”，而只说“借南郡”，或说刘备未履行与孙权的协议，似乎还是可以的。前面说过，孙权是在刘备强大的压力下，被迫妥协，主动将南郡交于刘备的。这种“妥协”“主动”中包不包含有“借地”或其他协议的成份呢？应该说是包含有的。《三国志·蜀书·先主传》载有三件值得重视的事情：

建安十五年，“先主至京见（孙）权，绸缪恩纪。（孙）权遣使云欲共取蜀，或以为宜报听许，吴终不能越荆有蜀，蜀地可为己有”。

建安十七年，“曹公征孙权，权呼先主自救。先主遣使告（刘）璋曰：“‘曹公征吴，吴忧危急。孙氏与孤本为唇齿……’”

建安二十年，“孙权以先主已得益州，使使报欲得荆州。先主言：‘须得凉州，当以荆州相与。’权忿之，乃遣吕蒙袭夺长沙、零陵、桂阳三郡。”

分析这三件事，似乎可以得出这样的结论：赤壁之战后，刘备力量迅速崛起，并占据了荆州的大部分，这对孙吴的威胁太大了。在此情况下，孙权采取策略，主动引导刘备去夺取益州。为达此目的，孙权不惜嫁妹子，撤南郡。面对孙权的“妥协”，刘备在纳女获地之时，不仅承认了与孙权的“唇齿”关系，而且对获取益州之后的荆州之地一定作出了相应的某种承诺。要不然，当获得益州之后，孙权不可能立即派人索讨荆州，刘备也不会只推诿而不断然拒绝。

有的人认为孙权、周瑜早已对益州存有野心，并为此进行了积极准备。其实《三国志·蜀书·先主传》中载有荆州主簿殷观替刘备的分析：“若为吴先驱，进未能克蜀，退为吴所乘，即事去矣。今但可然赞其伐蜀，而自说新据诸郡，未可兴动，吴必不敢越我而独取蜀。如此进退之计，可以收吴、蜀之利。”殷观的分析是极有前瞻性的。事实上，孙吴根本不可能越过刘备去取益州；但刘备去取益州则势必造成荆州空虚而“为吴所乘”。东吴

神威能奮武
儒雅更知文
天日心如鏡
春秋義薄雲
關羽

关羽（选自清皇家珍藏手抄善本绘图描金银《三国志演义》）

之所以千方百计引导刘备去攻益州，正是为了乘其后方之虚而夺取荆州。殷观的预言为后来的事实所证实。

根据以上的分析，我们认为，在孙权与刘备的相互妥协中，应是包含了某种承诺，即孙权支持刘备夺取益州，刘备则同意在夺取益州后将荆州全部或部分交于孙权。为实践这种承诺的前半部分，刘备“表（孙）权行车骑将军，领徐州牧”，孙权主动撤兵南郡，承认刘备为“荆州牧”。之后，刘备却推三阻四地不践行当初约定的后半部分（遂使孙权“怒向胆边生”）；而刘备又妄自尊大，以为荆州已经巩固，可以分兵去夺益州，殊不知却顾此失彼，终因后方兵力单薄，关羽独木难支导致了荆州的丧失。

因此可以说，由于刘备未能履行诺言，所以孙权讨之有道，师出有名。孙权趁刘备进取益州之机而夺荆州，从某种意义上是向刘备讨还公道，是以暴力手段行道义之战；讨还荆州土地则只是这次战役的部分内容。后人不查，习惯于用“借荆州”三字去描述孙权、刘备两大集团在争取或维护各自利益的斗争中的恩怨事非。其实这是没仔细考察历史的大而化之之说，并未切中孙刘纠葛的肯綮。至于关羽之死则是为刘备的爽诺还的债。只是这种还债的方式太过惨烈、太令人痛惜！

第四章　文采风流

——诗意三国

第一节　光荣与梦想：开时代风气之先的魏武帝

法国著名的启蒙学者狄德罗在《论戏剧艺术·关于风尚》中，有一段重要的论述：

> 诗需要一些壮大的、野蛮的、粗犷的气魄。正是内战猖獗狂热的情绪使人们拿起刀枪，血流遍野的时候，阿波罗诗神的月桂树才复活而发青……在经历了大灾难和大忧患以后，当困乏的人民开始喘息的时候，那时候想象力被伤心惨目的景象所激动，就会描绘出那些后世未曾亲身经历的人所不认识的事物。

这一段论述主要总结了西方英雄史诗创作的经验，但它所揭示的“大灾难”“大忧患”，是诗人们粗犷、恢宏、激荡人心的史诗般作品的原动力之一的观点，却比较符合建安诗作的状况。其时，席卷中国大地的黄巾起义以及随之发生的董卓之乱和群雄逐鹿，使得恒、灵以来“风衰俗怨”的苦闷停滞被中断，社会原有的沉寂局面被突然打破，赓即进入到一个大动乱、大忧患的非常时期。千家万户在动乱中妻离子散，无以数计的百姓在杀伐中呼号、丧生。一个民族处在如此罕见的大灾难中，便不能不使得处于长期苦闷中而变得麻木了的人们受到强烈震撼，并激励新一代的热血儿女奋袂而起，为结束民族苦难前仆后继。所以，建安时代既是苦难的沧海横流的时代，又是抱有救世济民之志者慷慨激昂，“拿起刀枪”，争先恐后，大显身手的英雄时代。曹操的崛起和统一北中国宏伟事业的展开，正是在这种时刻、这种背景下带给了人们以某种希望和鼓舞；同样，它也刺激和振奋起曹丕、曹植以及流落四方、饱经离乱的建安诸子和蔡文姬等的人生意气和建功立业的雄心壮志。曹氏兄弟、建安诸子和蔡文姬虽然身处乱世，却不悲秋；虽然人生坎坷，却不为艰难曲折所折服。他们在诗歌创作中的那种慷慨多气的吟唱，那种横扫千军的气势，又是与建安文学的灵魂——曹操的推动攸关的。

建安文学是汉末建安时期（公元 196－220 年）的文学，建安是汉献帝刘协的年号。文学史上的建安时期，则指建安至魏初的一段时间。这一时期的文学风格，被称为“建安风骨”。“风骨”本谓遒劲之风，刚健之骨，它是中华民族所推崇的一种有代表性的美的概念——阳刚之美。这种美具有内在的、充满弹性和巨大潜力的“力”，动人心魄，使人振奋。建安文学的灵魂与最早的扛旗者曹操的诗歌即充满这种阳刚之美——一种壮怀激烈、慷慨多气的苍劲之美、悲凉之美、奋发之美。我们看他的四言乐府《短歌行》其一：

对酒当歌，人生几何？譬如朝露，去日苦多。慨当以慷，忧思难忘。何以解忧，唯有杜康。青青子衿，悠悠我心。但为君故，沉吟至今。呦呦鹿鸣，食野之苹。我有嘉宾，鼓瑟吹笙。明明如月，何时可掇。忧从中来，不可断绝，越陌度阡，枉用相存。契阔谈宴，心念旧恩。月明星稀，乌鹊南飞，绕树三匝，何枝可依？山不厌高，海不厌深。周公吐哺，天下归心。

按《三国演义》第四十八回的说法，此诗写于建安十三年（公元208年）冬十一月十五日，曹操在与孙权决战前夕的水军大船上。是日入夜，月光皎洁，寒风吹过，长江上波光如片片银鳞闪耀。两岸山色恍若浓墨点染，无边树木影影绰绰。忽有鸦声鸣叫，向南渐远，又返而再过……曹操酒兴阑珊，横槊立于船头，谓诸将曰："我持此槊，破黄巾、擒吕布、灭袁术、收袁绍，深入塞北，直抵辽东，纵横天下，颇不负大丈夫之志也。今对此景，甚有慷慨。"遂琅琅吟出这篇《短歌行》。此诗是否当真写于赤壁之战前夜？论者纷纭，暂不去管它，但仅凭诗中洋溢的那股冲天豪气，便博得后人一片美誉。明人钟惺说："四言至此，出脱《三百篇》殆尽。此其心手不粘滞处。'青青子衿'二句，'呦呦鹿鸣'四句，全写《三百篇》，而毕竟一毫不似，其妙难言。"（《古诗归》）钟惺好友谭元春则对"但为君故，沈吟至今"及"越陌度阡，枉用相

宴长江曹操赋诗（选自清光绪刻《图像三国志》）

存”四句分析道：“热肠余情，八字之处，含吐纸上”；“此等句，开唐人四言妙境”（同上）。清人张玉穀从诗意入手感叹：“此叹流光易逝，欲得贤才以早建王业之诗。”（《古诗赏析》）清人陈沆也指出：“此诗即汉高《大风歌》思猛士之旨也。”（《诗比兴笺》）

此诗虽含“苦”“忧”之情，却是对似水流年的感叹，并非人生失落之慨。而曹操所感叹乃是人生短促，大业未竟，时不我待，是希望在有限的生命里，建设甚至实现他憧憬的美好梦想。曹操心目中的美丽彼岸被浓缩在他另两首乐府诗《度关山》和《对酒》里。他在《度关山》里开篇即说：“天地间，人为贵”，首先便亮出了人本主义大旗。在这杆大旗关照之下的国度，虽有君主治理，却是按照“轨则”而“经纬四则”、“总统邦域”，“黜陟幽明，黎庶繁息”，行“井田”，尚“兼爱”，“俭为共德”，一派清平和谐景象。他在《对酒》里更为细致地描绘出这种人间天堂：

> 对酒歌，太平时，吏不呼门。王者贤且明，宰相股肱皆忠良。咸礼让，民无所争讼。三年耕有九年储，仓谷满盈。班白不负戴。雨泽如此，百谷用成。却走马，以粪其上田。爵公侯伯子男，咸爱其民，以黜陟幽明。子养有若父与兄。犯礼法，轻重随其刑。路无拾遗之私。囹圄空虚，冬节不断。人耄耋，皆得以寿终。恩德广及草木昆虫。

《度关山》与《对酒》，在曹操现存25首乐府诗中，在艺术上算不上优秀之作，但却最能反映这位睥睨天下，雄霸诸侯的所谓大法家内心深处所藏有的温情脉脉的儒者柔肠。《孟子·滕文公上》曾设计出八家共耕九百亩田的井田制，谓“死徙无出乡，乡田同井，出入相友，守望相助，疾病相扶持，则百姓亲睦”。又云：“民之为道也，有恒产有恒心，无恒产无恒心。”所谓恒产，即今天所讲的固定资产，在当时即以土地为最大恒产。由此我们知晓，在曹操心目中，是以“耕者有其田”为最终目标，到那时，

“却走马，以粪其上田”，即罢兵戈，让骏马不用奔驰在战场上，而充当运送肥料、整治田地的脚力。这里还须注意，《老子》第四十六章有“天下有道，却走马以粪”句，第八十章有“小国寡民使有什伯之器而不用，使民重死而不远徙……甘其食，美其服，乐其俗，安其居”句。老子与孟子的理想国度，不是不要君王的统治，而是承认君王之治，但这种君王须是心系人民，关爱人民，崇德尚俭，怀仁守柔的尧舜似的圣人贤者。曹操就极欲扮演这样的圣贤，并将先贤勾画而未能实现的美好蓝图付诸实践。

在古代西方的希腊，在老子之后，比孟子稍早的时代，出了一个大哲学家叫柏拉图，他写有一本题为《理想国》的书，其社会秩序与生活状况与老子、孟子及曹操笔下的描绘十分接近。稍有不同的是，他主张理想国的统治者应由哲学家担任，理性应在其中占据绝对统治的地位。但以更宽泛的视野看，老子、孟子、曹操心目中的理想国君主，如尧舜，都应该是以理性治国的哲学家。曹操也应是这类哲学家。在他身上，既有法家的霸气——法、术、势，也有儒家的仁义忠恕，“祖述尧舜，宪章文武”；还有道家的绝仁弃义，清静无为。不过，曹操在这类哲学家中，属于极有个性、极为复杂的另类。传统的法家，是“不务德而务法，以刑杀为威，寡恩少欲”。曹操则一面讲严刑峻法，多疑嗜杀，一面又广施恩德，常表现出妇人之仁。正宗的儒生，坚持将忠孝摆在首位，且崇尚“礼乐”，讲求“中庸”。曹操虽也讲礼尊大法（如始终尊汉献帝为天子而不敢僭越，为曹植私出开司马门而大为光火），却主张举贤勿拘品行，敢用“不仁不孝而有治国用兵之术”者，往往自坏礼法。典型的道者，持保“三宝”，即“一曰慈，二曰俭，三曰不敢为天下先”。曹操虽以俭朴名世，也很懂慈爱（此谓爱护人力、物力），但却一贯敢为天下先，虽可谓木秀于林，却不畏疾风暴雨的猛烈攻击，居高临下，傲视群雄。

在汉末三国诸侯并起，烽火连天的时代，曹操以他勇于开拓、富于创新的精神而统一了北方。他虽然吃过不少大败仗，却从不认输，从不低头，因为他心底有个慷慨豪迈的英雄梦，有个君民同治，天下共乐的壮丽美好的理想国。他笔下的诗文，乃是他心灵的记录，充盈激荡着一种干云豪气与绚丽亮色。建安十二年（公元207年）九月，曹操在今河北昌黎碣石山群峰怀抱的汉武台上，借古乐府《步出夏门行》为题，朗声吟出一组志壮气盛的宏大诗篇，其四解（即四章）之一题作《观沧海》：

> 东临碣石，以观沧海。水何澹澹，山岛竦峙。树木丛生，百草丰茂。秋风萧瑟，洪波涌起。日月之行，若出其中；星汉灿烂，若出其里。幸甚至哉，歌以咏志。

曹操作此诗时，北方甫定，继而一统华夏的诱人远景正在向他招手。古有秦皇、汉武的赫赫武功在发出强烈的光芒，眼前是秋风掀动的浩瀚大海正扬波翻浪，催人不已。诗人抚今追昔，豪情万丈，遂从胸臆奔涌出这篇可谓震古烁今的诗篇。

中国诗歌自发轫之始便开始关注自然山水，描写自然景致。从《诗经》的“杨柳依依”，“雨雪霏霏”（《小雅·采薇》），到楚辞的“袅袅兮秋风，洞庭波兮木叶下” （屈原《九歌·三湘夫人》），再到汉赋的“原隰郁茂，百草滋荣。王雎鼓翼，鸧鹒哀鸣”（张衡《归田赋》），乐府的“青青园中葵，朝露待日晞”（《相和歌辞·平调曲》），“秋风肃肃晨风飔，东方须臾高知之”（《鼓吹曲辞·汉铙歌》），天上地下，山水日月，花鸟草木，无不涉猎且描写繁富，色彩绮丽。只是这一时期对山水景物的描绘尚服从于起兴达意的需要，以触景生情为目的，因而其描绘只是蜻蜓点水、浮光掠影，所涉及的景物在作品中居于配角地位，只起烘托感情、渲染气氛的作用。而真正以山水景物为审美对象，表现对象的山水文学形式尚在酝酿中。上举《诗经》《楚辞》、汉赋、乐府的文辞，仅可视为山水文学的萌芽状态。

更为重要的是，自屈原以后的五百年间，虽辞赋兴盛，五言产生，却没有堪与屈原比肩的大诗人出来，当然更难寻觅到像屈赋那样神采飞扬、发愤踔厉的心灵之鸣了。郑振铎先生在《插图本中国文学史》里认为，两汉辞赋多“以司马相如讲赋为准则”，讲究堆砌美辞奇字，行文稳妥炫丽，“可以一言而蔽之曰‘无病而呻’”。

正是在上述背景下，当历史的坐标指向《诗经》以降一千余年后的东汉建安时期，曹操北征乌桓归途中，在冀东碣石山上发出凭海临风之唱时，人们才会啧啧称奇而惊喜万分。明人钟惺、谭元春在其合编的《古诗归》里赞叹道：“《观沧海》直写其胸中眼中，一段笼盖吞吐气象。”这是主张独抒性灵，标举幽深孤峭的竟陵派（钟、谭为开创者）的惺惺相惜。清人沈德潜在所编《古诗源》里则评点曹操《观沧海》一类诗作曰：“时露霸气”，语气中颇带不屑；因为他是倡导格调说，崇奉古人“温柔敦厚”的诗教的。

然而现代学者中，郑振铎先生是极为欣赏曹操的霸气的。他在《插图本中国文学史》里直言不讳地美言曹操：“他是一位霸气纵横的人，即在诗坛里也是如此。他的诗是沉郁的，雄健的，有如他的为人……操的雄心是跃跃于纸背的。又《观沧海》写‘东临碣石，以观沧海’时所见的海景也是很隽好。”[1] 周建国先生说：“我国写景诗中描写大海的很少，此诗写沧海气魄雄伟，与作者南征北伐的丰富经历不无关系。”[2] 徐公持先生则指出：《观沧海》“全解写景，不言情志，而情志自见。”[3] 其实，这正是山水诗最显明的特征。此前中国文学涉及山水的诗歌，还缺乏这个特征，或这个特征不够显明。正是基于《观沧海》全篇皆以山水为主要审美对象、表现对象，且寓情于景，情景交融、物我交融，以山水抒情言志，既反映客观自然景物，又传达诗人主观精神，因此，

---

① 郑振铎：《插图本中国文学史》上册，北京出版社 1999 年版，第 132、133 页。

② 周建国等：《先秦汉魏六朝诗鉴赏》，上海古籍出版社 1998 年版，第 178 页。

③ 徐公持编著《魏晋文学史》，人民文学出版社 1999 年版，第 37 页。

我们才说它是中国最早的成熟的山水诗。不仅如此，它还该属于中国山水诗中最优秀的作品之一。此后的山水诗，尽管林林总总，琳琅满目，但在气概及情趣上能与之并肩媲美者，当不多见。我们还可以这样说，《观沧海》乃中国山水诗雄浑壮阔、瑰丽浪漫一派的先声。唐代诗人的很多山水诗，便属于这一派。典型者如张若虚《春江花月夜》，张九龄《湖口望庐山瀑布》，王湾《北固山下》，李白《蜀道难》《庐山谣寄卢侍御虚舟》《望庐山瀑布》，杜甫《戏题王宰画山水图歌》《夔州歌十绝句》其一。它们的宏阔、大气、苍劲、悲慨，皆得《观沧海》沾溉，有曹孟德当年风采。

《步出夏门行》最末一章，后人冠之《龟虽寿》，既与《观沧海》首尾呼应，亦与前举《短歌行》其一相唱和，全文如下：

> 神龟虽寿，犹有竟时。腾蛇乘雾，终为土灰。老骥伏枥，志在千里；烈士暮年，壮心不已。盈缩之期，不但在天；养怡之福，可得永年。幸甚至哉，歌以咏志。

曹操写作《步出夏门行》组诗这年（建安十二年）五月间，他在谋士郭嘉的建议下，亲率十万大军从邺城（今河北临漳西南）出发，北征严重威胁河北边地的三郡（辽西、辽东、右北平）乌桓。七月，在今冀东地区，遇大水，道路不通，即转行山道。八月，于柳城（今辽宁朝阳附近）大破收匿并支持袁熙、袁尚兄弟的乌桓军，彻底消灭了袁绍残余势力。其时他踌躇满志，身被无限荣光。只是他已届53岁。古人平均寿命比今人短许多，53岁的年纪，已接近或进入老年期。这便使他油生来年无多，须倍加把握之慨。他知道自己要做的事情还有很多，特别

曹操画像（选自明弘治十一年刻《历代古人像赞》）

是心中珍藏的那份理想国的梦想，激励他须快马加鞭，使暮年的人生，放射出更加夺目的光彩。这就是《龟虽寿》的一个最重要的内涵。千百年来，这篇《龟虽寿》不知激发多少怀揣梦想的志士仁人踏尽坎坷，奋力前行；又不知鼓动多少戎马一生、荣誉一身的英雄豪杰坚持信念，老当益壮！《世说新语·豪爽》载，东晋手握重兵的大将军王敦“每酒后，辄咏‘老骥伏枥，志在千里。烈士暮年，壮心不已’。以如意打唾壶，壶口尽缺。”

曹操是时代的骄子。他在历史的风口浪尖驾驭风帆，横槊高歌，不仅成为他那个时代的一面猎猎生风的大旗，而且还是他周围以及后来者争相效仿的标杆。他的诗，无论四言、五言还是杂言，都有一种慷慨激昂之美，一种刚健峻烈之美，一种爽朗悲凉之美——在文艺美学上，这就是所谓建安风骨。它是建安文学的灵魂，而曹操则是这个灵魂的铸造者。自汉武帝罢黜百家、独尊儒术以来，以司马相如打头，三四百年间的文人骚客不去用心做诗，而专门去写那些溜须拍马，为君王高唱赞歌的大赋（如司马相如《子虚赋》《上林赋》，扬雄《长扬》《甘泉》《羽猎》诸赋，张衡《二京赋》等）。不擅写赋者，则一头钻进书斋，挖空心思地去为儒家经籍注疏解疑，真正有个性、有思想、有情感的性情文学难觅踪迹。自曹操的乐府诗一出，则搅动了文坛的一池死水，让它生动起来，活泼起来，并带动或影响了一大批人去直面社会，面向生活做诗为文，书写真实，抒发胸臆。明人钟惺将曹操的《薤露行》（中有“播越西迁移，号泣而且行。瞻彼洛城郭，微子为哀伤”句）、《蒿里行》（中有“白骨露于野，千里无鸡鸣。生民百遗一，念之断人肠”句）视为“汉末实录，真诗史也”（《古诗归》）。因为这些诗歌（还包括《苦寒行》《却东门行》等）就是一卷卷、一幅幅反映汉末战乱，百姓颠沛流离、辗转呻吟，军人身不由己、艰难征战的历史记录和形象画卷。清人沈德潜说：“借古乐府写时事，始于曹公。”（《古诗源》）曹操之后，王粲的《七哀诗三首》《从军诗五首》，陈琳《饮马长城窟行》，阮瑀《驾

出北郭门行》，曹丕《黎阳作三首》《杂诗二首》，左延年《秦女休行》，曹植《白马篇》《赠丁仪》《送应氏二首》《杂诗七首》《七哀》，蔡文姬《悲愤诗》《胡笳十八拍》，嵇康《幽愤诗》，阮籍《咏怀八十二首》等，都是这样真实书写历史、书写社会、书写生活，以真情实感而撼人心灵的好诗。它们在主体上都延续了曹操悲凉、刚健、慷慨多气的风格，从而蔚成建安文学的盛大气象。郑振铎先生说："屈原之后，诗思消歇者几五六百年，到了这时，诗人们才由长久的熟睡中苏醒过来。不仅五言，连四言诗也都照射出夕阳似的血红的恬美的光亮出来。"①

曹操的诗歌，开启了中国文学史上的一个新时代。这个时期的诗人文士，以曹操的诗文为圭臬，面对现实的苦难和社会变迁，慷慨激烈，悲壮抒怀，创作出了大批"老深而笔长"，"梗概而多气"的诗篇，从而使建安文学（主要是诗歌）以其博大深厚的内容和遒劲刚健的风格，铸就成自己的"风骨"。唐人陈子昂所说的"汉魏风骨"，即指此而言；李白也以"蓬莱文章建安骨"加以称道。而"建安风骨"也和"风""骚"一样，常常成为后代诗歌革新运动所标举的旗帜。

第二节　苦难与辉煌：蔡文姬和她的生命歌唱

在建安文人集团中，有一个人不得不提，这就是历经磨难而才华横溢的女诗人蔡文姬（约公元174—?）。她名琰，字文姬，又字昭姬，陈留圉（今河南杞县南）人，汉末著名学者蔡邕的女儿。她自幼受过很好的教育，博学有才辩，又妙于音律。她幼年时，因其父被诬陷获罪，全家充军，在外流浪十余年，十六岁嫁河东（今山西西南部）卫仲道；不久因夫亡无子，回到娘家住。这期间

① 郑振铎：《插图本中国文学史》上册，北京出版社1999年版，第132页。

其父因董卓事为王允所杀。初平年间（公元190—193年），天下大乱，蔡文姬为羌胡军队所掳，留居十二年之久，做了南匈奴左贤王的妻子，生下两个孩子。建安八年（公元203年），曹操把她赎回，再嫁给董祀，又让她整理蔡邕所遗书籍四百余篇，为中国文化的传播做出了贡献。这就是历史上传为千古美谈的“文姬归汉”的故事。

蔡文姬的一生坎坷不平，充满了痛苦和辛酸、曲折与奋斗……她的故事，被编入小说、戏剧，被之管弦，得以广泛流传。诸如元金志甫的《蔡琰还汉》杂剧，明陈与郊的《文姬入塞》杂剧，清尤侗的《吊琵琶》杂剧，小说《三国演义》的有关章节，程砚秋的《文姬归汉》京剧以及郭沫若的《蔡文姬》五幕历史剧等，均取材于此。

史籍中系于蔡文姬名下的作品共有三篇，即是见于《后汉书·列女传》后所附中的五言和骚体《悲愤诗》各一章以及见于郭茂倩《乐府诗集》和朱熹《楚辞后语》的琴曲歌辞《胡笳十八拍》。这三首诗虽然都是以蔡文姬的身世为题材的自传体作品，但自从苏轼以“东京无此格”（《仇池笔记·拟作》）等理由否认五言《悲愤诗》是蔡文姬写的以来，三首诗的真伪问题一直存在。目前。文学史界基本肯定五言《悲愤诗》是蔡文姬写的；认为骚体《悲愤诗》所述情节与事实不符，是晋人伪托。可以说，蔡文姬的五言《悲愤诗》，在建安文学中是一块无双之璧。它不仅具有极高艺术价值，而且还拥有珍贵的史料价值，实开后来杜甫《奉先咏怀》《北征》先河。沈德潜《古诗源》称“激昂酸楚，读去如惊蓬生振，沙砾自飞，在东汉人中，力量最大”——他用“东汉人中，力量最大”一语来评骘一个妇女的诗作，诚为惊世骇俗之论。

至于《胡笳十八拍》的著作权问题，今人也有两种不同意见，可参见1959年中华书局出版的《胡笳十八拍讨论集》。这次讨论中的肯定论者的代表是郭沫若，他称颂道：“这实在是一首自屈原的《离骚》以来最值得欣赏的长篇抒情诗”；“是用整个的灵魂吐诉出来的绝叫”；“没有那种亲身经历的人，写不出那样的文字来”；“我是坚决相信那一定是蔡文姬作的”。

《后汉书·列女传》说，蔡文姬乃曹操以金璧从南匈奴赎回的。那么，曹操何以要花费巨资来促成文姬归汉呢？

这个问题，牵涉到蔡文姬十六岁时初嫁的夫君卫仲道。不过，卫仲道是什么人，有关典籍语焉不详。在 1959 年的那次关于《胡笳十八拍》的大讨论中亦多未涉及，写出剧本《蔡文姬》的郭沫若先生也无文字交待；只有谭其骧先生的《蔡文姬的生平及其作品》一文有些介绍。据谭其骧推断，卫仲道其人，很可能就是卫觊之弟。因为《三国志·魏书·卫觊传》说“觊字伯儒，河东安邑人也”。东汉三国时人皆以一字命名，伯儒、仲道都显然是字而非名。这样一来，仲道岂不正该是伯儒的弟弟么？从《三国志·卫觊传》及注引《魏书》所述可以得知，河乐卫氏在汉本是一门有学术传统的世代仕宦之家，所以卫觊能在“台阁旧事散乱”之后，“以古义多所正定”；“魏国既建”，又“与王粲并典制度”，汉魏禅让诸诏册，并出其手，入魏受诏典著作，多所撰述。由此谭其骧设想蔡文姬从初嫁到“夫亡，无子，归宁于家”这一段经历可能是这样的：当蔡文姬之父蔡邕亡命江海归来为董卓所辟用时，卫觊兄弟们的父亲大致也在京中做官，所以蔡文姬初嫁的地点应该就在洛阳，不会在河东，也不会在陈留。蔡文姬婚后不久，蔡邕随汉

蔡邕（选自清光绪刻《图像三国志》）

献帝西迁长安，这时卫仲道还没有死，文姬跟着夫家仍留在洛阳。到卫仲道亡故时，洛阳长安间道路已为战乱所隔绝，文姬才回到陈留圉县老家去住，终在初平三年正月被侵扰陈留圉县的李傕部从中的“胡骑”掳掠。也正是因为战乱阻断了道路，所以远在长安的蔡邕并不知晓女儿遭难。四月间，蔡邕便被王允冤杀，致使文姬身陷匈奴达十二年之久。

谭其骧由此而提出，蔡文姬以后被曹操赎还，恐怕卫仲道的兄长卫觊起了很大作用。据《三国志·魏书·卫觊传》记，卫觊以袁曹对峙官渡时奉曹操命取道关中出使益州刘璋，行至长安，以道路不通，遂留镇关中。关中北接羌胡，卫觊也许就在此时得知了他的弟妇没于匈奴的消息。后来又由他告诉了曹操，甚或提出了赎还的请求，刚好曹操与蔡邕本有“管鲍之好”（《后汉书·列女传》还说曹操对亡友“痛其无嗣”），因而就有了“文姬归汉”这件千古盛事。

不过，郭沫若在《谈蔡文姬的〈胡笳十八拍〉》（载《蔡文姬》，文物出版社 1959 年版）一文里却指出：曹操作为建安文学的促成者，“他之所以赎回蔡文姬，就是从文化观点出发，并不是纯粹地出于私人感情；而他之所以能够赎回蔡文姬，也并不单纯靠着金璧的收买，而是有他的文治武功作为后盾的。”

蔡文姬无疑是一个多才多艺、天生丽质而又感情丰富、且性格豪放的女子，所以郭沫若在剧本里让左贤王于乱军流民阵中一眼便看中了他。即便如谭其骧所识，蔡文姬是由受雇于李傕部的“胡骑”掳获而奉献与左贤王的，但左贤王能在被抢掠来的万千汉家女子中挑选出蔡文姬，并与之结为连理，却是史有明载的事实。左贤王虽是“胡人”，但也应该是慓悍而豪爽的堂堂男子汉，否则蔡文姬是不会委曲求全，随便献身于他的。而在左贤王，因为得到了蔡文姬这样才貌双全的汉家女，自是百般怜爱，事事呵护；而蔡文姬既已认他为夫，也便尽心伺侯，力尽妇道，因而双方感情可谓如胶似漆，难舍难分。但蔡文姬毕竟是汉家女，与左贤王的夫妻感情是一回事，而与生她养她的祖国母亲的感情却是另一回事，所以她仍每日每刻怀念着汉朝故土，渴望着能为她尽一份赤子的责任。这样，当着曹操要赎还她时，上述两种感情的矛盾便立即凸现出来（其舍不得儿女的背后，实际暗藏着对左贤王十二年间的十分珍重的感情）。于是，我们便在郭沫若笔下，看见了蔡文姬一旦返回故土的愿望就要变成现实时，那种矛盾痛苦，辗转反侧的心灵的熬煎的场景。而这种场景，则无疑是蔡文姬《悲愤诗》及《胡笳十八拍》里早已出现了的。现节录蔡文姬二作于后，以使读者得以窥见这个旷世才女心路的曲折与跌宕。

悲愤诗

汉季失权柄，董卓乱天常。志欲图篡弑，先害诸贤良。逼迫迁旧邦，拥主以自强。海内兴义师，欲共讨不祥。卓众来东下，金甲耀日光。平土人脆弱，来兵皆胡羌。猎野围城邑，所向悉破亡。斩戮无孑遗，尸骸相撑拒。马边悬男头，马后载妇女。长驱西入关，迥路险且阻。还顾邈冥冥，肝胆为烂腐。所略有万计，不得令屯聚。或有骨肉俱，欲言不敢语。失意几微间，辄言毙降虏。要当以亭刃，我曹不活汝。岂敢惜性命，不堪其詈骂。或便加棰杖，毒痛参并下。旦则号泣行，夜则悲吟坐。欲死不能得，欲生无一可。彼苍者何辜，乃遭此厄祸！

…………

去去割情恋，遄征日遐迈。悠悠三千里，何时复交会？念我出腹子，匈臆为摧败。既至家人尽，又复无中外。城郭为山林，庭宇生荆艾。白骨不知谁，从横莫覆盖。出门无人声，豺狼号且吠。茕茕对孤景，怛咤糜肝肺。登高远眺望，魂神忽飞逝。奄若寿命尽，旁人相宽大。为复强视息，虽生何聊赖？托命于新人，竭心自勖厉。流离成鄙贱，常恐复损废。人生几何时？怀忧终年岁。（据宋绍兴本《后汉书》）

胡笳十八拍

…………

无日无夜兮不思我乡土，禀气含生兮莫过我最苦。天灾国乱兮人无主，惟我薄命兮没戎虏。殊俗心异兮身难处，嗜欲不同兮谁可与语？寻思涉历兮多艰阻，四拍成兮益凄楚。

雁南征兮欲寄边声，雁北归兮为得汉音。雁飞高兮邈难寻，空断肠兮思愔愔。攒眉向月兮抚雅琴，五拍泠泠兮意弥深。

冰霜凛凛兮身苦寒，饥对肉酪兮不能餐。夜闻陇水兮声呜咽，朝见长城兮路杳漫。追思往日兮行李难，六拍悲来兮欲罢弹。

日暮风悲兮边声四起，不知愁心兮说向谁是？原野萧条兮烽戍万里，俗贱老弱兮少壮为美。逐有水草兮安家葺垒，牛羊满野兮聚如蜂蚁。草尽水竭兮羊马皆徙，七拍流恨兮恶居于此。

为天有眼兮何不见我独漂流？为神有灵兮何事处我天南海北头？我不负天兮天何配我殊匹？我不负神兮神何殛我越荒州？制兹八拍兮拟排忧，何知曲成兮心转愁？

…………

十六拍兮思茫茫，我与儿兮各一方。日东月西兮徒相望，不得相随兮空断肠。对萱草兮忧不忘，弹鸣琴兮情何伤？今另子兮归故乡，旧怨平兮新怨长。泣血仰头兮诉苍苍，胡为生我兮独罹此殃？

十七拍兮心鼻酸，关山阻修兮行路难。去时怀土兮心无绪，来时别儿兮思漫漫。塞上黄蒿兮枝枯叶干，沙场白骨兮刀痕箭瘢。风霜凛凛兮春夏寒，人马饥尪兮筋力单。岂知重得兮入长安，叹息欲绝兮泪阑干。

胡笳本自出胡中，缘琴翻出音律同。十八拍兮曲难终，响有余兮思无穷。是知丝竹微妙兮均造化之功，哀乐各随人心兮有变则通。胡与汉兮异域殊风，天与地隔兮子西母东。苦我怨气兮浩于长空，六合虽广兮受之应不容。（据影印宋端平刻本《楚辞后语》）

蔡文姬（近人邓骀绘）

蔡文姬的《悲愤诗》和《胡笳十八拍》，奠定了她在中国文学史上不可移易的一个地位，因为这是她用心血所写就的，是对祖国和家庭两种至爱亲情交织成的心灵的呼喊——其间又将对祖国的感情置于崇高无上的地位，这便更透出这种心灵的呼喊的伟大与可敬可叹。因此，这两首诗历来很为史家和文学家所看重，至今仍称颂纷纷，不绝于书。

陈祖美先生在《中国历代著名文学家评传》第一卷（山东教育出版社 1983 年版）更对《悲愤诗》给以了大段评议，称其长处在于真实而深刻地反映了那个苦难的时代，艺术地再现了蔡文姬悲惨的一生。陈祖美认为，首先，诗中淋漓尽致地描写了作者在汉末丧乱中目睹的“马边悬男头，马后载妇女”的惨状，自身遭受的“欲死不能得，欲生无一可”的苦难以及流落异地思乡念亲的悲哀、被赎归汉离别“出腹子”时肝肠欲摧的痛苦。诗的结尾更发人深思：作者说自已回到中原家里，家人丧亡殆尽，连内外表亲亦靡一孑遗。家乡田园荒芜，白骨露野，人声断绝，豺狼号叫。孤苦零丁，虽生无依……这些悲怆凄楚的诗句，既可补充史料不足，又能触发读者的艺术想象。可以说，这首诗对于了解封建社会妇女的命运和汉末的社会现实，有着深刻的悲剧意义和独特的认识价值。其次，《悲愤诗》有比较完整的故事情节和人物形象，在文学史上被认为是叙事诗，在一定意义上可以说是感情的结晶体。这首诗的特点是感情饱满，情绪激越，尤以母子之别，写得真挚沉痛。全诗在叙述了主人公从被掳到入胡的过程后，用了将近三分之一的篇幅描写母子连心的感受。它们不仅写得感情真挚，动人心弦，还巧妙地把叙事、对话、心理描写等穿插在一起。人物形象生动传神，跃然纸上。

前面讲过，历史上对于《胡笳十八拍》是否是蔡文姬所作，有些争议（但宋以前是未曾有过异议的），但“肯定《胡笳十八拍》是蔡作的占大多数，持相反意见的人是很少的”。只是“近代写文学史的人们否认《胡笳十八拍》为蔡作的渐渐多了。”① 对此，郭沫若在1959年1月至8月间，一口气写出六篇为蔡文姬争著作权的文章，发表在《光明日报》上，在学术界引发了一次颇为壮观的关于《胡笳十八拍》的大讨论。郭沫若在其首篇里这样写道：

> 在中国文学史上有一件令人不平的事，是蔡文姬的《胡笳十八拍》所受到的遭遇。这实在是一首自屈原的《离骚》以来最值得欣赏的长篇抒情诗。杜甫的《寓同谷县作歌七首》和它的体裁相近，但比较起来无论在量上或质上都有小巫见大巫的感觉。
>
> …………
>
> 我倒要替《胡笳十八拍》呼吁下。务必请大家读它一两

① 王竹楼：《〈胡笳十八拍〉不是蔡文姬所作的吗?》，载《文学遗产》第269期。

遍，那是多么深切动人的作品啊！那像滚滚不尽的海涛，那像喷发着熔岩的活火山，那是用整个的灵魂吐诉出来的绝叫。我是坚决相信那一定是蔡文姬作的，没有那种亲身经历的人，写不出那样的文字来。如果在蔡文姬之后和唐刘商之前，有过那么一位诗人代她拟出了，那他断然是一位大作家。但我觉得就是李太白也拟不出，他还没有那样的气魄，没有那样沉重的经验。我这不是夸夸其谈，总之请大家认真读一读可以体会得到。①

郭沫若在这篇文章里还指出“任何歌辞在民间流传中，有些辞句会受到后人的琢磨和润色，是在所难免的。我们应该从整个的内容和气韵上来看问题。像《胡笳十八拍》，无论在形式或内容上，那种不羁而雄浑的气魄，滚滚怒涛声一样不可遏抑的悲愤，绞肠滴血般的痛苦，决不是六朝人乃至隋、唐人所能企及的。”郭沫若并举出第八拍为例说——

这把天地神祇都诅咒了。感情的沸腾、着想的大胆、措辞的强烈、形式的越轨，都是前代人所不能接受的。思想大有无神论的倾向，形式是民间歌谣的体裁，既有伤乎“温柔敦厚”的诗教，而又杂以外来影响的胡声，因而不足以登大雅之堂。史籍里不载它，前代选集里不选它，是有由来的。在这里倒可以令人想到韦庄的《秦妇吟》。《秦妇吟》里面因为对当时的统治阶级有所批判，特别是有“内库烧为锦绣灰，天街踏尽公卿骨”那样的话伤了公卿们的尊严，因而这诗遭了忌避，连韦庄自己也把它禁锢起来了。这诗一直埋没了一千多年，在近年来才从敦煌石窟中被发现。假使没有敦煌石

① 郭沫若：《谈蔡文姬的〈胡笳十八拍〉》，载《光明日报》1959年1月25日。

窟的储存，它是会永远失传了。《胡笳十八拍》在宋以前未见著录和这有相类似的地方，但《胡笳十八拍》的被保存下来却不是埋没在何处的石窟里，而是传播在民间。那是民间的艺人们把它传唱着，弹奏着，一直保存下来的……人民是最公正而卓越的鉴赏家，好的作品人民总会把它保留下来的。

刘勰在《文心雕龙》里指出建安诗歌的一个重要性是“造怀指事”。“造怀”就是直抒胸臆，表达真实的思想感情。“指事”即陈说事理，言之有物，而不作无病呻吟。这一创作新风为建安诗歌赢得“汉末实录”“诗史”的称誉，也较为典型地反映出中国文学与社会现实密切联系的传统。

董卓（选自清皇家珍藏手抄善本绘产描金银《三国志演义》）

东汉末期，汉王朝已到了分崩离析的前夕。政治腐败黑暗，外戚、宦官争权夺利，豪强割据，赋敛繁重，再加上连年水旱蝗疫，造成生产凋敝，人民无以聊生，纷纷揭竿而起，集结成声势浩大的黄巾起义。起义虽然失败，但东汉已名存实亡，各地豪强，踞地相争。从初平元年（公元 190 年）董卓之乱到建安时期，军阀混战，生产凋敝，人民或被屠杀，或因饥困瘟疫而死，出现了城邑空虚、白骨蔽野的悲惨局面。这时，建立统一安定的局面，已是广大人民的意愿和时代的急切要求。以曹氏为代表的建安诗人，一般出身于地主阶级的中下层，容易理解人民的痛苦，由此而形成了他们反映社会离乱，歌唱国家统一的梗概诗风。如曹操在《蒿里行》中写道："铠甲生虮虱，万姓以死亡。白骨露于野，千里无鸡鸣。生民百遗一，念之断人肠。"形象描绘了董卓之乱后，东都洛阳"数百里无烟火"，西京长安"城中尽空"，"二三年间关中无复行人"的情景。王粲《七哀诗》写他避乱荆州所见："路有饥妇人，抱子弃草间。愿闻号泣声，挥涕独不还。未知身死处，何能两相完?"而蔡文姬的《悲愤诗》写董卓洗劫城邑："斩戮无孑遗，尸骸相撑拒。马边悬男头，马后载妇女……"景象更为凄惨！她的《胡笳十八拍》虽与之异曲异工，却同愤同悲，正如郭沫若所指出的其第八拍，那真是呼天抢地，把苍天和神灵都骂到了。这种艺术风格同五言诗《悲愤诗》有显著的不同，但艺术效果则同样富有真实感。《悲》诗叙事成份多，而《胡》篇抒情成份浓，带有浪漫主义色彩。它不是客观地细致地描写诗人的种种遭遇，而是饱含血泪，对不幸命运发出控诉，感情汹涌澎湃。这种以时事入诗，直接抨击当时社会弊端、抨击社会丑恶的文风，使建安文学极富战斗性、生命力与感染力。无须多言，蔡文姬的诗作乃是建安文学中的佳品或上乘之作。

《文心雕龙》曾评说道，"暨建安之初，五言腾踊"。建安诗歌在五言诗发展史上具有不可磨灭的地位。冯天瑜、周积明先生在《中国古文化的奥秘》（湖北人民出版社 1986 年版）里认为，五言诗不始于建安时代，东汉班固已有五言古诗《咏史》。但建安以前，以传统的"四言"为正体，"五言"则为"流调""俗调"，地位卑下。然而令人惊讶的是，以曹操为领袖，包括蔡文姬在内的建安诗人却无视雅言正体，大量采用五言"流调"，终于使它成为诗坛主体形式，这是建安诗人集团对中国文学的一个伟大贡献。

应该说，在建安以前的汉末五言诗虽也具有艺术魅力，但题材狭窄，内容单薄，不足以开启一代诗风。可是，建安诗人却以丰富的内容，高远的志向，慷慨的激情，为五言诗输入峥嵘的“风骨”，使它成为后人景慕效法的榜样。蔡文姬的《悲愤诗》足可以担当此任。

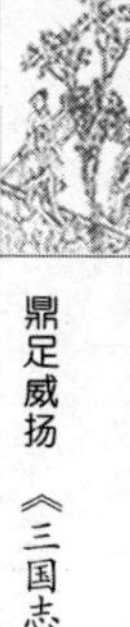

刘勰曾以“驱辞逐魂，唯取昭晰之能”的话概括建安文学语言清楚明白、形象具体鲜明的特征。蔡文姬的《悲愤诗》正反映出这种独特的个性特征，展现了建安文学所拥有的“五言腾踊”的风格，堪称建安五言诗的代表作。《悲愤诗》以五百多字的长篇叙事，记录汉末动乱中的人民痛苦与诗人悲惨遭遇，把被掳途中所受的凌辱，流落异域的思绪悲怀，被赎回时的别子之痛，归来后面对荒凉家园的孤独之感，直至再嫁以后的惶惶心境，都刻画得惟妙惟肖而痛人肺腑，将五言诗的功用发挥得淋漓尽致，令人震撼。

钟嵘在《诗品·总论》中讲到五言诗的发展时，描述了这时期的诗歌情况：“降及建安，曹公父子，笃好斯文，平原兄弟，郁为文栋，刘桢、王粲为其羽翼。次有攀龙托凤，自致于属车者，盖将百计。彬彬之盛，大备于时矣。”当时，在曹氏父子的收罗下，许多文人都集于他们麾下，出现了邺下文人集团，重要的作家有“三曹”（曹操、曹丕、曹植）“七子”（孔融、王粲、刘桢、阮瑀、徐干、陈琳、应玚）；同时代的作家还有蔡文姬、杨修、丁翼、丁仪、吴质、繁钦、缪袭、应璩等，他们共同集成建安文学的雄奇军阵，形成“慷慨多气”“俊才云蒸”（刘勰语）的气象。他们指点江山、激扬文字，又一齐切磋，互相提携，互相鼓励，勇于批评，勇于开拓，勇于创新，表现出空前的“文学的自觉”精神。

我们看蔡文姬的《悲愤诗》，乃悲而不怨，具有悲壮的底蕴；愤而有志，满载奋发的力量。作者之所以以“悲愤”为题，不仅仅是控诉社会动乱、军阀混战给包括自己在内的广大无辜人民带来的深重苦难（那是字字含血，句句带泪的控诉），更重要的是凸显对将祖国与人民、母亲与儿女强行分离开来的各路军阀的猛烈鞭挞。这是妇女对封建专制的叛逆，是人民对黑暗社会的反抗。尤其是诗中自始至终所脉动的母亲对儿子牵肠挂肚的思念，更具有一种打动人心的人性之美。至于《胡笳十八拍》，更是感情充沛，元气盈荡，其思儿之情缠绵悱恻，感人肺腑；怒吼之声，穿透山河，震动天地——那是人性自觉的思想呼喊，是文学自觉的力量表达。诚如明人陆时雍所言：“东京风格颓下，蔡文姬才气英英。读《胡笳吟》（即《胡笳十八拍》），可令惊蓬坐振，沙砾自飞，直是激烈人怀抱。”（《诗镜总论》）郭沫若在其话剧剧本《蔡文姬》中，则借曹丕之口说：“屈原、司马迁、蔡文姬，他们的文字是用生命在写，而我们的文字只是用笔墨在写。”陈祖美也感叹道：“在文学史上，不少作家的崇高地位，是由他们卷帙浩繁的传世之作确立的；而蔡琰作品的流传，固然与其经久不衰的生命力有关，但这种生命力，是用作者的血肉之躯培育成的。如果要说在文学史上的贡献，那末，蔡琰的贡献，远不是一二首诗的问题，她是把整个身心都融合到创作之中了，她所奉献的是整个的生命。”（《中国历代著名文学家评传·蔡琰》）

当然，如果没有建安文学这种大气候，大环境，大氛围，便没有我们现在所知道的优秀女诗人蔡文姬及其诗作。而蔡文姬及其诗作，反过来又使建安文学“慷慨多气”“俊才云蒸”的时代特点表现得更加充分，将这个时代特点推到了极致。正是在这种意义上，我们说，蔡文姬当是建安文学的一位典型作家，甚至可以说是堪与曹丕、曹植比肩的建安风骨的杰出代表。

第三节　放诞与孤独：嵇阮之道及魏晋风度

蔡文姬所处的魏晋时代是一个转折、动荡、分裂的时代。东汉末期，军阀并起，皇权旁落，曾受专宠达三百余年的儒学也只被极少数学者继续顶礼膜拜。儒学的禁锢一旦崩溃，思想界便出现了自由和开放的局面，各家各派的思想都得到发展的机会，类似战国时代那种争辩的风气也盛行起来。正如鲁迅先生《魏晋风度及文章与药及酒之关系》所说："更因思想通脱之后，废除固执，遂能充分容纳异端和外来的思想，故孔教以外的思想源源引入。"

魏晋时期的学术是玄学。从思想渊源上看，魏晋玄学是直接继承了先秦道家的传统而建设起来的新的学术。在这种重建的过程中，具有反传统特点的老庄思想，帮助魏晋士人去推倒那些旧观念和旧经典，促进了思想政治的活跃和解放。新的社会思潮改变着人们的追求、习惯和价值观念。在儒学已失去光辉的情形下，一种更符合人类本性的、返归于自然的生活，便成为时人追求的新目标。

从文学方面来看，建安文学在"梗慨而多气"地高唱建功立业理想的同时，也有面对时光飘忽、人生短促而发出的悲凉愀怆的音响：

人生有何常，但患年岁暮。（孔融）
聘哉日月逝，年命将西倾。（陈琳）
良时忽一过，身体为土灰。（阮瑀）
人生处一世，去若朝露晞。（曹植）
人生几何时，怀忧终年岁。（蔡文姬）

这些关于生命、人生的沉郁之声，既是《古诗十九首》的延续，更应当视为道家哲学逐渐抬头在文学上的一种反应。

魏晋之际，自汉末以来即在酝酿着的学术思想变化已经过渡到道家的玄理化。正始玄风有力地冲破了传统思想的禁锢，促进了士人思想的解放。因此，当司马氏政权重拾儒家的"名教"为工具进行高压统治时，以嵇康、阮籍为代表的文学家，便高举起道家的旗帜，以老庄的"自然"去与"名教"相对抗。显示着愤世嫉俗与任性使气风貌的正始文学，就是在这样的政治、思想环境中形成的。

这个时期的代表人物是嵇康和阮籍，他们有一个响亮的口号：“越名教而任自然”。他们的那些愤世嫉俗的文章大都是就此而发的。

嵇康（选自画像砖《竹林七贤和荣启期》，南京西善桥南朝墓出土）

嵇康是“竹林七贤”之一。“竹林七贤”即指嵇康、阮籍、刘伶、向秀、阮咸、山涛、王戎。《三国志·魏书·嵇康传》引《魏氏春秋》记，此七人“相与友善，游于竹林，号为七贤”。他们主要活动于曹魏后期即正始以后至西晋前期。正始九年至十年（公元 248 年—249 年）间，司马懿集团与曹爽集团的斗争已趋白热化，许多知识分子对政治深感失望而归隐林下，以自己的方式向社会抗争，遂有“竹林七贤”之聚。

嵇康是“竹林七贤”中的第一斗士。《三国志》本传说他“文辞壮丽，好言老、庄，而尚奇任侠”。他身处魏晋之际，表现狂放，倡导虚无，实是不得已而为之。这一点，东晋人看得很清楚。所以戴逵说：“竹林之为放，有疾而为颦者也；元康之为放，无德而折巾者也。”（《晋书·戴逵列传》）在嵇康身上，入世与出世，愤激与超脱，有着深刻的矛盾。这在他仿楚辞《卜居》而写的《卜疑》中，展露得十分清楚：

吾宁发愤陈诚，谠言帝庭，不屈王公乎？将卑懦委随，承旨倚靡，为面从乎……宁斥逐凶佞，守正不倾，明否臧乎？将敖倪滑稽，挟智任术，为智囊乎……宁如伯奋、仲堪，二八为偶，排摈共、鲧，令失所乎？将如箕山之夫、颍水之父，轻贱唐虞，而笑大禹乎……

这一连串排空而出的问句，使我们委实难以相信嵇康会是一位高蹈遁世者。值得注意的是，以崇尚老庄著称的嵇康还在《卜疑》里将老子、庄子作了一番区别，表示出他自己鲜明的人生态度。他问道："宁如老聃之清净微妙，抱玄守一乎？将如庄周之齐物，变化洞达而放逸乎？"看来，嵇康主要还是心仪老子抱玄守一的思想。他在《答二郭三首》诗里写道："朔戒贵尚容，渔父好扬波，虽逸亦以难，非余人所嘉。"他对于庄子保全自身的混世思想，是持反对立场的。尽管如此，他后来在《与山巨源绝交书》里仍然公开宣称："老子、庄周，吾之师也！"景元二年（公元216年），他的好友山涛被任命为吏部郎，其后举荐嵇康以自代，嵇康于是便写了这份绝交书，提出所谓"七不堪、二甚不可"以表示不愿做官：

人伦有礼，朝廷有法。自惟至熟，有必不堪者七，甚不可者二：卧喜晚起，而当关呼之不置，一堪也。抱琴行吟，弋钓草野，而吏卒守之，不得妄动，二不堪也。危坐一时，痹不得摇，性复多虱，把搔无已，而当裹以章服，揖拜上官，三不堪也。素不便书，又不喜作书，而人间多事，堆案盈机，不相酬答，则犯教伤义，欲自勉强，则不能久，四不堪也。不喜吊丧，而人道以此为重，已为未见恕者所怨，至欲见中伤者；虽惧然自责，然性不可化，欲降心顺俗，则诡故不情，亦终不能获无咎无誉，如此，五不堪也。不喜俗人，而当与之共事，或宾客盈坐，鸣声聒耳，嚣尘臭处，千变百伎，在人目前，六不堪也。心不耐烦，而官事鞅掌，机务缠其心，世故烦其虑，七不堪也。又每非汤武而薄周孔，在人间不止，此事会显，世教所不容，此甚不可一也。刚肠疾恶，轻肆直言，遇事便发，此甚不可二也。

“七不堪”以嬉笑怒骂的方式，对官场生活进行了辛辣的讽刺，同时也是他向往自由生活、不愿为俗务所拘的表现，与老庄思想是一脉相通的。文中还说：“游山泽，观鱼鸟，心甚乐之。”“方外华荣，去滋味，游心于寂寞，以无为为贵。”“今但愿守陋巷，教养子孙，时与亲旧叙离阔，陈说平生，浊酒一杯，弹琴一曲，志愿毕矣。”庄子的影响更见明显。

嵇康表示坚决不出仕，实际上也是表示不与司马氏政权合作。身处篡乱之世，又看到有人打着名教干出种种卑劣勾当，出于激愤，他便打出自然的旗号与名教相抗。对于自己的险恶处境，嵇康是知道的：“鸟尽良弓藏，谋极身心危，吉凶虽在已，世路多险戏。”他还经常以鸾凤自比，悲叹：“云网塞四区，高罗正参差，奋迅势不便，六翮无所施。”因此，他向往“逍遥游太清”，幻想远远地离开险恶的环境，离开那层层的罗网。但是，嵇康终究是一个感情激越的人，他不能不说，不能不写，他的诗文中有很多都是批判现实、讽刺伪善者的。《与山巨源绝交书》就是他愤世嫉俗文章的代表作。因为文中流露出对司马氏政权的不满，招致司马氏的厌恶，成为他以后被杀的一个重要原因。

嵇康大约死于魏元帝景元三年（公元 262 年）或景元四年，其时还不到 40 岁。他临刑时，在洛阳城东建春门外的马市刑场上，要来一张五弦琴，镇定自若地弹了一曲《广陵散》，然后仰天长叹道：“广陵散于今绝矣！”

“竹林七贤”中的另一位有名人物阮籍，原先也是生性旷达，口不择言的；后来在司马氏集团的高压下学乖了，整日里借酒浇愁，再不臧否人物了。司马懿求与阮籍结亲，他竟一醉六十天，使对方无从开口，终不了了之。这样，即便讲话讲错了，也可以以醉酒推卸责任。也正是因为阮籍不谈有关时局和伦理问题，使得司马懿没有听从旁人的再三撺掇，去杀害他。

竹林七贤

（选自明万历滋兰堂刻《程氏墨苑》）

魏晋玄学之士对生命意义的发现、思索和追求，更多地表现为一种“放旷生活”的形态，也就是被后人称为潇洒飘逸、寄心玄远、放浪形骸、愤世嫉俗的“魏晋风度”。这风度，实际是一种理想与失望、自由与挣扎、欢乐与痛苦、健全与病态、反抗与逃避的混合物。而他们放旷生活的主要方式便是饮酒、酗酒。

“竹林七贤”之一的刘伶，但凡出门便要在鹿车上饮酒，仆人则肩扛一只铁铲紧随于后。他说：我走到哪儿，喝到哪儿，一旦醉死在哪儿，便将我埋在哪儿吧！那时的士子们，“三日不饮酒，觉形神不复相亲”。他们或聚于竹林，或缩入陋室，用大盆盛酒，散发裸体，从早晨饮到晚上，从今天饮到明天……他们何以至此呢？

他们实际在追求一种“至乐”的境界——即庄周在《至乐》里所传达出的那种境界。“在这个境界里，他们忘掉了悬在头上的刀剑；在这个境界里，他们彻底抛掉了各种礼教的束缚；在这个境界里，他们的个性达到了完全的自由与解放。他们在忘我中找到了自我”①。

阮籍饮酒，诚然是时局所逼，但也与他接受了庄周出世隐遁的思想有关联。他的《达庄论》便充分展示出这种关联。在那里面他说，“天地生于自然，万物生于天地”，他所追求的理想则如天马行空，了无障碍。要想达到这种境界，最好是求仙得道，返朴归真。虚无就需要无为，无为而无不为，这才合乎自然运行的规律。无为应当清静，摆脱一切，不拘小节，超然物外。此亦一是非，彼亦一是非，根本就没有什么准则可言……阮籍这里所讲，其实是庄子的相对主义。

然而，阮籍放诞酗酒的背后，却有着深沉的苦闷和矛盾。《三国志·魏书·阮籍传》引《魏氏春秋》说，阮籍经常一个人驾着一辆马车，并不选择目的地，也不过问道路，信马驰奔。如果车子走不通了，他就倒转车子哭泣着回来。这就是当时士林所传“途穷而泣”的故事。

其实，阮籍对自己的行为也是不满的，只是他确实找不到更好的方式来安排自己的生活罢了。阮咸是阮籍的侄子，也一生沉湎于酒。他曾用大盆盛酒，有一群猪来饮酒，便和猪共饮。阮籍不允许儿子阮浑学自己的放荡，亦不愿意阮家子弟学阮咸的放荡。因为阮籍心中明白：自己是佯狂，不必学；阮咸纯是纵欲，不可学。

阮籍反对名教礼法，憎恶礼俗、利禄之徒。《晋书·阮籍列传》讲他对男女关系的态度——嫂子回娘家，他去告别，有人讥笑，他却说：礼教是为我设的么？邻居的少妇长得很漂亮，站柜台卖酒。他去喝酒，醉了，便躺在她身边睡下。他自己觉得没什么，少妇的丈夫看见了，也没有责怪。有个军人的女儿，有才又有色，没有出嫁就死了。阮籍并不认识她的父兄，也直接赶去吊唁，伤心地痛哭，哭够了才回家。《晋书》因此评议他是“外坦荡

① 展望之等：《哲人之思》，上海古籍出版社 1990 年版，第 143 页。

而内淳至”，这说明他对礼教已达到“忘我”的境界——心目中毫无礼教的地位。

阮籍博览群书。《三国志·魏书·阮籍传》称他“才藻艳逸，而倜傥放荡，行己寡欲，以庄周为模则”。他平生最厌恶伪君子、假道学，而寄予希望的却是“保真”——复归自然，即还原和保持自己的本来面目。他和其他“竹林名士”们之所以饮酒酗酒，大致是因为过量之后，头脑便会飘飘然、昏昏然，从而进入到一种忘我、虚幻的状态，于是忘乎所以，有点接近所谓神仙的生活了。

阮籍早年志气宏放，胸怀高远，有济世之志。因此，他曾讥笑不汲汲于功名的庄子：“视彼庄周子，荣枯柯足赖？捐身弃中野，乌鸢作患害。岂若雄杰士，功名从此大！”（《咏怀》三十八）但是，他的理想很快就在现实面前碰得粉碎。对现实的不满和失望，常使他去作哲理上的求索，由此而喜爱老庄著作。当司马氏集团高举名教大棒，“借助钟馗打鬼”，以此巩固自家统治时，更使他由不满现实到痛恨礼法制度，由厌恶虚伪的儒学而“尤好老庄”之道，由鄙视礼法之士而仰慕庄子遗世绝俗、肖然独处的人格思想。

阮籍的文章，特别是著名的《大人先生传》，也像他的诗一样，表现了愤世嫉俗、反抗礼教的思想。他借理想人物大人先生，辛辣地讽刺了礼法之士，把他们比作裤裆里的虱子。他说：

> 汝独不见夫虱之处乎裈中，逃乎深缝，匿夫坏絮，自以为吉宅也。行不敢离缝际，动不敢出裈裆，自以为得绳墨也。饥则啮人，自以为无穷食也。然炎丘火流，焦邑灭都，群虱死于裈中而不能出。汝君子之处区内，亦何异夫虱之处裈中乎？

文章本于庄子之说，以宇宙之无穷、人世之短暂讥讽儒家之志的渺小，同时也挖苦儒者谨小慎微、规行矩步的可笑，把他们比成虱子。尖刻的语言，表现出阮籍心中的愤嫉。

司马师（选自清光绪刻《图像三国志》）

需要指出的是，阮籍、阮咸和“酒圣”刘伶，都最终入仕成为司马氏集团的附庸。山涛也因投靠司马师而导致嵇康与他绝交。王戎亦出来当了官。山涛、王戎两人后来均成为司马氏集团的重要人物。但山涛的品行还算端正；王戎则热中名利，贪鄙无耻，虽口谈虚无，却并不反对礼法，而且还拥护礼法。

至于向秀，在嵇康被杀以前，史称在灌园“锻铁”，隐居不仕；但嵇康死后，则胆怯起来，去向司马昭发表反对“隐士”的声明，“帝甚悦”。

“竹林七贤”中，只有嵇康坚持“越名教而任自然”的一贯立场，体现了魏晋玄学的主体追求，即“要求彻底摆脱外在的标准、规范和束缚，以获取把握真正的自我”①。嵇康的坚持，不仅成为“竹林七贤”最大的亮点，而且也是魏晋风度最可宝贵的品质。敢于将叛逆进行到底，不自由，毋宁死的嵇康用他的生命之光点燃了“人的自觉”的熊熊火炬，照亮了古代士人认识自我、把握自我、发扬自我的艰难而充满诗意的道路。

---

① 李泽厚：《中国思想史论》上册，安徽文艺出版社 1999 年版，第 197 页。

第四节　无奈与机巧：陈寿写《三国志》的心路历程

嵇康和“竹林七贤”其他人更多的资料被保存在唐人房玄龄等撰《晋书》里。陈寿写作《三国志》时，曹魏的最后一个君主陈留王（即魏元帝曹奂）还在；嵇康则因“非汤武而薄周孔”，不肯与司马氏集团合作而牺牲，也不过十余年，有关他和“竹林七贤”其他人的资料尚难搜集。但是，陈寿还是勉为其难地为嵇康立了简单的小传，另附带上阮籍。这两个人，在陈寿心中是有分量的，因此其传虽寥寥数语，却都是赞誉。陈寿本人也有嵇康硬骨，《晋书·陈寿列传》载他在蜀汉时为观阁令史，因不愿屈事宦官黄皓，屡遭谴黜。这里须得说明的是，“蜀汉”之谓是今天学界的一种说法，在《晋书·陈寿列传》里，陈寿最早所服务的国家称为“蜀”（《晋书》本传谓“仕蜀为观阁令史”）。当然，这是沿袭陈寿本人所撰《三国志·蜀书》的称谓。到了元、明之交罗贯中写《三国演义》，亦遵此例，将陈寿的祖国——刘备建立的汉国称为“蜀”。到了当代，影响很大的90版电视剧《三国演义》依旧让刘备的人马扛着“蜀”字大旗跑来跑去。应该说，这样的称谓是存在问题的。因为作为三国鼎立的魏、吴分别是曹氏政权和孙氏政权的国号，而刘氏政权的国号则是“汉”而非“蜀”。将刘氏政权不称“汉”而称“蜀”，实际上是作为刘氏政权的“敌国之丑称”。今天我们叙述历史，讲实事求是，则自然不当采用，此是其一。其二，既然承认三国时期是三个国家鼎立的客观事实，那么按照曹魏、孙吴这种以建国者之姓加国号的组合形式，刘备所建立的政权就不应当被称为“蜀汉”而应当被称为“刘汉”。只是实际并未这样做，颇令人费解。

据《三国志·蜀书·先主传》和《三国志·蜀书·诸葛亮传》的记载，东汉末年，汉室衰微，天下大乱，军阀割据。经过一系列的兼并混战，曹操“已拥百万之众，挟天子而令诸侯”。孙权

“据有江东，已历三世，国险而民附”，分别控制着中国的南北。一直苦无地盘的刘备集团在诸葛亮的帮助下，“借”荆州，夺巴蜀，好不容易终于有了自己的根据地，初步显示出三国鼎立的态势。

刘备画像（选自明弘治十一年刻《历代古人像赞》）

建安二十四年（公元 219 年），刘备又从曹操手中夺取了汉中，遂“以汉中、巴、蜀、广汉、犍为为国，所署置依汉初诸侯王故典”，遥“表”于被曹操控制的汉献帝后就自立为汉中王。刘备抓住已经名存实亡的“汉”不放，应该说主要是出于政治策略方面的考虑。后来的事实证明这是一种正确决策。

汉朝曾是中国此前空前统一和强大的政权。秦朝末年，沛县亭长刘邦在秦末农民大起义的风暴中逐渐歼灭各路豪杰，创立汉朝（史称西汉）。西汉末年，远支宗室刘秀兴兵南阳，重建汉朝（史称东汉）。现在东汉王朝已经衰微了，与刘秀一样，也是刘姓远支宗室的刘备则希望历史能够重演，再次匡扶汉室。

刘备自称是“汉景帝子中山靖王胜之后”，但《三国志》裴松之注引《典略》则言他不过是“临邑侯枝属也”。裴松之认为，“先主虽云出自孝景，而世数悠远，昭穆难明，既绍汉祚，不知以何帝为元祖以立亲庙”。虽然如此，但，在以小农经济为基础的封建时代，皇权是相当神圣的，尤其是西汉董仲舒所谓“君权神授”的理论被反复宣传后，更是如此。曹操“挟天子而令诸侯”，就牢牢地掌握了政治上的主动权，连占据江东，实力雄厚的孙权也只好“外托服从之名，而内怀犹豫之计”。在这种情况下，如果谁打出“兴复汉室”的旗帜，就一定可以在政治上处于优势地位。而刘备虽然是汉室远支宗室且世数悠远，但他毕竟是汉室的宗室子弟，说他以“兴复汉室”为自己的奋斗目标，既不言过其实，又有利于吸引人心，招揽人才。所以，早在“隆中对策”时，诸葛亮就明确地对刘备指出：“将军既帝室之胄，信义著于四海，总揽英雄，思贤若渴，百姓孰敢不箪食壶浆以迎将军者乎？”这就是要刘备充分利用他是“帝室之胄”这个政治上的有利条件，打出“兴复汉室”的旗帜。

从当时的情况看，“兴复汉室”并不是没有可能性。当刘备取得汉中后，跨有荆、益，不仅具备了“隆中对策”所确定的两路北伐的条件，而且比起刘邦当初从汉中开始征讨天下、兼并群雄时的情况和力量更为优越。镇守荆州的关羽出兵攻打襄阳，大败曹军，威震华夏，逼得曹操“议徙许都以避其锐利”。这只是一路北伐，竟有如此威力，足证许昌以南的拥汉反曹的力量是相当大的。所以，打好刘备是“帝室之胄”而“兴复汉室”这张牌，是刘备集团发展壮大自己的最佳策略。

建安二十五年（公元 220 年），曹丕废掉汉献帝，自立为帝，建立了魏国。不久，传闻汉献帝已遇害。眼看祖宗基业废于一旦，刘备在悲伤之余，命令文武百官尽皆挂孝，为汉献帝发丧，并追谥他为“孝愍皇帝”。

这时，刘备的文武百官纷纷上言劝进，所谓“应天顺民”，“当龙升，登帝位”。刘备起初没有答应，诸葛亮引光武帝刘秀的故事，对刘备说：“昔吴汉、耿弇等初劝世祖（光武帝庙号，代称光武）即帝位，世祖辞让，前后数四，耿纯进言曰：‘天下英雄喁喁，冀有所望。如不从议者，士大夫各归求主，无为从公也。’世祖感纯言深至，遂然诺之。今曹氏篡汉，天下无主，大王刘氏苗族，绍世而起，今即帝位，乃其宜也。士大夫随大王久勤苦者，亦欲望得尺寸之功如纯言耳。”（《三国志·蜀书·诸葛亮传》）诸葛亮这一席话，从当时的形势，引古证今，用“正统”的观点，将刘备应该当皇帝的道理说透了，刘备也就不再推辞了。

就在曹丕称帝的第二年（公元 221 年）四月，经过一番准备

之后，刘备即皇帝位于成都武担山之南。根据诸葛亮等人的建议，认为“汉”是“高祖本所起定天下之国号”，刘备“袭先帝轨迹，亦兴于汉中”，因此仍应定国号为“汉”。在刘备称制帝的诏书中特别提到“脩社稷”、“嗣二祖（即刘邦、刘秀）”、“兴汉祚”，其绍继两汉之意昭昭。这充分表示，诸葛亮等人是决心继续辅佐刘备，重演光武中兴汉室大业的故事。

汉王正位续大统
（选自清光绪刻《图像三国志》）

遗憾的是，无论是汉高祖刘邦从汉中和巴蜀起家的历史，还是光武帝刘秀重建汉王朝的故事，在刘备和诸葛亮的身上都没有重演。为什么“兴复汉室”的可能性没有变成现实性呢？追本溯源，从天下大势说，是此时的曹魏政权已经稳定地控制了中国的大部分地区，与刘邦、刘秀时的天下大乱不可同日而语；从刘备政权自身而言，是关羽的荆州之失和刘备的夷陵惨败，使本来在三国中就实力最小的刘汉政权元气大伤。后来虽然经过诸葛亮的苦心经营，重新修复了与孙吴的联盟，积累了进行北伐的物质、军事力量，但毕竟势单力薄，不能与曹魏相匹敌。

到诸葛亮在建兴六年（公元 228 年）开始北伐时，魏国历经两代的经营，根基已经牢固，诸葛亮仍以“兴复汉室”作为统一的旗帜、口号，已不能号召人心了。以第一次北伐来说，准备可谓充分，进展也很迅速，可是一当魏明帝西镇长安，一举打下街亭，就迫使诸葛亮收兵而返。再看最后一次北伐，尽管史书上赞美诸葛亮分兵屯田，和当地的老百姓相处得很不错，但当诸葛亮一死，百姓就“奔告宣王（司马懿）”。这从侧面反映出魏国老百姓对诸葛亮北伐是不欢迎的。

尽管如此，刘备政权仍然紧紧张抓住“汉”家大旗不放。诸葛亮的《（前）出师表》中说：“则汉室之隆，可计日而待也。……兴复汉室，还于旧都。”在《（后）出师表》中说：“先帝虑汉、贼不两立，王业不偏安。”后主刘禅在诸葛亮死后的诏策中说他：“爰整六师，无岁不征，神武赫然，威镇八荒，将建殊功于季汉，参伊、周之巨勋。”（《三国志·蜀书·诸葛亮传》）这些都足以表明，刘备政权始终是以“汉”字为国号和立国基础的。

从历史唯物主义的观点而言，刘备、诸葛亮打出“兴复汉室”的旗帜，并非就是一定要恢复东汉王朝。政治家更多的时候是为了目的而不择手段。如果刘备真正将自己作为汉献帝的下属，那么当曹丕篡位时，刘备就应当“勤王”，而不是称帝和意气用事去打孙吴。所以，举“兴复汉室”这面旗，说到底，只是刘备集团用以发展本集团势力及维护本集团利益的一种策略。而这一具有政治眼光的策略则为蜀汉国家争取到不断发展壮大的机会。当然，如果他们能成功地实现天下统一，他们或许会真正高举这面旗帜，表明成功匡扶了汉室。如果这样的话，那么中国的历史在西汉、东汉之后可能又会有一个崭新的汉朝出现。事实上，刘备政权称刘邦的汉朝为前汉，刘秀的汉朝为中汉，而自己的汉朝为季汉。这样的称谓，在历史上也得到许多学者的认同。

应该说，刘邦建立的西汉，刘秀建立的东汉，刘备建立的季汉，是各自不同的三个政权。刘秀、刘备虽是高皇苗裔、景帝玄孙（刘秀是汉景帝之子长沙定王之后，刘备是汉景帝之子中山靖王之后），但与皇室正枝关系都十分疏远。再说他们都是独自起家，另起炉灶，只不过借用了“汉”的名义，其实是自创一朝，并非是前政权的延续，这从光武封禅不因孝武旧封来看已经十分

清楚。但后世的人像看待二周、两晋、两宋一样看待两汉甚至三汉：西汉为前汉，东汉为后汉，蜀汉为季汉，其实也是受封建正统观念的影响。而也是因为封建正统观念，有人一定要给刘备的“汉”政权加上个“蜀”字甚至以“蜀”代“汉”。此外，从直接的诱因讲，则不得不提陈寿《三国志》所起的作用。

陈寿早年在蜀中受著名史学家谯周的影响，读过不少历史书，研究过写史书的方法，有一定的写作实践。他曾据《巴蜀耆旧传》写成《益部耆旧传》十篇；又受《古史考》的影响写成《古国志》五十篇。当太康元年（公元280年）晋灭掉孙吴政权后，三国鼎立的时代正式结束，全国复归统一。陈寿这时48岁，开始着手整理三国史事，编撰大型史书《三国志》。

撰写曹魏政权和孙吴政权的历史，对陈寿而言并不十分困难。这不仅是因为这两国积累有自己的史料，而且当时已经有人写出了各种有关魏、吴的历史著作，如王沈的《魏书》、鱼豢的《魏略》、韦昭的《吴书》等，陈寿可以参阅并在仔细鉴别的基础上再补充史料即可。难的是刘氏政权的历史很不好写。这首要的难点倒不是没有关于刘氏政权的史书作参考（陈寿在蜀时就注意搜集刘氏政权的相关资料，有了一定的准备），而是对这个自称为“汉”的政权的具体表述（包括称谓等）问题。因为“晋”是“继承”（实际是篡夺）“魏”而来的，而“魏”又是“继承”（实际上也是篡夺）“汉”（这里指的是“东汉”）而来的。封建时代特别讲究所谓皇权的正统性，所以“魏”“晋”对政权的易手，明明不是继承（而是篡夺），却偏要美其名为“禅让”。而倘若对刘氏政权也呼之为“汉”，那又置自诩为承汉—魏一脉的晋朝于何地？也正因为如此，对刘氏政权的国号“汉”，曹魏与司马晋政权是从来不承认的。陈寿如果忠于客观历史而如实撰写，那真个是犯了大忌，因此而遭来杀身之祸，也未可知。

陈寿撰写三国史，采用的是司马迁撰写《史记》开创的纪传体方式，但又有创新。表面上，陈寿是以曹魏政权的历史为正统，在《三国志》的三“书”中，他只在《魏书》中安排了曹魏政权的武帝（曹操）、文帝（曹丕）、明帝（曹叡）、三少帝（曹芳、曹髦、曹奂）这四个“本纪”来提挈这一时期历史的大事，全书其他的都是“传”，但在实际上，他是将三国历史分别撰写的，三个国家的历史乃独自成书。

陈寿塑像（四川南充）

陈寿采用三国历史并叙的方法，而且书名并列，分署为《魏书》《蜀书》《吴书》，全书又统称为《三国志》，这就真实、准确地反映了当时三足鼎立的形势。能这样编写，说明陈寿是有智慧，有创见，并且还有胆量。要知道，汉魏移鼎，魏晋嬗替，台面上虽皆非暴力的政权更迭，但其实仍是以臣凌君，得国不纯。这也便是魏晋统治者道德与法理上的软肋。陈寿是晋朝的官，当时朝中多为故魏遗臣。曹魏是否为正统，直接影响到晋朝是否正统的地位。在这种情况下，如果一味迎合晋朝统治者的需要，就必须贬低刘汉、孙吴这两个政权的历史地位，从而违背三足鼎立的历史真实。反之，如果要反映历史真实，把三国地位并列起来，就会触犯统治者强调的汉—魏—晋嗣承的所谓正统地位。为了解决这一矛盾，陈寿在形式上做了变通。他将《魏书》居前，对曹魏的几个帝王加“帝”字；而对刘汉、孙吴两个政权的皇帝不立“纪”只立“传”，称“先主备”“后主禅”“吴主权”等，皆不加“帝”字，但记事方法却仍与曹魏几个帝王的“本纪”基本相同，均按年叙事。这实际还是把刘汉、孙吴放在与曹魏同等的地位上了。

不过，陈寿也深知，作为三国鼎立之一国的刘汉政权，是以“兴复汉室”为立国之基而争取人心的。当时已经统一了北方，占

了大半个中国，完全有可能实现全国统一的曹魏政权，亦知晓刘备集团这张牌的厉害，所以他们始终不承认刘备集团对“汉”的嗣继地位而蔑称为“蜀”。陈寿为了不投鼠忌器，避免统治者不愿看见的后果（即承认刘备在西蜀建立的政权为“汉”，而否定曹魏—司马晋所谓禅代的合法性），不得不将“敌国之丑称”的“蜀”字栽到刘氏政权头上，而将记载刘氏政权历史的、与“魏书”“吴书”并列、应当称为“汉书”的那部分改称为“蜀书”。虽然陈寿在大的安排上不得不无奈地以“蜀”代替“汉”，但是细读《三国志》，仍可发现，陈寿在原始资料的记载上乃处处保存了刘氏政权系“汉”国的充分依据。

从全书看《三国志》，表面是以曹魏为正统，但在具体行文上，则以“互见法”显示刘备所建政权为“汉”。在《三国志·蜀书》中，陈寿不仅记载了诸葛亮等人建议“汉”是“高祖本所起定天下之国号”，刘备“袭先帝轨迹，亦兴于汉中”，因此仍应定国号为“汉”；而且全文保留了刘备即汉中王和皇帝位时的告天地之文，其中“以汉中、巴、蜀、广汉、犍为为国，所署置依汉初诸侯王故典”和“汉有天下，历数无疆……今曹操阻兵安忍，戮杀主后，滔天泯夏，罔顾天显。操子丕，载其凶逆，窃居神器。群臣将士以为社稷堕废，（刘）备宜修之，嗣武二祖，龚行天罚。（刘）备惟否德，惧忝帝位……佥曰‘天命不可以不答，祖业不可以久替，四海不可以无主’……（刘）备畏天明命，又惧汉祚将湮于地，谨择元日，与百寮登坛，受皇帝玺绶……惟神飨祚于汉家，永绥四海”等语，充分表明刘氏政权是绍继两汉政权的。此外，在《蜀书》中，类似于“兴复汉室”“还于旧都”这样明确表示刘备政权是承继刘邦、刘秀两个“汉”政权的文字还有很多。这即是说，该书以明修栈道，暗度陈仓的手法，仍奉刘备的“汉”政权为正统，至少在《三国志·蜀书》中是这样做的。这是陈寿的大智慧，当然也是大胆量！

魏晋以来许多史书写得芜杂，“时无良史，记述烦杂”，而

《三国志》叙事简洁，用辞精练，取材也审慎，不铺陈堆砌，所以一问世就得到好评。魏晋时期士大夫中流行品评人物的风气，《三国志》对此有所反映。而书中对人物的评论既表现了人物的特点和地位，又塑造了人物的个性和才能，给读者留下深刻印象。如称曹操是“人杰”“命世之才”“非常之人，超世之杰”；称刘备是“英雄”，“知人待士，盖有高祖之风”；称孙权“屈身忍辱，任才尚计，有勾践之奇，英人之杰”；称诸葛亮是“卧龙”，等等。人们称赞陈寿“善叙事，有良史之才”。当时谙练魏事、正在著《魏书》的夏侯湛见到陈寿的书后，“便坏己书而罢”。刘勰在《文心雕龙·史传》篇中也说：“唯陈寿三志，文质辨洽，荀（勖）、张（华）比之于迁、固，非妄誉也。”可见，陈寿是可以与司马迁、班固相媲美的。

但是，历史上有一些人对陈寿在十分困难的环境下撰写《三国志》的事实缺乏认识，责难《三国志》以魏为正统，帝魏不帝蜀；指责《三国志》的曲笔和回护过甚；说陈寿对历史人物评价有时不公……

陈寿所著的《三国志》，确实以魏为正统。前面已经说了，陈寿这种做法也是形势所迫。他身为晋官，而晋承魏之统；如果他伪魏，那岂不就是伪晋吗？陈寿如果硬要这么做，那么《三国志》又如何得以公开并流传千古？而陈寿能够在以“蜀”代“汉”的幌子下尽可能地保存所有“汉”国的资料，则实乃可叹可敬之事，倒需要大加褒扬。

至于《三国志》的有所回护，的确存在。清人赵翼在《廿二史札记》中就专门列出《三国志多回护》一篇，对陈寿的回护进行了批评。如：齐王曹芳之被废，完全由于司马师的策划，事前太后一无所知，但《三少帝纪·齐王芳》反说太后之令，因齐王无道不孝，所以应被废。对曹魏、刘汉之间的战争，凡曹魏取胜者则大书特书，而刘汉胜曹魏却十分简略。这说明陈寿在《三国志》里确实替魏、晋统治者隐恶扬善，没能完全做到据实直书。

《三国志》虽有不直书的问题，但就整体而言，包括前述诸葛亮“隆中对”“出师表”“劝刘备称帝疏”以及对三国时期各国的徭役、刑政、制度及相互间交往等等大事项，都能做到如实记载。

事实上，陈寿亦因《三国志》的“秉笔直书”而得罪了当世很多权贵。陈寿在晚年屡次被贬，在仕途中始终郁郁不得志。公元297年，65岁的陈寿没能赶回老家南充便病死在都城洛阳。所以，《晋书》本传所记“时人称其善叙事，有良史之才”，并非虚言。

对于《三国志》的曲笔（虽则是暗度陈仓式），东晋南北朝史家曾有过纠正，如裴松之即称刘备“绍汉祚”。而晋臣习凿齿绞尽脑汁，搞出一个晋“越魏继汉”，曲线救国，在法理上为晋承汉世圆了场。由于他将曹魏禅代一笔抹掉，称刘备使“汉室亡而更立，宗庙绝而复继”，以刘备政权为正统，其国号是“汉”自不待言。唐以降，虽史家于三国正统之争不断，刘备政权“汉”的国号却时有肯定。《资治通鉴》虽然以曹魏为正统（《通鉴》魏纪一“臣光曰”：“汉传于魏而晋受之”），却称刘氏皇帝为“汉主”，称其部属为“汉人”；不过有时亦称“汉”国为“蜀”，称“汉丞相亮”为“蜀丞相亮”。由于《三国志》列名“前四史”，历久年深，刘氏政权被称为“蜀”而非“汉”竟逐渐约定俗成。

司马光编著《资治通鉴》，胡三省为之音注的宋金元时期，是汉民族又一个充满危机和灾难深重的历史时期，而“兴复汉室”之类的口号，对于汉民族来说，便具有特殊意义。这本是一个为刘氏政权是“汉”国而非“蜀”国正名的大好时机，但是，当时人们却热衷于为刘氏政权争“正统”（这正好可以比附已偏安江南的南宋），却不知以“汉”代“蜀”才是使其“正统”的关键所在。产生于这时期的三国传说和文学作品（包括宋元三国戏和元代《三国志平话》）显然是要为刘氏政权张目，多将故事重点放在刘备、诸葛亮身上。到了元末明初罗贯中创作《三国演义》，不能不受到它们的影响。而罗贯中又主要依据《三国志》所载史实铺

衍故事，更为陈寿不得已而使用的“蜀”字所误。罗贯中在这方面并未多动脑筋，当然不谙陈寿的无奈，以致其笔下“蜀军”“蜀将”之类的称呼不绝如缕。由于《三国演义》的影响太大，上至文人骚客，下至市井走贩，继续以“汉”为“蜀”，最终闹出央视版《三国演义》电视剧“蜀”字大旗乱飘的笑话——这个电视剧还出口到日、韩诸国，真可谓谬种流传，误人不浅。

元至治建安虞式刻本
（新刊全相三国志平话）

现在，封建社会早已逝去，皇权、正统之类的历史垃圾已为人们所不耻。尽管如此，还原历史的真实仍是必须要做的事。而三国鼎立时期的一个历史真实仍是，刘备当初在以成都平原为中心所建立的政权，是以“汉”命名的，以嗣汉统，故当称“汉国”（如同魏国、吴国那样）。不过为与西汉、东汉相区别，对刘备政权，也可以称“刘汉”，或因其地处西蜀而称“蜀汉”，但就是不能简称为“蜀”。这里主要有一个是否直面历史真实的问题。倘再从语言逻辑上讲，如果把刘备的“蜀汉”叫成“蜀”，那也可以把刘秀的“东汉”叫成“东”，把刘邦的“西汉”叫成“西”，这显然是可笑的。

翻检历史，在中国两千多年的封建君主时代，以“汉”字作为国号而建国的不是个别，例如，西晋时李雄称帝，国号“成”，至李寿时，改号为“汉”，史称“成汉”；刘渊建国亦称“汉”，后改为“赵”，史称“前赵”。唐朝中期朱泚的政权，公元783年称“秦”，784年改称“汉”。五代十国时，刘知远称帝，国号“汉”，史称“后汉”；刘龑称帝，国号“汉”，史称“南汉”；刘知远之弟刘旻所建政权，国号亦为“汉”，史称“北汉”。在此期间，王建所建立的“前蜀”政权也曾在公元917年以“汉”字作过国号。金朝晚期郝定所建的政权，元朝晚期陈友谅所建的政权，明朝中期刘通所建的政权，都以“汉”字为国号。

现在的问题是，我们可以看到和经常翻检的各种“中国历史纪年表”，如方诗铭的、万国鼎的以及《辞海》和《中国历史大辞典》书后所附录的，等等，它们对上述以“汉”为国号的政权，都可以客观地、如实地记载，最多就是在“汉”字前加个“成”“后”“南”等字以示区别，却偏偏对那个因《三国演义》而在中国历史上影响最大的刘备所建立的“汉”国却沿袭当时的“敌国之丑称”——硬是以曹魏所称“蜀”字来替代，这无论如何都说不过去。

第五节　相通与相惜：毛泽东替曹操翻案

我国故去的一代伟人毛泽乐酷爱史籍是出了名的。不用说，他是十分熟悉作为正史的《三国志》和作为文学作品的《三国演义》的。据曾任毛泽东秘书的李锐所著《毛泽东早年读书生活》，毛泽东早在读私塾时（大约在1910年前），就已熟读了由私塾老师传授的包括《春秋》《左传》《史记》《汉书》《三国志》以及《纲鉴易知录》在内的大批历史典籍。与此同时，他又背着老师偷看了诸如《三国演义》《水浒传》《西游记》《精忠说岳全传》《隋唐演义》等所谓禁书、邪书、杂书。《三国演义》《水浒传》中的故事、英雄好汉们的作为，他记得滚瓜烂熟，时常讲给小伙伴们听。此时的毛泽东幼小的心灵一定好生奇怪：《三国演义》里的曹操为何同《三国志》里的曹操大相径庭，恍若互不相干的两个人物？

1948年11月4日，当人民解放军解放河南南阳后，毛泽东喜不自禁，为新华社亲笔撰写了一篇新闻报道。在这篇题为《中原我军占领南阳》的千余字短文里，毛泽东开篇即交代“南阳为古宛县，三国时曹操与张绣曾于此城发生争夺战”。可见毛泽东对三国史实十分熟悉，对曹操这位一千七百多年前的风云人物心存敬意。他读《三国志·魏书·武帝纪》时，作了不少圈线和批注；关注得较多的，除曹操身世、经历和军功外，主要是文治方面的方针政策，侧重于发展经济的政策措施。①

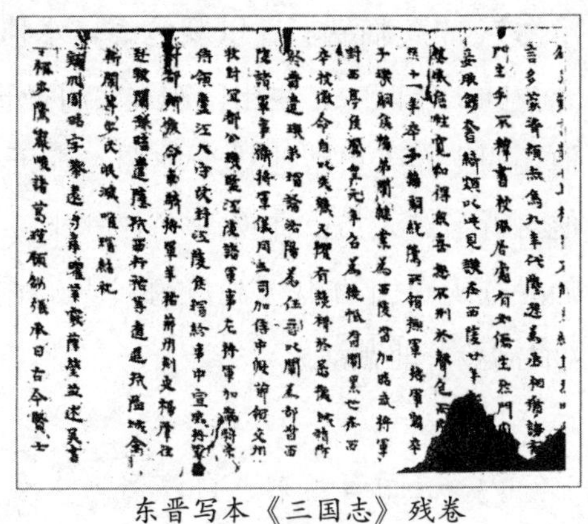

东晋写本《三国志》残卷
(1924 年于新疆鄯善县出土)

1954 年夏天，毛泽东在北戴河同保健医生徐涛谈话时，针对历史上对曹操的不公正评价，明确表态说：

> 曹操统一北方，创立魏国。那时黄河流域是全国的中心地区。他改革了东汉的许多恶政，抑制豪强，发展生产，实行屯田制，还督促开荒，推行法制，提倡节俭，使遭受大破坏的社会开始稳定、恢复、发展。这些难道不该肯定？难道不是了不起？说曹操是白脸奸臣，书上这么写，剧里这么演，老百姓这么说，那是封建正统观念制造的冤案。还有那些反动士族，他们是封建文化的垄断者，他们写东西就是维护封建正统。这个案要翻。②

徐涛后来回忆说，1954 年毛泽东在北戴河时，有些天，毛泽东在海边沙滩散步，嘴里总是不停地背诵曹操《步出夏门行·观

① 参见张贻玖：《毛泽东读史》，中国友谊出版公司 1991 年版，第 61—62 页。

② 转见张贻玖：《毛泽东读史》，中国友谊出版公司 1991 年版，第 61 页。

沧海》：“东临碣石，以观沧海。水何澹澹，山岛竦峙……”毛泽东夜间工作间隙，也出门观海，亦不时吟诵曹操的这首千古名篇。他还叫工作人员帮他找来地图，查证说：“曹操是来过这里的。”他告诉工作人员：曹操于“建安十二年五月出兵征乌桓，九月班师经过碣石山写出《观沧海》”①。稍后，毛泽东便在北戴河写出《浪淘沙·北戴河》：

大雨落幽燕，白浪滔天，秦皇岛外打鱼船，一片汪洋都不见，知向谁边？　往事越千年，魏武挥鞭，东临碣石有遗篇。萧瑟秋风今又是，换了人间。

毛泽东这首词中“萧瑟秋风”四字，显然是从曹操《观沧海》里“秋风萧瑟”一句化来。1954年7月23日，毛泽东在给女儿李敏、李纳的信中特别说明：

北戴河、秦皇岛、山海关一带是曹孟德到过的地方。他不仅是政治家，也是诗人。他的碣石诗是有名的，妈妈那里有古诗选本，可请妈妈教你们读。②

在建安三曹中，毛泽东尤其喜欢曹操的诗，曾用他极富个性的草书抄写过《观沧海》及《龟虽寿》。毛泽东故居藏书中保存有四种版本的《古诗源》和一本《魏武帝、魏文帝诗注》。毛泽东对其中曹操的十多首诗都作过圈线标识。在一本《古诗源》的“武帝”旁，毛泽东用红笔重重地划了两道粗线，当是对编者沈德潜的注释表示首肯。沈德潜批注道：“孟德诗，犹是汉音。子桓以

① 转见张贻玖：《毛泽东读史》，中国友谊出版公司1991年版，第66页。

② 转见陈晋：《毛泽东之魂》，吉林人民出版社1993年版，第235页。

下，纯乎魏响，沈雄俊爽，时露霸气。”毛泽东生前曾对子女讲：“曹操的文章诗词，极为本色，直抒胸臆，豁达通脱，应当学习。”他还对身边工作人员说：“我还是喜欢曹操的诗。气魄雄伟，慷慨悲凉，是真男子，大手笔。”①

1957 年 11 月上中旬，毛泽东率领中国代表团应邀访问苏联，同行的有宋庆龄、邓小平、彭德怀、杨尚昆、郭沫若等党和国家领导人。其间，毛泽东曾邀胡乔木、郭沫若等文化人一道用餐。毛泽东与他们纵论三国，各抒己见，气氛热烈。谈到高潮处，毛泽东突然转向俄语翻译李越然，问道：“你说说，曹操和诸葛亮这两个人谁更厉害些？”李越然一愣，不知如何应答是好。毛泽东则自己回答说：“诸葛亮用兵固然足智多谋，可曹操这个人也不简单。唱戏总是把他扮成个大白脸，其实冤枉。这个人很了不起。”②他接着又说：“古时候打仗没有火箭和原子弹，刀枪剑戟打了起来，死人也不见得少。汉桓帝时多少人口？”郭沫若说：“《晋书·地理志》载五千六百万。”毛泽东说：“现在都统计不全，总有一些不入户之口，那时就能统计全？姑且算作五千六百万，到了三国混战还剩多少人口？”毛泽东接着引了建安七子中王粲所作《七哀诗》，说：“‘出门无所见，白骨蔽平原。’曹操回原籍‘旧土人民，死丧略尽。国中终日行，不见所识。’第一次世界大战死了多少人？第二次世界大战又死了多少？比比么，三国混战又死多少人？原子弹和关云长的大刀究竟哪个死人多？”毛泽东深深叹息一声，说：“现在有人很害怕战争，这一点不奇怪。打仗这东西实在是把人害苦了。战争还要带来饥荒、瘟疫、抢掠……为什么要打仗哟！应该防止它，打不起来再好不过。可是光顾怕，这不行。你越怕，它就越要落在你头上。我们要着重反对它，但不要怕它，

① 转见张贻玖：《毛泽东读史》，中国友谊出版公司 1991 年版，第 66—67 页。

② 转见李越然：《外交舞台上的新中国领袖》，解放军出版社 1989 年版，第 157 页。

这就是辩证法!”①

那么，毛泽东何以要倡议为曹操翻案？这不是毛泽东一时心血来潮，也并非是刻意标新立异，而是毛泽东一贯倡导的实事求是观使然。毛泽东认为，曹操有功就应该说功，有过就应该说过，但曹操毕竟是功大于过。毛泽东当然不讳言曹操的失误。1966 年 3 月，毛泽东在杭州的一次小型会议上说：“曹操打过张鲁之后，应该打四川。刘晔、司马懿建议他打。刘晔是个大军师，很能看出问题，说刘备刚到四川，站立未稳。曹操不肯去，隔了几个星期，后悔了。曹操也有缺点，有时优柔寡断。这个人很行，打了袁绍，特别是打过乌桓，进了五百多里，到东北迁安一带，不去辽阳打公孙康。袁绍的儿子袁尚等人，要谋害公孙康，公孙康杀了袁尚兄弟送头给曹操，果然不出所料。‘急之则相救，缓之则相害。’”②

《三国志·魏书·武帝纪》里说，建安元年（公元 196 年），曹操采用枣祗、韩浩等人的建议，在许下（今河南许昌周围）屯田，实行“分田之术”（分田到个人），屯民和政府对半分成，调动了屯民的积极性，是岁大丰收，“得谷百万斛”。曹操将许下屯田的经验推广到各州县，对恢复被战乱破坏的农业，支援前线作战，起了积极作用。毛泽东对曹操许下屯田的模式十分重视，对《三国志》有关方面的正文以及裴松之、卢弼的注释，都圈点断句，在多处划上着重线，有的地方，天头上还划有三个大圈。《武帝纪》建安元年裴松之注引《魏书》载有曹操这么一段话：“夫定国之术，在于强兵足食，秦人以急农兼天下，孝武以屯田定西域，此先代之良式也。”毛泽东边读边划着重线，天头上则划上圈记。

《武帝纪》载建安十五年春曹操下令征贤，提出“唯才是举，吾得而用之。”接着，裴松之在注释里引用《魏武故事》所记曹操

---

① 转见黄丽镛编著《毛泽东读古书实录》，上海人民出版社 1994 年版，第 237 页。

② 转见陈晋：《毛泽东之魂》，吉林人民出版社 1993 年版，第 308—309 页。

于这年十二月所下的《让县自明本志令》。其内容无非是表明自己绝无叛汉之心，希望妻妾在自己百年之后，无论嫁到何处，都要对此予以说明。可是近人卢弼在其《三国志集解》里却说这是“奸雄欺人之语”。曹操在令中说，自己之所以不敢放弃兵权，“诚恐已离兵为人所祸也”，此乃“既为子孙计，又已不败则国家倾危”。卢弼却责难说：“皆欺人语耳”；还认为陈寿《三国志·武帝纪》对曹操上述话“削而不录，亦恶其言不由衷耳”。曹操令中说，自家打仗，“推弱以克强，处小而擒大；意之所图，动无违事；心之所虑，何向不济”。卢弼则一一罗列曹操所打的败仗，数落他“志骄气盛，言大而夸”。毛泽东读到卢弼的评注，在天头上写下这样一段批语：

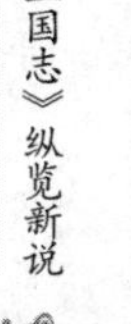

此篇注文，贴了魏武不少大字报，欲加之罪，何患无词。李太白云：“魏帝营八极，蚁观一祢衡。”此为近之。①

按，毛泽东所引诗，出自李白《望鹦鹉洲悲祢衡》头两句，是说曹操经营天下，彪炳显赫，而祢衡却视之为蚁类。这是祢衡的恃才倨傲。（祢衡后来被曹操辗转送与江夏太守黄祖。后者因祢衡言不逊顺，杀之。）毛泽东引用李白诗，是在批评卢弼待曹操不公，不实事求是。

1927年，鲁迅发表《魏晋风度及文章与药及酒之关系》一文，指出：

……我们讲到曹操，很容易就联想起《三国志演义》，更而想起戏台上那一位花面的奸臣，但这不是观察曹操的真正方法。现在我们再看历史，在历史上的记载和论断有时也是

---

① 中共中央文献研究室编《毛泽东读文史古籍批语集》，中央文献出版社1993年版，第138页。

极靠不住的，不能相信的地方很多……曹操在史上年代也是颇短的，自然也逃不了被后一朝人说坏话的公例。其实，曹操是一个很有本事的人，至少是一个英雄，我虽不是曹操一党，但无论如何，总是非常佩服他。

毛泽东读史

（选自黄丽镛编著《毛泽东读古书实录》）

20世纪50年代，毛泽东读鲁迅《魏晋风度及文章与药及酒之关系》，在上引后一段话侧，用红铅笔粗重地划上着重线，表示赞赏鲁迅的看法。

毛泽东倡议为曹操翻案，并非一时兴起，除了唯物主义史观在起决定作用外，还有潜意识的或者说深层次的感性方面的原因，就是在文化性格上，毛泽东与曹操都具有不同凡响的叛逆精神和霸气，在各自的时代独领风骚。1966年7月，毛泽东给江青写了一封意味深长的信，其中提及：

我少年时曾经说过：自信人生二百年，会当水击三千里，可见神气十足了。但又很不自信，总觉得山中无老虎，猴子称大王，我就变成这样的大王了。但也不是折衷主义，在我身上有些虎气，是为主，也有些猴气，是为次。①

① 转见陈晋：《毛泽东之魂》，吉林人民出版社1993年版，第5页。

毛泽东讲的猴气，源自《西游记》中大闹天宫的孙悟空，不忌惮“天条”，无羁无束而又机巧灵动；他讲的霸气，源自《庄子·逍遥游》中的鲲鹏形象及历史上的秦始皇，胸怀大志，自信又自强。在这两点上，他与曹操是相通的：都是各自时代屹立于风口浪尖上的弄潮儿。他在1966年7月给江青的那封信，强调后汉人李固写给黄琼信中的几句话：“峣峣者易折，皎皎者易污。阳春白雪，和者盖寡。盛名之下，其实难副。”称“这后两句，正是指我”。[①] 我们从中可以读到一种在蜩蝉与学鸠、斥鴳的诘难、嘲笑中“抟扶摇羊角而上者九万里，绝云气，负青天”而自由翱翔，无所阻挡的文化鲲鹏的孤独与悲凉。如果毛泽东与曹操在历史时空两端对话，彼此当是灵犀相通、惺惺相惜的。所以毛泽东对曹操遭受的不公正待遇，一直耿耿于怀，屡屡为之打抱不平。

1959年1月25日，郭沫若在《光明日报》发表题为《谈蔡文姬的〈胡笳十八拍〉》一文，公开提出重新评价曹操。2月19日，翦伯赞亦在《光明日报》发表《应该替曹操恢复名誉》的文章，指出曹操是中国历史上有数的杰出人物，“应该替曹操摘去奸臣的帽子”。郭沫若、翦伯赞的主张，其实正是毛泽东的意思。众所周知，毛泽东同郭沫若、翦伯赞在学术上颇有交流，尤其与郭沫若私交很深，互相唱和诗词，切磋观点，激扬文字，臧否人物，多具共识。郭、翦二人十分敬重毛泽东，佩服他的学问与见识，往往很容易接受毛泽东的观点。因此，毛泽东对曹操的看法，郭、翦不会不知道；毛泽东要替曹操翻案的倡议，他们也一定会积极响应。诚如郭沫若所言：“我们乐于承担这个任务：替曹操翻案。”[②] 据说毛泽东读到翦伯赞的文章后欣慰地说，曹操结束汉末豪族混战，恢复了黄河两岸的广大平原，为后来的西晋统一铺平了道路。在此前后他还讲，殷纣王（通常称之为“暴君”）精通文学和军事，秦始皇和曹操全都被看作坏人，这是不正确的。[③]

---

① 转见陈晋：《毛泽东之魂》，吉林人民出版社1993年版，第5页。

② 郭沫若：《替曹操翻案》，《人民日报》1959年3月23日。

③ 转见黄丽镛编著《毛泽东读古书实录》，上海人民出版社1994年版，第260页。

参考文献

1. ［晋］陈寿撰，［南朝·宋］裴松之注《三国志》（全五册），北京，中华书局，1982 年。

2. 卢弼：《三国志集解》，北京，中华书局，1982 年。

3. ［宋］司马光编著，［元］胡三省音注《资治通鉴》（第四册—第六册），北京，中华书局，1956 年。

4. ［南朝·宋］范晔撰，［唐］李贤等注《后汉书》（第二册，第六册—第十二册），北京，中华书局，1965 年。

5. 罗贯中：《三国演义》（上下册），北京，人民文学出版社，1979 年。

6. 夏传才：《曹操集校注》，石家庄，河北教育出版社，2013 年。

7. 罗志霖：《诸葛亮文集译注》，成都，巴蜀书社，2011 年。

8. 曹操、曹丕、曹植：《三曹集》，长沙，岳鹿书社，1992 年。

9. 逯钦立辑校《先秦魏晋南北朝诗》，北京，中华书局，1983 年。

10. 杨耀坤、伍野春：《陈寿·裴松之评传》，南京，南京大学出版社，2007 年。

11. 张作耀：《曹操传》，北京，人民出版社，2000 年。

12. 张作耀：《刘备传》，北京，人民出版社，2004 年。

13. 张作耀：《孙权传》，北京，人民出版社，2007 年。

14. 丘振声：《三国演义纵横谈》，桂林，漓江出版社，1983 年。

15. 郭沫若：《文史论集》，北京，人民出版社，1961 年。

16. 金良年主编《三国大观》，上海，上海古籍出版社，1994 年。

17. 中共中央文献研究室编《毛泽东读文史古籍批语集》，北京，中央文献出版社，1993 年。

18. 黄丽镛编著《毛泽东读古书实录》，上海，上海人民出版社，1994 年。

19. 陈晋：《毛泽东之魂》，长春，吉林人民出版社，1993 年。

20. 李殿元、李绍先：《三国演义悬案解读》，成都，四川人民出版社，2004 年。

21. 李殿元、屈小强主编《十大才女之谜》（上册），成都，四川人民出版社，1995 年。

图书在版编目(CIP)数据

鼎足威扬：《三国志》纵览新说/屈小强，李殿元著.
—济南：济南出版社，2016.7
（文化中国.永恒的话题.第五辑）
ISBN 978-7-5488-2212-7

Ⅰ.①鼎… Ⅱ.①屈… ②李… Ⅲ.①中国历史—三国时代—纪传体 ②《三国志》—研究 Ⅳ.①K236.042

中国版本图书馆 CIP 数据核字（2016）第 164472 号

出版人 崔 刚
整体策划 丁少伦
责任编辑 胡瑞成
装帧设计 侯文英

出版发行 济南出版社
地 址 济南市二环南路 1 号(250002)
发行热线 0531-86131731 86131730 86116641
编辑热线 0531-86131721 86131722
网 址 www.jnpub.com
经 销 新华书店
印 刷 山东省东营市新华印刷厂
版 次 2017 年 1 月第 1 版
印 次 2017 年 1 月第 1 次印刷
规 格 150 毫米×230 毫米 16 开
印 张 16.75
字 数 218 千字
印 数 1-5000 册
定 价 49.00 元

济南版图书,如有印装错误,请与出版社联系调换。
联系电话:0531-86131736